Tomb Raider auf Compaq iPAQ

Vorwort & Danksagungen

Mehrere Seiten waren für Vorwort, Einleitung & philosophische Exkurse reserviert, doch kurz vor dem Druck ist nur noch eine übrig. Der Leser möchte diesen und andere Kompromisse bei der Vorstellung von 30 Jahren Spiel-Hardware verzeihen. Einige Systeme hätten mehr Seiten verdient, das Creativision mindestens ein Foto, traurig auch die leeren Bildschirme von Apple II und einigen Handhelds.

Automatenspiele passen nicht ins Konzept der Hardware-Show, durften irgendwie aber auch nicht fehlen. Das gleiche gilt für ein paar hundert PC- und Mac-Varianten, die jeden Rahmen sprengen. Den letzteren wurden zumindest „Lebensabschnitt"-Kapitel gewidmet, während über zeitlich begrenzte Erscheinungen wie iMode- und Mainframe-Spiele, Laserdisc-Automaten und MMORPGs fünf Zwischenkapitel berichten. Der Index mit Spieldesignern und Programmierern wurde dagegen am Schluss noch abgeholzt – kein Platz mehr, lieber bekommen Atari ST und Amstrad CPC je eine eigene Seite. Der Menschen-Index und andere Listen, die der redaktionellen Axt zum Opfer fielen, werden 2003 auf **www.gameplan.de** zum Ausdruck bereitgestellt. Auf dieser Seite freue ich mich auch über Feedback, Kritik und konstruktive Verbesserungsvorschläge.

Mein Dank gilt Stefan Walgenbach, dessen feinem Hardware-Museum (www.homecomputer.de) wir das Foto des raren 64 „Game System", sowie des Amiga 1000, des BBC B und des spanischen Amstrad-Computers verdanken. Andreas Lange vom Computer-Spiele-Museum Berlin stellte weitere Motive, Atari ST, sowie (im Anhang) CBM Pet und Tandy TRS 80; alle drei Bilder wurden mit freundlicher Genehmigung dem Katalog „Spielmaschinen" entnommen, herausgegeben von VUD und FJS. Atari 5200 und Trackball gehören der Sammlung Christoph Lamprecht, der seine PC-Engine LT aber nicht rausrücken wollte.

Für technische Unterstützung geht mein Dank an Tobias Hartlehnert (Cypress), Ulrich Steppberger (Cybermedia) und meinen langjährigen Mitarbeiter Oliver Ehrle, die sich mit ZX 81-, Vectrex- und Virtual-Boy-Emulatoren herumschlugen.

Besonderen Dank gebührt Stephan Freundorfer und Andreas von Lepel, die als Schlussredakteure im Angesicht der Deadline nach inhaltlichen und grammatikalischen Fehlern suchten (und eine Menge fanden).

Unentbehrlich war die Unterstützung von Frank Michaelis, Andreas Knauf, Martin Gaksch und Silvestre Zabala. Special Thanks an M. Stapf, warum auch immer.

Mit den genannten Spielern und Sammlern ist die Zielgruppe dieses Buches umrissen, viel mehr Verrückte wird es in Deutschland nicht geben. Falls der Leser seinen Namen nicht auf dieser Seite findet: Willkommen im Club und viel Spaß mit Geräten, die zu viel von unserer Freizeit prägten.

Utting, November 2002
Winnie Forster

Gewidmet ist dieses Buch meinen drei Mädels, Sophia, Sarah und Franzisca, sowie meiner Schwester Andrea, die das erste Gameplan-Werk gestaltet und produziert hat. Für eine Erstzusammenarbeit unter Geschwistern lief's ganz gut :-)

Anmerkungen und Erklärungen zu den Hardware-Kapiteln

Zu jeder Hardware-Serie geben wir das **Land** und **Jahr** der Veröffentlichung des ersten Modells an, ebenso am Ende des Textes für Varianten und Nachfolger. Auslieferung einer Hardware in Deutschland entnimmt der Leser dem Text.

Der Info-Kasten

... bezieht sich auf alle Gerätevarianten einer Hardware-Familie und deren Spiele. Eine Ausnahme bilden die Kapitel zu IBM PC und Apple Macintosh. Die Beschreibung der ausufernden und bis heute weitergeführten Hardware-Familien haben wir willkürlich beschnitten, um sie ins Konzept des Buches zu pressen.

Verkaufte Geräte:	30 Millionen
Spiele:	850
Spiele auf:	Modul, CD
Entwicklung bis:	1997
Q & A:	✖✖✖✖✖

Die Zahl der **verkauften Geräte** basiert auf Herstellerangaben sowie auf Meldungen nahestehender oder offizieller Magazine (z.B. Sinclair User, 64er-Magazin, OPM). Für japanische Plattformen ab 1985 wurden außerdem die halbjährlichen Verkaufszahlen des japanischen Fachmagazins Famicom Tsushin herangezogen. Alle Zahlen sind gerundet.

Ebenfalls meist gerundet ist die Zahl der für eine Plattform entwickelten und weltweit (entweder in den USA, Europa oder Japan) **veröffentlichten Spiele**. Nicht berücksichtigt sind Share- und Freeware, Raubpressungen oder nur regional vermarktete Software.

Q&A für „Qualität und Auswahl" ist die subjektive Bewertung des Spielangebotes. Einbezogen sind die Genre-Abdeckung (gibt es auch Adventures für die Hardware? Oder nur Ballerspiele?), die Unterstützung durch Dritthersteller und die Verfügbarkeit prominenter Titel. (Software von Rare und Square? Oder nur von Loriciel?) Eine ✖✖✖✖✖-Wertung erntet die Playstation, die über acht Jahre mit Software aus aller Welt versorgt wird, alle Genres abdeckt und neue schafft. Die Minimalwertung ✖ bedeutet: Nur der Hardware-Hersteller entwickelt, kein nennenswertes Spiel entsteht.

Entwicklung bis verrät das Jahr, in dem professionelle Spielentwickler die Plattform fallen lassen. Wie oben bleibt Shareware & Co. unberücksichtigt, ebenso die spätere Wiederaufnahme der Entwicklung durch Retro-Aktivisten. Auf neue Amateur-Spiele für alte Hardware verweisen wir im Text.

Auf welchen **Speichermedien** erscheinen die berücksichtigten Spiele?

Modul: Schnellster Spielspeicher, genutzt u.a. von allen Atari-Konsolen und bis heute z.B. im Game Boy. In Deutschland werden kleine ROM-Platinen in stabilen Plastikgehäusen auch als „Spielkassetten", in Amerika als „Cartridges" oder „Carts" vermarktet.

Diskette: Die $5^{1/4}$"- Floppy ist ab Anfang der 80er-Jahre ein beliebter Spielspeicher, danach die $3^{1/2}$"-Diskette. Famicom und ein paar englische Heim-Computer verwenden nicht kompatible 3"-Medien.

CD und **DVD** sind unsere Abkürzungen für CD-ROM und DVD-ROM und alle verwandten optischen Medien (z.B. die GD-ROM des Dreamcast). Nur Nintendo verwendet eigene **Mini-DVDs**.

LD steht für Laserdisc: Die große Bildplatte ist der analoge Vorläufer der Film-DVD und bei Cineasten noch vereinzelt im Einsatz.

Kassetten sind magnetische Tonbänder, sprich Musik-Kassetten. Das Aufnahme- und Abspielgerät nennt man Datasette.

Cards verwenden Konsolen von Sega (MyCard) und NEC (HuCard). Varianten der HuCard passen außerdem ins frühe Atari-PDA „Portofolio" und – via Adapter als BeeCard – in MSX-Computer.

Von wegen Kinderkram! Nicht Jugendliche auf der Suche nach dem Kick, sondern Atomforscher und Computer-Genies erträumen und basteln die ersten Computer-Spiele.

Die Geburt der elektronischen Spiele: Großrechner, Automaten und TV-Konsolen

Erfolg hat viele Väter, auch der Erfinder des Videospiels ist umstritten. Sicher ist nur: Das Medium, das mit Pac-Man, Mario und Solid Snake anderen Unterhaltungsformen den Rang abläuft, entstand nicht in der Garage, sondern in amerikanischen High-Tech-Labors. Disketten, Farb-TVs und RAM-Chips gab's damals noch nicht, lediglich Elite-Universitäten und Forschungsstätten besaßen die zur Spielerfindung nötige Technik – und die visionären Köpfe, die sich die Bildschirm-Action erdachten. Statt auf schnarchige „Lernprogramme" stehen schon die ersten Spieler auf Reaktionstests gegen den Computer. Vier Visionäre, drei erfahrene US-Forscher und ein halber Elektronikingenieur der Universität von Stanford, ertüfteln voneinander unabhängig das erste und einzige interaktive Unterhaltungsmedium.

Der Physiker Willy Higinbotham arbeitet in der Radar- und Atomforschung am „Brookhaven National Laboratory". Die Nobelpreis-gekrönte Regierungseinrichtung plant 1959 einen Tag der offenen Tür, Laborleiter Higinbotham präpariert die ausgestellten Oszillographen. Um die Aufmerksamkeit des Publikums zu gewinnen, erfindet der Atomexperte ein interaktives Tennis: Mit zwei Reglern steuern Besucher einen leuchtenden Punkt, eine vertikale Linie durch die Mitte des Bildschirms visualisiert das Netz. Durch das Spiel mit dem Gerät erfährt der Besucher eine Menge über Technik – und hat dabei noch Spaß. Higinbotham verbessert seine Erfindung, meldet sie aber nicht zum Patent an. Die Hallen von Brookhaven verlässt das Ur-Videospiel nicht.

Als Spielzeug und technische Herausforderung begreifen die MIT-Forscher Alan Kotok und Steve Russel den ersten Computer mit Bildschirm und Tastatur-Eingabe. Im Gegensatz zum IBM-Großrechner kann man den DEC PDP-1 direkt programmieren. Von den Romanen des E.E. Smith inspiriert, schreiben sie das Science-Fiction-Ballerspiel Space Wars.

Gemeinhin als Vater des Computer-Spiels gilt nicht Higinbotham (schließlich ist ein Oszillograph kein Computer), sondern Steve Russell, Anfang der 60er-Jahre Programmierer am Massachusetts Institute of Technology (MIT), der wichtigsten Forschungsstätte des Computer-Zeitalters. Der Science-fiction- und Godzilla-Fan gehört dort der Tüftlervereinigung „Tech Model Railroad Club" an, die später in Steve Levys Computer-Geschichte „Hacker" verewigt wird. Vor Russel & Co. fütterten wenige Spezialisten („Operatoren") die gewaltigen 60er-Jahre-Maschinen mit Lochkarten. Normalsterbliche Wissenschaftler und Studenten durften ihre Hände nicht auf die Analog-Monster legen. Dann erscheint der PDP-1 und wird mit seiner Größe von zwei Gefriertruhen als „Minicomputer" gefeiert. Das erste Exemplar der 200.000 Dollar teuren Rechner geht ans MIT, wo ihn Russell, Alan Kotok und andere ab 1961 belegen.

Automaten/Jahr		Der Boom der Spielautomaten: Science Fiction wird Realität
–	1969	Erster Mensch auf dem Mond – where no one has gone before
–	1971	Erste CPU: Intel 4004 (4-Bit)
2	1972	Erste Spielkonsole: Odyssey. Erster Spielautomat: Computer Space
25	1975	Computer-Bausatz Altair 8800. William Gates schmeißt sein Harvard-Studium
30	1976	Text-Adventure auf PDP-10
50	1977	Krieg der Sterne im Kino, VCS und Apple 2 in den Geschäften
75	1978	Space Invaders. Rollenspiel-Boom in den USA: Dungeons & Dragons
80	1979	Philips und Sony erfinden die CD
85	1980	Tragbarer Player: Sony Walkman

Als „Computer Space" bringt Nolan Bushnell die Space Wars-Idee 1971 an die Öffentlichkeit. Doch erst das simplere Pong (Bild) wird zum Hit in Spielhallen und Kneipen.

Die erste Heimkonsole ist das Odyssey, das die amerikanische Philips-Tochter Magnavox 1972 vermarktet. Mehrere Spiele liegen bei, außerdem bunte Folien für den Bildschirm.

Die Hacker sind ernsthafte Computer-Wissenschaftler, aber gleichzeitig auch Spieler: Als Russell statt Zahlen zwei abstrakte Raumschiffe auf dem Display bewegt, entsteht **Space Wars**, das erste Computer-Spiel. Zwei MIT-Studenten ballern gegeneinander: Trifft ein Torpedo, wird das andere Schiff durch einen Punktehaufen ersetzt – der erste Explosionseffekt. Space War wird von begeisterten Kollegen weiterentwickelt, mit astronomischen Daten gefüttert und verbreitete sich unter PDP-Anwendern. Ein Geschäft ist das Spiel nicht: Laut Steven Levy macht Russel „keinen Penny" mit seiner Action-Erfindung.

Zum juristischen Vater des Videospiels wird der deutschstämmige Ralph Baer: Als R&D-Manager der militärischen Entwicklungsfirma Sanders machte sich der Radarexperte Mitte der 60er-Jahre Gedanken über alternative Einsatzgebiete für das Schwarz-Weiß-Fernsehen. Er entwickelt Golf- und Ballspiele für die Mattscheibe, die er 1966 zum Patent anmeldet. Baer ist ein einfallsreicher Bastler, aber in der Vermarktung schwach. Erst 1970 gerät sein Patent an die US-Tochter des Elektronikkonzerns Philips, die Baers TV-Spielerei als Ur-Spielkonsole „Magnavox Odyssey" 1972 auf den Markt bringt. Danach bittet Magnavox andere Firmen, die mitspielen wollen, zur Kasse: Lizenzzahlungen gab es schon, bevor Nintendo den Spielemarkt betrat.

Am klarsten sieht Nolan Bushnell, ein Ingenieur, der sich als Student mit „Space Wars" vergnügt, die Möglichkeiten und Zukunft des Videospiels. Noch bevor 1972 das Odyssey erscheint, hat Bushnell eine Variante des Ballerspiels ertüftelt. Während Russell PDP-Rechner mit Spielprogrammen füttert und Baer das Telespiel ins Wohnzimmer holte, bastelt Nolan Bushnell sein Spiel für Kneipen und Flipperhallen. Als der 1971 entwickelte

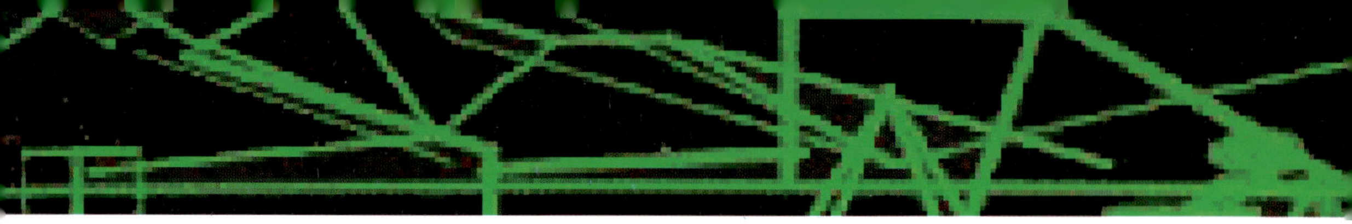

Computer Wars-Automat sein Geld nicht einspielt, löst ihn Bushnell durch das einfachere **Pong** ab. Ein Ballspiel, das an die Experimente von Higinbotham und Baer erinnert. Pong erweist sich als Münzschlucker, den Bushnell in ganz Amerika vertreibt. 1972 gründet er die erste Videospielfirma und nennt sie Atari, die Drohung im fernöstlichen Brettspiel Go. Der Firmenname scheint Japan zu provozieren: Schon 1973 wimmelt es vor Pong-Varianten aus dem Land der aufgehenden Sonne.

Ab 1972 fährt das neue Medium auf drei Gleisen: In den Unis werden Ideen aus Science-Fiction und D&D-Rollenspiel, aus Star Trek und Herr der Ringe in abstrakte Programme umgewandelt, die aus dem großen Speicherplatz vernetzter Rechner schöpfen und die Handlung in Buchstaben und Zahlen darstellen. Das Strategiespiel **Star Trek** ist eine Klingonenjagd durch Raumquadranten, die Höhlensimulation des Forschers William Crowther wird 1976 zu **Adventure**. Studenten und Forscher rund um den Globus verlieben sich in den Urahn aller Abenteuerspiele. Am MIT bauen ihn Mark Blank und Dave Lebling zum „großen Untergrund Imperium" **Zork** aus, an der Universität von Essex in England wird daraus 1980 der **Multi-User-Dungeon** (MUD).

Noch schneller ist die Entwicklung in der Spielhalle, wo Atari und der Flipper-Hersteller Midway mit den japanischen Herausforderern Taito und Sega um neue Spielideen konkurrieren.

Auf **Breakout**, die geniale Jugendsünde der späteren Apple-Gründer Steve Jobs und Steve Wozniak, reagiert Taito mit **Space Invaders**. Ursprünglich soll es ein Ballerspiel mit Panzern werden, die von links nach rechts über den Bildschirm rollen, dann wenden und eine Zeile tiefer in die andere Richtung weiterfahren. Das Umdrehen der Vehikel bekommt Taito-Ingenieur Toshihiro Nishikado auf der frühen Intel-CPU 8080 nicht hin, deshalb entschließt er sich, symmetrische Monster zu schaffen. Unten bewegt der Spieler seine Kanone und ballert auf eine Alien-Armada, die immer tiefer auf die Erde herabsinkt – dazu ein hypnotisches Getrappel, zwei Knarzer die immer schneller werden. In Japan löst

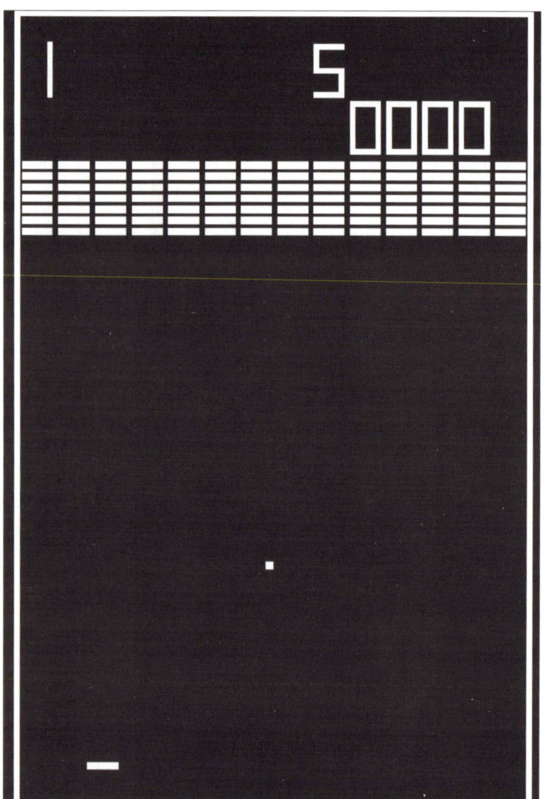

Am Anfang war nur eine Spielidee, dann beginnt ein wildes Rennen. Fünf Jahre lang bleibt Atari mit intelligenten Konzepten (oben: Breakout) japanischen Nachnahmern wie Taito voraus (links: Elpong, 1974).

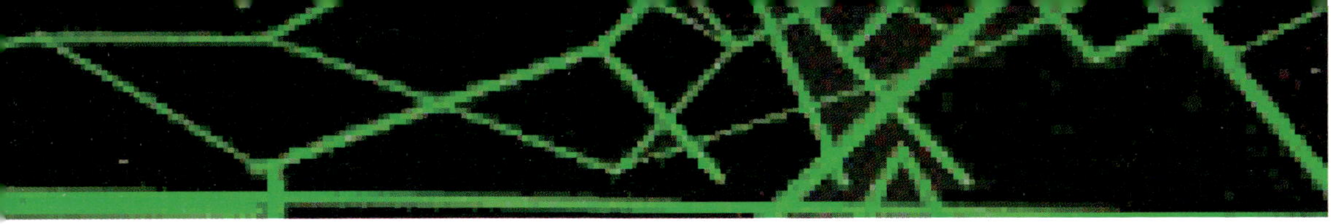

Space Invaders die erste Videospiel-Hysterie aus und inspiriert auch die Anbieter von Heimkonsolen. Ab jetzt muss jedes Gerät nicht nur Ball spielen, sondern auch ballern können.

Den Charme des Neuen hatten die Telespiele zu dieser Zeit fast schon verloren. Trotz einer zweiten Generation „programmierbarer" Konsolen befindet sich der Markt im Sinkflug. Die Modul-Geräte erleben ihren Boom, als Atari eine Heimversion von Space Invaders herausbringt und andere Action-Automaten auf Modul für das Atari VCS 2600 umsetzt.

Mit den Geräten des Jahres 1977 beginnt unsere Geschichte der Heim-Konsolen und Computer: Apple, CBM und Tandy legen das Fundament für den Software-Markt, das Atari VCS begründet die Konsolen-Branche. Im Kino läuft der „Krieg der Sterne" und Bandais Weltraumkreuzer Yamato. Auch die Musik ist auf den Weg ins Digi-Zeitalter. Jean-Michelle Jarre schwelgt in der Synthie-Phantasie „Oxygene", die deutschen Pop-Roboter von Kraftwerk stehen im Jahr von Apple und Atari zwischen „Autobahn" und „Mensch-Maschine".

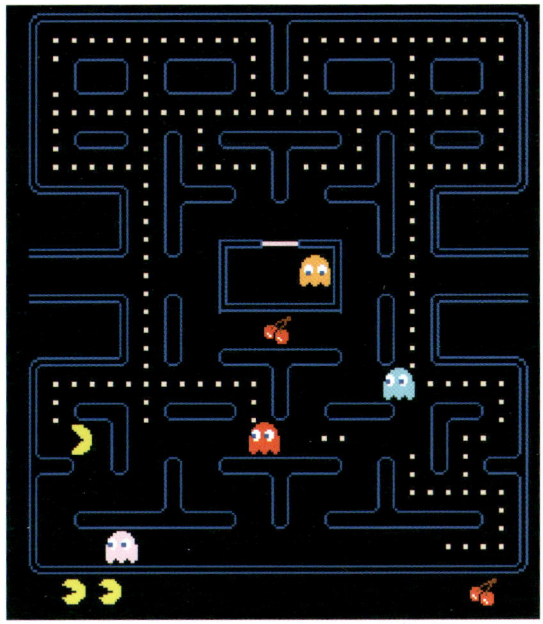

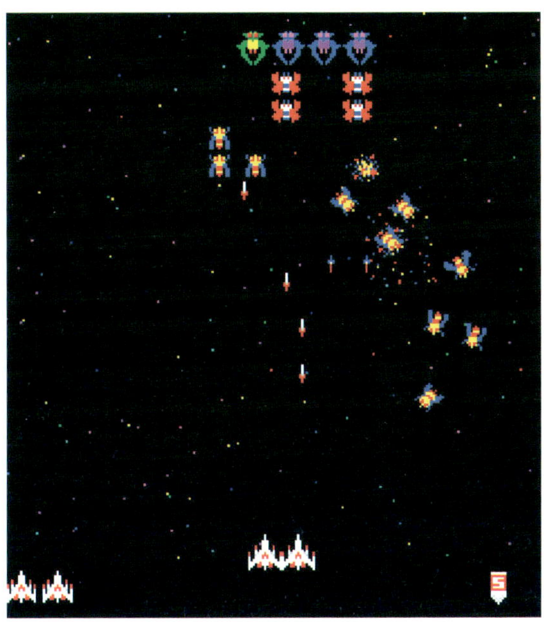

Ab 1980 werden Pixel bunt und Gegner schlau: Glotzende Geister jagen Pac-Man (oben), Aliens umtanzen den Schützen in Galaga (unten, 1981).

Davor daddelt man mechanisch, ohne CPU und Speicher: In „Submarine" (unten) steuert man ein Licht-Torpedo auf feindliche Kreuzer. Jeder Treffer beleuchtet den Hintergrund.

Mit Apple werden Computer gesellschaftsfähig: Der zweite Streich der jungen Hardware-Tüftler Steve Jobs und Steve Wozniak ist ein legendärer Heim-Computer – und die neben dem Atari VCS wichtigste Spielmaschine der späten 70er-Jahre.

Apple II

USA, 1977

Verkaufte Geräte:	5 Millionen
Spiele:	1.000
Spiele auf:	Kassette, Diskette
Entwicklung bis:	1991
Q & A:	✖✖✖✖

Deutschland-Debüt Ende 1978:
Apple II europlus

Unter Computer-Historikern genießt der Apple II einen einzigartigen Ruf, klassische Apple-Programme wie die erste Tabellenkalkulation „Visicalc“ gelten als Fundament der Software-Branche. Mit 4 KByte RAM, Basic-Betriebssystem und (ab Mitte 1978) externem Disketten-Laufwerk erfinden die jungen Hardware-Bastler Steve Wozniak und Steve Jobs den ersten „Personal Computer“ – kein Bausatz wie andere Geräte dieser Zeit, sondern eine „fertige“ Hardware im schicken Gehäuse. Der Preis von 1.300 Dollar (ohne Monitor und Laufwerk) macht den Apple II für Jugendliche unerschwinglich und nur für ehrgeizige Anwender interessant. Trotzdem prägt der Apple II die Industrie der Computer-Spiele.

Kein Zufall: Der Apple II ist auf Spiele ausgelegt, zwei „Game Paddles“ liegen bei. Sowohl Jobs, als auch Wozniak arbeiteten vorher bei Atari. In seiner Geschichte der Apple-Computer ("...And Then There Was Apple") zitiert Jack Connick den Hardware-Designer Wozniak: *„Viele der Features wurden eingebaut, weil ich davor Breakout entwickelt hatte. (...) Farben, damit Spiele programmiert werden konnten. (...) Ich lies einen Ball herumhüpfen und dachte „Das braucht noch Sound“. Deshalb baute ich einen Lautsprecher ein. Das war nicht geplant, sondern eher ein Unfall. Ich musste auch einen Schaltkreis für den Paddle-Controller entwickeln (...) Die Fähigkeiten, die den Apple II so hervorragend machten, kamen alle von einem Spiel.*“ Der Spieltrieb von Wozniak und seinen frühen Kunden wirkt als Innovations-Motor für die Branche, der Apple II wie ein Magnet auf die erste Generation der Heim-Computer-Kreativen.

Viele Spieldesigner starten auf dem Apple II ihre Karriere: Als frühe Apple-Spiele erscheinen 1978 **Wheeler´s Dealers**, Debütspiel von Dan Bunten, sowie **Dungeon Campaign**, ein Rollenspiel von Robert Clardy. Zur Vermarktung von Strategie- und Rollenspielen gründet Joel Billings 1979 Strategy Simulations Incorporated (SSI), der Jurist und Hobby-Programmierer Doug Carlston die Firma Brøderbund, die schnell Kontakt mit der japanischen Szene aufnimmt. Das Ehepaar Roberta und Ken Williams (sie fabuliert, er coded) erfindet 1980 mit **Mystery House** das Grafikadventure. Ihr Feierabend-Unternehmen Sierra bauen die beiden zum größten Computer-Spiele-Hersteller Amerikas auf.

Noch einflussreicher sind Apple-Rollenspiele: 1979 legt Richard Garriott mit **Akalabeth** den Grundstein zur Ultima-Serie, die sich von simpler Dungeon-Reise zur Rollenspielwelt im Geist von J.R.R. Tolkien entwickelt. Mit viel Fantasie und technischem Talent bevölkert Garriott seinen Kontinent Britannia, erschafft Städte, die beim Eintritt in einen neuen Maßstab wechseln, legt geheime Passagen und lässt schwatzende Zauberer und Monsterhorden aufmarschieren. In der Mitte thront der Schöpfer selbst als Erfahrungslevel-spendender Lord British. Robert Woodhead und Andrew Greenberg gehen exakt den anderen Weg: In ihren **Wizardy**-Spielen schrumpft die Oberwelt auf Kneipe und Waffengeschäft zusammen, der Rest ist knüppelhartes Überleben im Dungeon. Eine sechsköpfige Party kämpft, hext und grübelt für den stetigen Anstieg der Erfahrungsstufe.

Duell unter Deck: Swashbuckler erfindet 1982 das Prügelspiel. Rechts Sierras Filmumsetzung Dark Crystal (1983).

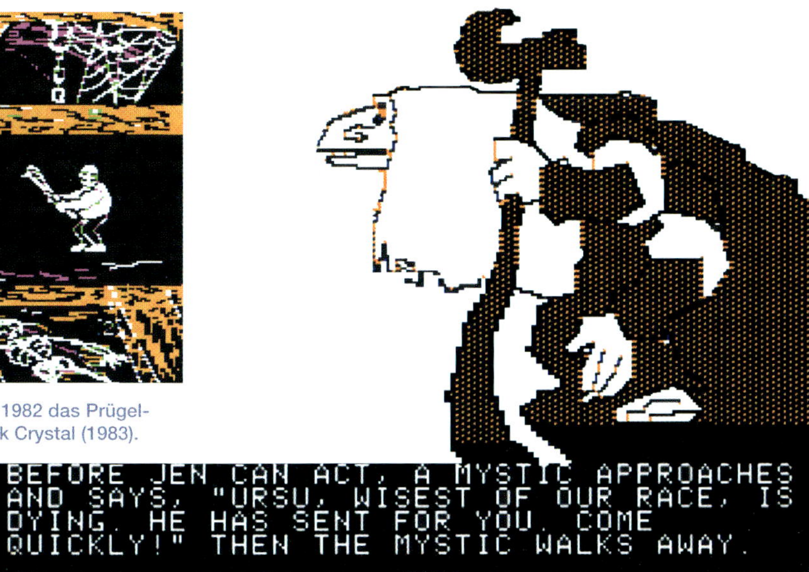

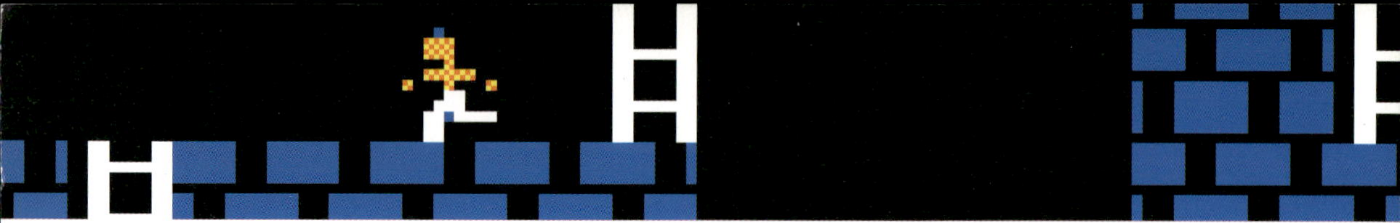

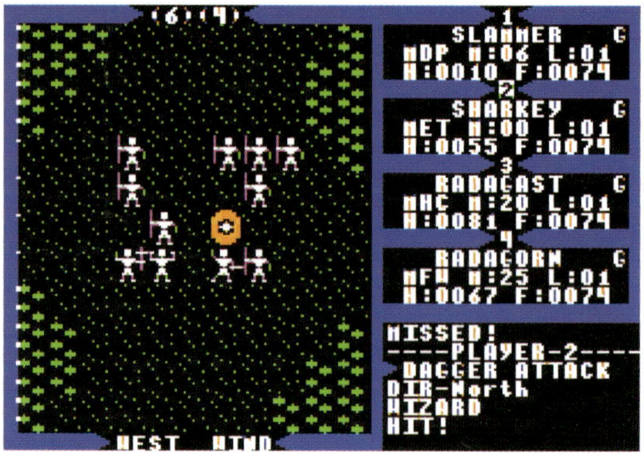

Ultima verknüpft Dungeons durch Oberwelt, Story und Kommunikation. Wizardry (Drachen-Verpackung rechts) reduziert sich auf das Überleben im Gewölbe – zwei Ansätze für alle späteren Computer- und Konsolen-Rollenspiele.

Auch nach der Einführung des audiovisuell stärkeren Konkurrenten Atari 800 bleibt der Apple II der wichtigste Heim-Computer. Laut der amerikanischen Fachzeitschrift „Computer Gaming World" erscheint bis 1982 die Hälfte aller Spiele auch oder sogar ausschließlich für den Apple II. Erst 1983 bricht die Beliebtheit des Apple II gegen C 64 und Atari 800, ab 1984 auch wegen IBM-kompatibler DOS-PCs deutlich ein. Zu dieser Zeit gilt nur noch ein Viertel aller Neuerscheinungen dem Apple II, der trotz zahlreicher Revisionen von Apple selbst gegenüber dem 16-Bit-Nachfolger Macintosh vernachlässigt wird.

Im Bezug auf harte Marktanteile bleibt der Apple II trotz weltweit guten Rufs ein amerikanisches Phänomen: In Japan besetzt er nur eine Nische, in Europa lassen englische Computer, ab 1982 auch der C 64, dem teuren „Apple II europlus" und seinen Nachfolgern keine Chance. Klassische Apple-Spiele werden den hiesigen Spieler erst Jahre später durch ihre Umsetzungen bekannt. 1986 führt Apple mit dem Apple IIgs ein technisch vollständig überarbeitetes Modell, zwei Jahre später mit dem IIc den letzten Computer der Serie ein.

Als rundum seriöse Heim-Computer präsentiert Apple Rechner und Zubehör auf diesem Werbefoto. Rechts ein Apple III, ein kurzlebiger, nur bedingt kompatibler Hardware-Nachfolger.

Prügeldrama mit Grafikeffekten und Gags: Eine verdreht eingelegte „Karateka“-Diskette stellt die Action auf den Kopf!

Der Apple II gs ist erstmals mit 16-Bit-CPU bestückt, aber abwärtskompatibel. Mit ihm überlebt die Apple-II-Szene bis in die 90er-Jahre.

Einen späten Apple-II-Hit landet Jordan Mechner mit **Prince of Persia**, für das er die Körperanimation seines **Karateka** verfeinert und noch mehr Schnitte und Zwischenszenen einbaut – die beste Verbindung aus Hollywood-Drama und pixel-perfektem Hüpfspiel. Andere Apple-II-Spätwerke sind Paul Neuraths **Space Rogue** (an dem der junge John Romero mitarbeitet) und **Keef the Thief**, das humoristische Debüt der „Crash Bandicoot“-Schöpfer und späteren Playstation-Evangelisten Jason Rubin und Andy Gavin. 1993 wird die Apple-II-Produktion gestoppt.

Apple II, Varianten und Nachfolger

Apple II	1977	Das Ur-Modell wird anfangs mit 4K RAM und zwei analogen Game-Paddles für knapp 1.300 $ verkauft. Primäres Speichermedium ist der Kassettenrekorder.
Apple II+	1979	Technisch überarbeiteter Nachfolger mit Applesoft im ROM und 16, 32 oder 48 K RAM, ab 1.200 $. Für den Schuleinsatz auch im schwarzen Gehäuse (Bell & Howell), in der „europlus“-Variante für Europa.
Apple IIe	1983	Überarbeiteter Nachfolger mit serienmäßig 64K RAM, 80-Spalten-Text- und „Double Hi-Res“-Grafik in 16 Farben. Der erste Apple mit 65c02 CPU kostet anfangs knapp 1.400 $.
Apple IIc	1984	Technisch überarbeiteter 128K-Apple II (max. Auflösung 520x192 Pixel) im weißen Mini-Gehäuse mit Tragegriff und internem Disketten-Laufwerk. Neben einem Maus-Port besitzt der tragbare Apple serielle Schnittstellen, RF- und (via Adapter) RGB-Ausgang, ist jedoch kaum erweiterbar. Startpreis: Knapp 1300 $.
Apple IIgs	1986	Komplett überarbeiteter Personal-Computer mit abgesetzter Tastatur, 16-Bit-CPU 65816, 3.5“-Disketten (800K), höherer Auflösung (max.: 640x200 in vier von 4096 Farben) und neuem Soundchip (15 Synthi-Stimmen mit eigenem 64K-Speicher). Startpreis: 1.000 $.
Apple IIc +	1988	Technisch überarbeiteter Nachfolger des „transportablen“ Apple IIc für anfangs 675 $: 65c02 auf 4 MHz hochgetaktet, internes 3.5“-Laufwerk, internes Netzgerät, Mini-DIN 8-Schnittstelle.

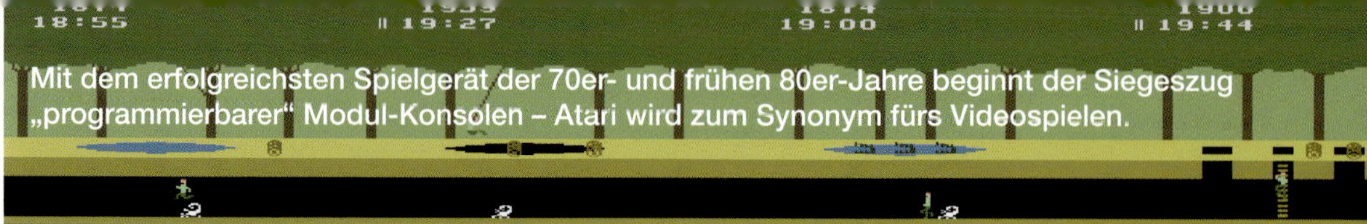

Mit dem erfolgreichsten Spielgerät der 70er- und frühen 80er-Jahre beginnt der Siegeszug „programmierbarer“ Modul-Konsolen – Atari wird zum Synonym fürs Videospielen.

Atari VCS

USA, 1977

Das Atari VCS gilt als größter Schritt in der Geschichte der elektronischen Spiele: Der 1977 vorgestellte Nachfolger zu den Pong-Konsolen von Atari (und seinen zwei Dutzend Mitbewerbern) verwendet austauschbare Spielmodule und gründet damit die Milliarden-Industrie der Unterhaltungs-Software.

Trotz starker Konkurrenz wird das „Video Computer System“ zum Synonym für Videospiele. Anfang der 80er-Jahre will jeder Jugendliche und jede junge Familie ein „Atari“.

Dabei hat das VCS einen langsamen Start, selbst Atari erkennt das Potenzial seiner austauschbaren ROM-Spiele anfangs nicht. Auch Fairchild, RCA und Magnavox/Philips vermarkten „programmierbare“ Konsolen, doch mit seinen bekannten Spielautomaten und starkem Entwicklungs-Team behält Atari die Führung. Als Atari den Spielekatalog durch Umsetzungen japanischer Automaten erweitert und den Taito-Hit **Space Invaders** für das VCS ausliefert, kommt der Durchbruch – Mitte 1981 sind allein von dieser Spielhallenkonvertierung über 1 Million Module verkauft.

Klares Design, einfache Bedienung und fast 500 Spiele: Das Ur-VCS mit Holzimitat an der Vorderseite.

Verkaufte Geräte:	30 Millionen
Spiele:	500
Spiele auf:	Modul, Kassette
Entwicklung bis:	1990
Q & A:	✖✖✖❩

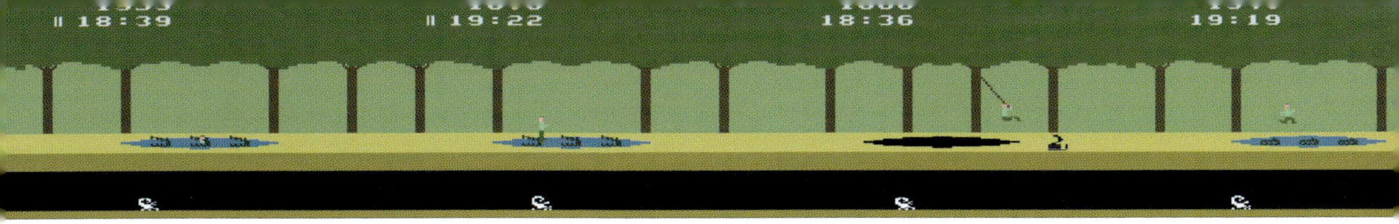

Alle VCS-Spiele werden von Atari selbst entwickelt, bis sich die Programmierer mehr Geld und Anerkennung wünschen: 1980 trennt sich ein Team vom Marktführer und gründet unter Führung des Marketing-Profis Jim Levy die Firma Activision. Atari sieht den Exodus seiner Stars David Crane, Larry Kaplan, Alan Miller und Bob Whitehead nicht gern, doch schnell wird klar, dass unabhängige Spielhersteller („Third Parties") die Industrie beleben. Nach Activision werden weitere gegründet, neben anderen Atari-Deserteuren (z.B. Rob Fulop und Imagic) liefern auch die großen Spielzeugfirmen VCS-Module: Der Monopoly-Erfinder Parker lizenziert und konvertiert japanische Spiele von Konami und Nintendo, sowie prominente Film- und Comic-Marken (**Star Wars**, **James Bond**). Für den Mitbewerber Tiger bleiben „kleine" Automaten (von Taito und Orca), gleichzeitig liefert die Firma auch VCS-Varianten der Computer-Spiele von Sierra Online.

Spielangebot und Bekanntheitsgrad der Marke Atari lassen der Hardware-Konkurrenz keine Chance: Das 1980 veröffentlichte Intellivision und das Colecovision von 1982 werben mit ihren technisch fortgeschrittenen Konsolen zwar mehrere Millionen Kunden, kratzen den Atari-Marktanteil damit aber kaum an. Beide Mitbewerber beugen sich dem Erfolg Ataris und beginnen die eigenen Module auch für das VCS umzusetzen. Dann stürmen kleine, branchenfremde Firmen den Markt, 1982 werden so viele Neuheiten ausgeliefert wie in den Jahren davor insgesamt. Das Vertrauen der Spieler leidet unter zusammengeschusterten, primitiven Schnellschussmodulen: Während Fremdhersteller ohne Innovationen die selben Spielschemata abspulen, sinkt der Preis für neue Module auf zehn Dollar. Auch in Deutschland werden Neuerscheinungen obskurer Anbieter plötzlich für unter 20 Mark verramscht. Die VCS-Entwicklung wird unrentabel, reihenweise schließen frisch gegründete Firmen ihre Türen. 1984 bricht der Atari-Markt unter dem Gewicht mehrere Millionen unverkaufter „Cartridges" zusammen und reißt auch alle anderen Konsolen mit: Die Industrie hat ihren ersten Crash, im Westen scheint das Hobby am Ende.

Als der 8-Bit-Zug zwei Jahre später mit Nintendo wieder anfährt, ist die große Zeit von Atari vorbei. Die VCS-Nachfolger 5200 und 7800 scheitern, nur der Oldie VCS bleibt als Billigkonsole in den Regalen. Anfang der 90er-Jahre läuft die letzte VCS-Serie aus.

Mit schätzungsweise rund 30 Millionen verkauften Einheiten ist das Atari VCS ein weltweit verbreiteter Klassiker. Unter Sammlern und Retro-Fans begehrt ist die erste von vier Varianten, die mit Holzimitat am Gehäuse den Geschmack der 70er-Jahre wiederspiegelt. Legendär ist auch der Atari-Joystick, der bis 1986 jeder Konsole beiliegt, ein bestechend simples Design mit Gummi-verkleidetem Knüppel und einem leuchtend roten Feuerknopf. Trotz seiner verschleißenden Kontakte gilt der Simpel-Stick als einer der besten Controller aller Zeiten. Acht Wege und Feuer – der minimale Funktionsumfang schlägt die komplexen Keypads von Intellivision und Coleco.

Da Atari selbst nur das Nötigste ausliefert, entsteht um das VCS eine florierende Zubehör-Industrie: Es erscheinen Luxus-Joysticks mit massiver Spielhallen-Technik, aber auch witzige Spezial-Controller wie das Joyboard der damals noch unbekannten Firma Amiga.

Das komplexeste VCS-Spiel ist die „Space Shuttle"-Simulation von Steve Kitchen, die alle Schalter der Konsole nützt.

Der Firmen-Name Imagic steht für visuell und inhaltlich ausgereifte VCS-Spiele: Atlantis von 1983.

Externe Tastaturen und Basic-Module rüsten die Konsole zum Heim-Computer auf, Modul-Jukeboxen wie Videoplexer oder Game Selex helfen bei der Verwaltung der Spielebibliothek, in Europa kommen sogar ROM-Kopiersysteme in den Handel.

Das 2600jr, die letzte und gewöhnlichste VCS-Variante, wird mit neuem Gehäuse und ProLine-Joystick ausgeliefert.

Das ehrgeizigste und interessanteste Zubehör ist der „Supercharger", ein Adapter, der den VCS-Speicher um 6K RAM erweitert und komplexere Spiele auf preis-günstigeren Audio-Kassetten ermöglicht. Später werden die Supercharger-Erfinder ein Inhouse-Team von Epyx.

Erfolg-, aber nicht folgenlos bleibt das „GameLine"-Modem von 1983. Während der Videospielmarkt kollabiert, entwickelt sich der gleichnamige Spieldienst zum C-64-Provider Quantum Link, wird die Geburtstätte der Online-Community **Habitat** und schließlich zu AOL.

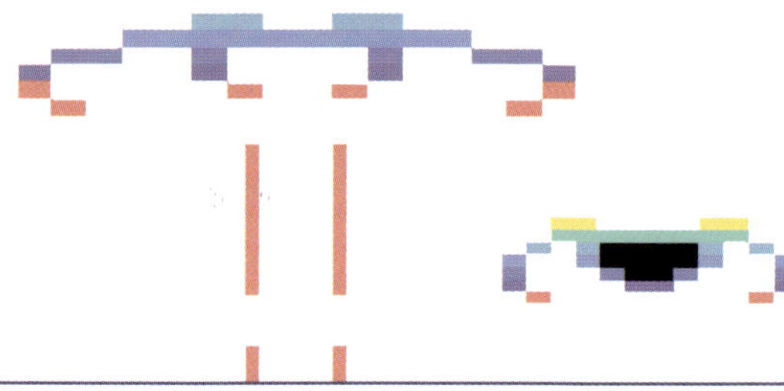

Atari VCS, Varianten und Nachfolger

Atari VCS 2600	1977	Der Urversion mit rustikaler Vertäfelung und je drei Kippschaltern zur rechten und linken Seite des Modulschachts (Power, Farbe, linker und rechter Schwierigkeitsgrad, Select und Reset) liegen zum Startpreis von 200 $ zwei Joysticks und das Spielmodul „Combat" bei. Auch von Sears (als „Telegames Arcade") vermarktet.
Atari VCS 2600A	1980	Gehäuse mit Holzimitat, aber nur vier Schaltern neben dem Modulschacht. Die beiden anderen sind verkleinert an die Rückseite der Konsole gerutscht – unpraktisch für Spiele wie „Space Shuttle", die Schalter als zusätzliche Funktionsknöpfe nützen. Von Sears auch als „Telegames Arcade" vermarktet.
Atari 2600	1982	Schwarzes Gehäuse mit vier Kippschaltern, bis auf die Farbe und das fehlende Holzimitat mit dem 2600A identisch. Zum Preis von unter 100 $ wird dieses Modell sowohl mit zwei Spielen und Joysticks, als auch nur mit einem Stick und ohne Spiel verkauft.
Atari 2800	1983	Japanische Ausgabe des VCS 2600 mit sechs Schaltern, modifiziertem Gehäuse und neuen Joysticks, ab Mai 1983 für 24.800 Yen vermarktet. Bis auf das Logo äußerlich mit dem US-Lizenzbau Sears Video Arcade II identisch.
Atari 2600jr	1986	Unter-50-$-Nachfolger im komplett überarbeiteten, kompakten Gehäuse und mit neuen Joysticks. Bleibt als Billigkonsole bis in die 90er-Jahre im Handel.

Fantasy-Reise mit dem Joystick: Adventure (1978).

Exzellenter TV-Sport: Realsport Tennis von 1983.

Der deutsche Hörgerätehersteller Interton ist der zweite Lizenznehmer des Videospiel-Erfinders Magnavox. Ein internationaler Erfolg bleibt dessen Modul-Konsole VC 4000 trotz klarem Design und zuverlässiger Technik versagt.

Interton VC 4000

Deutschland, 1978

Ende der 70er-Jahre ist das Interton VC 4000 für deutsche Spieler die einzige Atari-Alternative. Als Nachfolger eines (nicht programmierbaren) Interton-Telespiels fehlt der Konsole jedoch die gewaltige Software-Bibliothek seines amerikanischen Konkurrenten, nur Interton selbst produziert und vermarktet Spiele. Mit vier Farben und Mono-Sound ist die Hardware auch technisch schwächer als der prominente Zeitgenosse.

Äußerlich gibt sich das bis heute einzige Spielgerät aus deutscher Produktion klar und schnörkellos: Das stabile Gehäuse mit zwei rechts und links eingelassenen, herausnehmbaren Controllern ist bis auf das silberne Etikett rundum schwarz. Die Controller sind zukunftsweisend, denn sie kombinieren analoge Sticks mit zwei Feuerknöpfen und drei mal vier Funktionstasten; über letztere wird für jedes Spiel eine erklärende Pappfolie gelegt. Später wird diese Keypad-Idee vom japanischen Supervision 8000 (Bandai) aufgegriffen und etabliert sich schließlich durch Intellivision, Colecovision und andere Konsolen der „dritten Generation".

Charme des Minimalen: Das Ausrufezeichen von „Cassette 18 Boxkampf" findet man später in Metal Gear Solid.

Kaum wegweisend sind dagegen die Spiele mit einer Größe von 2K oder 4K. Auf mehrere Ball- und Ballerspiele sowie simple Edutainment-Titel folgen bis 1982 Gesellschaftsspiele (Schach, Dame), Nachahmungen prominenter Automaten wie Space Invaders und Pac-Man, aber auch frühe 3D-Experimente wie **Cockpit**. Als die Bibliothek auf die beachtliche, aber kaum konkurrenzfähige Zahl von 40 Interton-Modulen angewachsen ist, gehört die Konsole bereits zum alten Eisen und wird (ebenso wie der nur mit Grundig-Fernsehern kompatible Lizenznachbau Superplay 4000) von US-Geräten verdrängt. Mit dem VC 4000 verschwindet auch das Unternehmen Interton – dem frühen Lizenznehmer des amerikanischen Videospielerfinders Magnavox bringt die Umwandlung vom Hörgerätehersteller zur Unterhaltungselektronik-Firma kein anhaltendes Glück.

Solide Technik, sehr guter Analog-Stick: Das Interton.

Verkaufte Geräte:	n.b.
Spiele:	40
Spiele auf:	Modul
Entwicklung bis:	1982
Q & A:	✗

Die erste Modul-Konsole des Videospiel-Patenthalters Philips wirkt äußerlich wie ein Heim-Computer. Leider steckt unter der Folien-Tastatur Technik, die selbst Ende der 70er-Jahre nicht mehr konkurrenzfähig ist.

Philips G7000

USA, Holland 1978

Terrahawks unterstützt das „The Voice"-Sprachmodul und erscheint – nur in Europa – auch in geschönter Plus-Version.

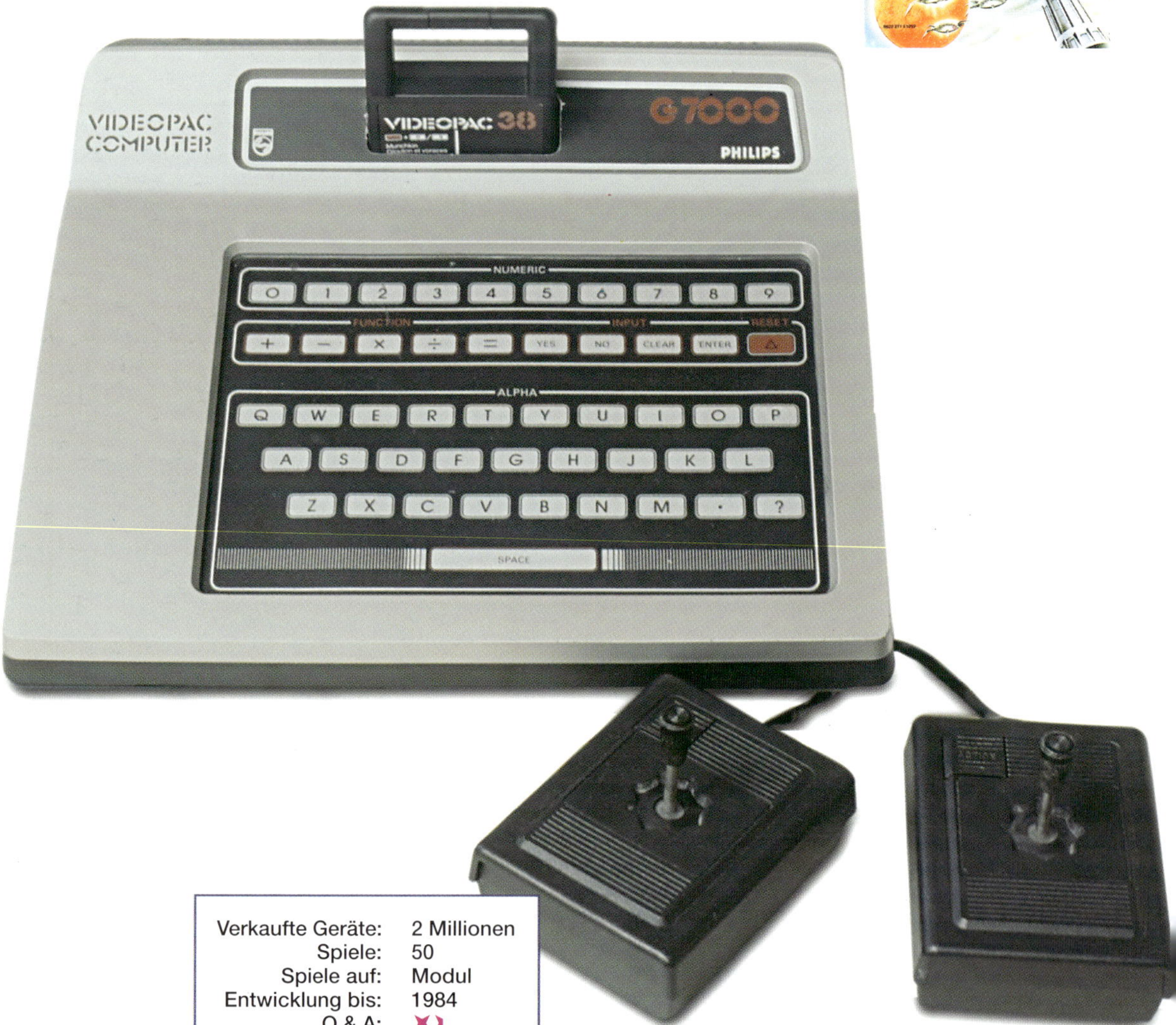

Verkaufte Geräte:	2 Millionen
Spiele:	50
Spiele auf:	Modul
Entwicklung bis:	1984
Q & A:	

Folientastatur und Analog-Sticks: Mit dem G7000 will Philips die Lücke zwischen Spielzeug und Computer schließen.

Nicht Atari, sondern die amerikanische Tochter des Philips-Konzerns produziert die erste Videospielkonsole: Anfang der 70er-Jahre erwirbt Magnavox das Patent des deutschstämmigen Erfinders Ralph Baer und beginnt 1972 mit der Produktion des „Odyssey", einem Telespiel mit 12 austauschbaren Varianten. 1975 führt Magnavox gegen wachsende Konkurrenz das Pong-Gerät Odyssey 100 ein, 1978 mit dem Odyssey 2 die erste Modul-Konsole. Im Gegensatz zum Atari VCS besitzt das in Europa als Philips G7000 bekannte Gerät zwei Analog-Joysticks sowie eine alphanumerische Folien-Tastatur, die Lernspiele und sogar die Programmierung der Konsole ermöglicht.

Abgesehen von den Eingabeeinheiten ist das G7000 technisch konventionell und audiovisuell schwächer als das VCS von Atari. Entscheidender Nachteil des G7000 ist aber nicht die Technik, sondern die dürftige Software-Auswahl: Philips besitzt weder die Third-Party-Unterstützung, noch den Katalog bewährter Automatenkonzepte von Atari. Es fehlen die starken Sportspiele des Intellivision-Systems und die prominenten Sega- und Nintendo-Lizenzen, die Coleco Anfang der 80er-Jahre erwirbt und vermarktet. Mit Imagic und Parker liefern nur zwei Fremdhersteller ein paar VCS- und Automaten-Umsetzungen, gegen Ende der G7000-Laufzeit und – im Fall von Parker – nur in Europa.

Philips selbst hält das Gerät bis zum Videospiel-Crash 1984 mit rund 50 Spielen am Leben, darunter drei Titel der einzigartigen „Master Strategy Serie": Die Brettspiel/Spielmodul-Hybriden **The Quest for the Rings**, **Conquest of the World** und **The Great Wall Street Fortune Hunt** werden in großer Verpackung mit Spielplan und -steinen verkauft.

Nur für PAL-Konsolen: Looney Balloon+.

Aufwändig ist auch das „Chess"-Modul, eine G7000-Erweiterung mit zusätzlich RAM und Rechenpower, sowie der externe Sprach-Synthesizer „The Voice of Odyssey 2".

Vom Konsolen-Crash verschluckt wird der Nachfolger zum G7000: Das G7400 ist abwärtskompatibel, spielt darüber hinaus aber auch verbesserte Neuauflagen alter Titel, sowie speziell für das G7400 entwickelte Module. Ebenso wie die Konsole werden die Plus-Spiele mit detaillierter Hintergrund-Grafik und die fünf exklusiven G7400-Module nur in Europa veröffentlicht.

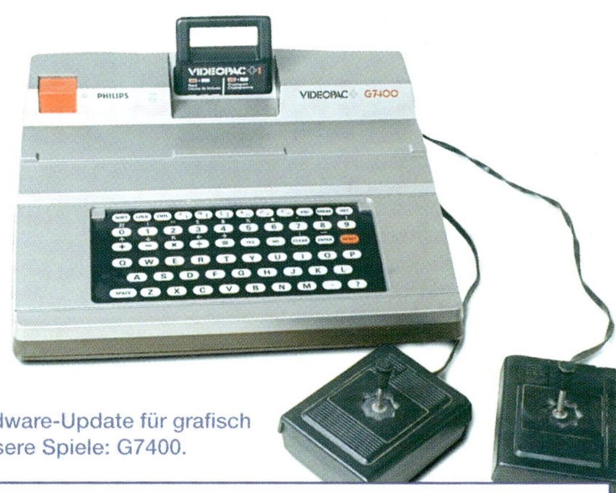

Hardware-Update für grafisch bessere Spiele: G7400.

Varianten und Nachfolger

G7000	1978	Erste „programmierbare" Konsole des Videospiel-Lizenzhalters Magnavox bzw. Philips. In den USA wird die Hardware als Odyssey 2, in Frankreich als C52, im restlichen Europa als G7000 vermarktet.
G7400	1983	Das G7000-Update mit verbesserter Grafik ist abwärtskompatibel (alte Module werden durch hochauflösende Hintergründe aufgepeppt), spielt aber auch die Exklusiventwicklungen Norseman, Helicopter Rescue, TransAmerican Rally, ein Homecomputer-Modul und Moto Crash + des französischen Herstellers Joypac.

Unter dem Management des Medien-Konzerns Warner wandelt sich Atari zum Computer-Bauer. Mit vier Joystick-Ports und zwei Modulschächten, starker Grafik und Akustik sind Atari-Rechner die besten Spielgeräte der frühen 80er-Jahre.

Atari 800

USA, 1979

Verkaufte Geräte:	n.b.
Spiele:	1.000
Spiele auf:	Modul, Diskette, Kassette
Entwicklung bis:	1990
Q & A:	XXXX)

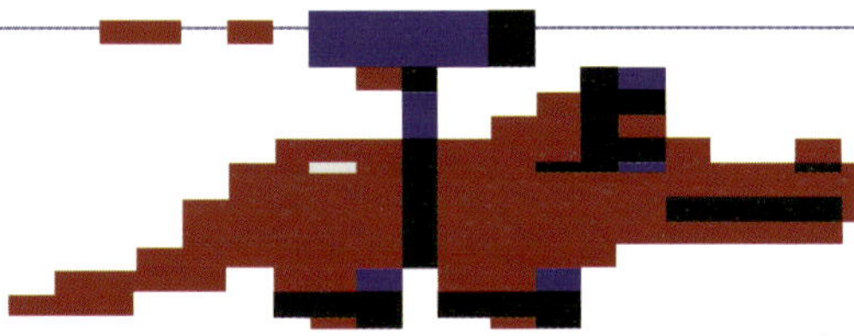

Mit Pong-Automaten und Konsolen schafft Nolan Bushnell ab 1972 den Weltmarkt elektronischer Spiele, sein Unternehmen Atari wird zur heißesten Marke der Unterhaltungsbranche. 1976 – kurz vor der Auslieferung der Atari-VCS-Konsole – schluckt der Medienkonzern Warner die Firma und macht sie mit vielen Millionen Dollar fit für den nächsten Schritt. Atari soll den jungen Heim-Computer-Markt erobern: Statt einer neuen Konsolengeneration präsentiert Warner-Manager Ray Kassar 1979 den 8-Bit-Computer Atari 800 und dessen kleinen Bruder Atari 400.

Mit zwei Modulschächten, vier Joystick-Buchsen und auf Grafik und Animation ausgelegter Hardware glänzt der Atari 800 als optimales Spielgerät. Automaten-Umsetzungen machen einen guten Teil der frühen Software aus, doch gleichzeitig entstehen auch Atari-800-exklusive Programme. Als Initialzündung für die Szene gilt Doug Neubauers Weltraumflug **Star Raiders** – viele Spieldesigner beschreiben die 3D-Reise als prägendes Erlebnis und Grund, den Atari 800 (und nicht die Zeitgenossen Apple II oder CBM Pet) zu kaufen und zu programmieren.

Für Produktion und Vermarktung von Atari-Spielen gründen Bill Stealey und Sid Meier 1982 die Firma Microprose, weitere Star-Designer der 8-Bit-Ära sind Paul Edelstein, Bill Hogue, Jon Freeman und Chris Crawford, der mit dem Strategiespiel **Eastern Front** auftrumpft. Auch das Start-Line-Up von Electronic Arts ist Atari gewidmet. Freefalls **Archon** und Dan Buntens **M.U.L.E.** werden von EA-Chef Trip Hawkins 1983 zurecht als „elektronische Kunst“ vermarktet.

Luxus-Brummer: Der Atari 800 besitzt eine Klappe über den Modulschächten, interne Erweiterungsmöglichkeiten, sowie serienmäßig vier Joystick-Ports.

Die Mächte des Lichts gegen die Dunkelheit: In Archon (1983) kämpfen und hexen Schachfiguren.

Konzipiert und entwickelt wird die 8-Bit-Hardware von Jay Miner, John Decuir, Steven Mayer und Doug Neugebauer, die davor das VCS erfanden. An der Grafik-Hardware arbeitet u.a. Lyle Rains, einer der erfahrensten Automaten-Entwickler von Atari. Das BASIC-Betriebssystem schreibt die externe Firma SMI unter der Projektleitung des späteren AppleDOS-Autors Paul Laughton.

Das Team ertüftelt ein für die damalige Zeit revolutionäres Konzept, drei Spezial-Chips entlasten die 6502-CPU: Der „Alpha-Numeric Television Interface Circuit" (Antic) ist ein Grafikprozessor mit eigenem Befehlssatz und DMA-Zugriff auf den Arbeitsspeicher. Er kontrolliert den von Rains patentierten TV-Interface-Chip GTIA, der sich um Farben, bewegte Objekte und die Kollisionsabfrage kümmert: Mit seiner „player-missile"-Grafik nimmt der Atari 800 die „Sprites" späterer Computer und Konsolen vorweg. Der dritte Spezial-Chip „Pokey" fasst die I/O-Funktionen (Tastatur- und Controller-Abfrage) mit Sound und Zufallsgenerator zusammen.

Mit seiner Multi-LSI-Architektur löst der Atari 800 den ein Jahr älteren Apple II als besten Spiel-Computer ab. Danach bleibt ihm jedoch nur ein Jahr der Dominanz, bevor der Commodore C 64 den Weltmarkt übernimmt. Im Rückblick sitzt der Atari 800 zwischen den Stühlen: Als reine Spielmaschine zu mächtig und zu teuer, kann sich der Atari nicht als seriöser Computer etablieren. Hardware-Leistung, Schreibmaschinen-Tastatur und Erweiterungsmöglichkeiten steht das Atari-Logo entgegen – für potenzielle Kunden das Zeichen für Spielzeug, nicht für einen verlässlichen Rechner.

Auch nachdem Warner das Computer-Geschäft von der Spielabteilung trennt und den letztgenannten Bereich zurückfährt, findet Atari nicht zu einer konsequenten Produktstrategie. Der technisch undurchdachte Atari 1200 XL floppt im Jahr der Markteinführung, die eilig nachgeschobenen Varianten 600 XL und 800 XL sind überarbeitet bzw. abgespeckt und stehen im Bezug auf Rechenleistung und Grafik auf dem Niveau von 1979. Beide werden tapfer beworben, bleiben in der Gunst der Spieler und Entwickler aber weit hinter dem C 64. Die technisch verwandte, aber nicht Modul-kompatible Spielkonsole Atari 5200 wird nur halbherzig eingeführt und vom Videospiel-Crash voll erwischt.

Nach den Erfolgen in den 70ern steht Ataris 8-Bit-Entwicklung Mitte der 80er-Jahre unter einem schlechten Stern. Warner erträgt die Millionen-Verluste nicht länger und verkauft Ataris Computer-Geschäft an den Commodore-Gründer Jack Tramiel. Dieser löst

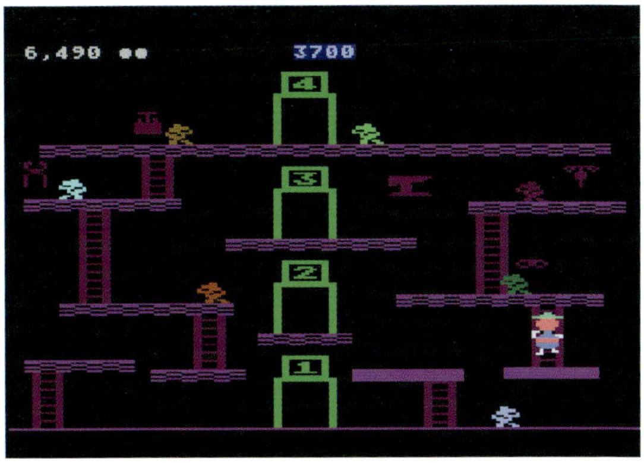

Die Sprites und Farben der starken Atari-Grafik-Hardware nützen nicht nur Action-Spiele wie Miner 2049...

...sondern auch Joystick-gesteuerte Strategie-Simulationen: Eastern Front von Chris Crawford (1981).

Die besten Atari-Spiele enstehen Anfang der 80er-Jahre in den USA: Fort Apocalypse gibt der Choplifter-Idee Tiefe...

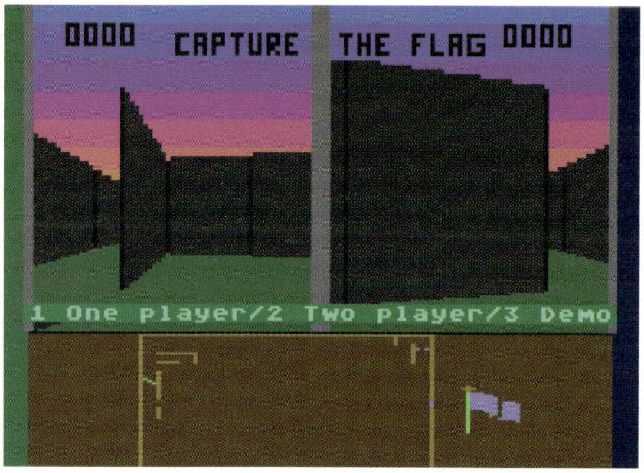

...Paul Edelsteins Capture the Flag zaubert 3D-Effekt und Farbverlauf auf den Zwei-Spieler-Splitscreen.

die XL-Serie 1985 durch die technisch kaum verbesserten XE-Computer ab, setzt die 8-Bit-Entwicklung aber gleichzeitig gegenüber dem ersten 16-Bit-Computer Atari ST zurück. Weder auf dem Computer-Markt, noch auf dem Konsolensektor ist Atari noch von Bedeutung, trotzdem kann sich die Firma auch bei der Einführung des letzten 8-Bit-Geräts nicht zwischen Spielgerät und Hobby-Computer entscheiden: Die Atari XE-„Game Console" wird sowohl mit Light-Gun und integriertem **Missile Command**, als auch mit Tastatur und BASIC vermarktet und ist technisch allen Zeitgenossen unterlegen. 1992 stellt Atari mit der XE-Serie die gesamte 8-Bit-Entwicklung ein.

Bruce Lee boxt sich durch: Dem gleichnamigen Spiel von Datasoft gelingt die Symbiose aus Kung-Fu und Action-Adventure.

Mit neuem Gehäuse und hochwertigem Zubehör (im Hintergrund: Trackball) erscheint die XL-Serie ab 1982.

Atari 800, Varianten und Nachfolger

Atari 800	1979	Erster Atari-Computer mit 8 bis 48K RAM, vier Joystick-Ports, zwei Modulschächten und vier Steckplätzen für RAM- und Video-Erweiterungen. Frühe Modelle enthalten einen CTIA-, statt GTIA-Chip – der Basic-Poke 623,64 führt zum blauen, statt schwarzen Bildschirm. Der Startpreis beträgt knapp 1.000 $.
Atari 400	1979	Kleiner Bruder des Atari 800 mit nur einem Modulschacht und Membran-, statt echter Tastatur. Der Einstiegs-Computer besitzt anfangs nur 8K RAM und keine serienmäßige Composite-Video-, sondern eine Antennen-Buchse.
Atari 1200 XL	1982	Überarbeiteter Nachfolger mit CPU-Update 6502C, 64K und neuem Schwarz-Weiß-Gehäuse, Help- und vier abgesetzten Funktionstasten, aber nur zwei Joystick-Ports. Der fehlende Erweiterungsport, der mit vielen Spielen inkompatible Modulschacht und der Startpreis von 1000 $ werden dem Gerät zum Verhängnis.
Atari 800 XL	1983	Nachfolgemodell zum 1200 XL, mittelgroßes Gehäuse mit abgespeckter Tastatur und sechs Spezialtasten: Reset, Option, Select, Start, Help und Power. Basic im ROM, sowohl seitliche PBI-Schnittstelle, als auch serienmäßiger Composite-Video-Ausgang. Da andere XL-Varianten nicht in Serie gehen, bleibt der 800 XL (Startpreis: 250 $) das Spitzenmodell der Serie.
Atari 600 XL	1983	Kleiner Bruder des 800 XL mit nur 16K RAM, sowie RF-, statt Composite-Video-Ausgang.
Atari 65 XE	1985	Unter dem Tramiel-Management für 99 $ eingeführter XL-Nachfolger mit neuem Gehäuse, 64K RAM und vergrößertem ROM, aber ohne den Erweiterungs-schacht der Vorgänger. Nur in Europa erschien die Variante Atari 800 XE.
Atari 130 XE	1985	Der große Bruder des 65 XE besitzt 128K RAM und die „Freddy"-MMU des 65 XE. Die Parallelschnittstelle der XL-Vorgänger ist durch einen SCSI-Anschluss ersetzt.
Atari XE GS	1987	Kompatible Spielkonsole im grauen Gehäuse mit bunten Funktionstasten (Reset, Option, Select, Start und Help) und Tastatur als optionalem Zubehör (Bild rechts). Missile Command ist im ROM integriert.

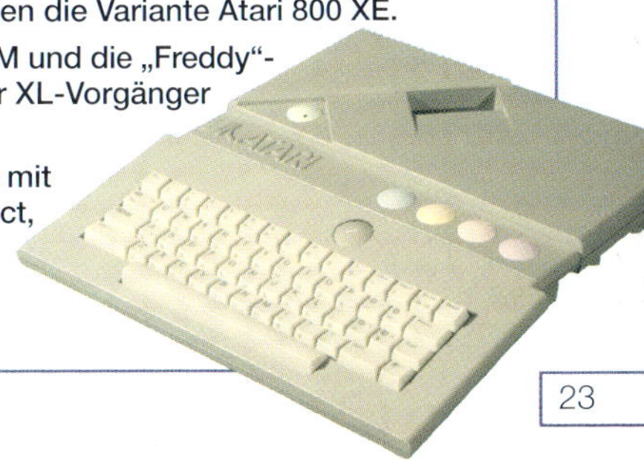

Spielzeug-Gigant Mattel veröffentlicht die erste Spielkonsole mit 16-Bit-Prozessor. Bessere Grafik, schlaue Spiele und aufwändiges Zubehör sollen den Marktführer Atari beerben.

Mattel Intellivision

USA, 1980

Mit IntelliVoice-Adapter spricht die Mattel-Konsole. Rechts wird das Spiel eingesteckt.

Verkaufte Geräte:	3 Millionen
Spiele:	125
Spiele auf:	Modul
Entwicklung bis:	1990
Q & A:	✕✕✕

Bis 1980 herrscht das Atari VCS einsam über den Markt „programmierbarer“ Konsolen, dann taucht namhafte Konkurrenz auf. Ende 1979 bringt der Spielzeugriese und Barbie-Erfinder Mattel sein „Intellivision Master Component“ in begrenzter Stückzahl, im folgenden Jahr dann landesweit in die Geschäfte. Das flache, braungoldene Gerät ist technisch besser als die Atari-Hardware und soll die Brücke schlagen zwischen Telespiel und Familien-Computer: *„Beginnen Sie mit dem Master Component, um sich zu unterhalten und zu bilden. Dann fügen Sie das Keyboard Component hinzu.“*, wirbt der US-Katalog von 1980. *„[Dessen] Programme eröffnen Ihrer Familie eine neue Welt auf Ihrem Fernsehschirm!“* Zum Keyboard Component verspricht Mattel Lern-, Buchhaltungs- und Simulationsprogramme: *„Bringen Sie Ihre Finanzen auf den neuesten Stand und legen Sie eine Football-Bombe.“*

Doch die Veröffentlichung des Zubehörs (neben Tastatur und Datasette auch Mikrofon, Drucker und Modem) verschiebt sich mehrmals; die ehrgeizigsten Erweiterungen werden ganz fallen gelassen. Die wenigen hundert, zu Testzwecken ausgelieferten Keyboard-Einheiten erweitern den Speicher auf 64K, sind mehr als doppelt so teuer wie die Konsole und gelten heute als begehrte Sammlerstücke.

Das Intellivision selbst ist ein technisch leistungsfähiges Gerät, dessen 16-Bit-CPU vor allem durch eine Serie optisch realistischer Sportspiele zur Geltung kommt. Neben der Computer-Zukunft ist der Unterschied zwischen der Blockgrafik des Atari VCS und der feineren, perspektivischen Darstellung von Intellivision-Spielen wie **NHL Hockey** und **NBA Basketball** Mattels wichtigstes Werbe- und Verkaufsargument.

Während Intellivision realistische Sportspiele liefert, kümmern sich ...

... Dritthersteller um prominente Umsetzungen: Empire Strikes Back ...

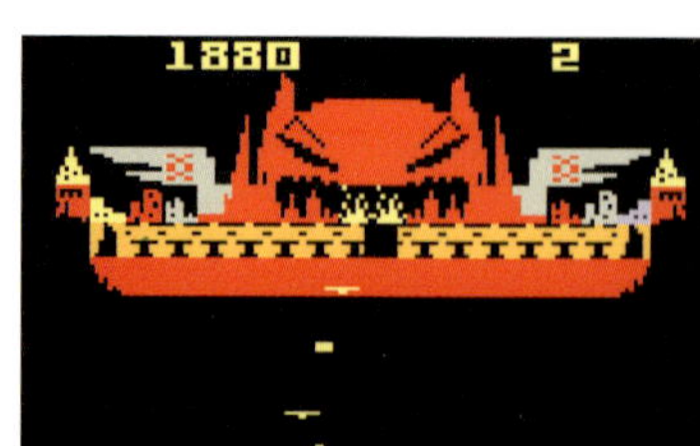

... von Parker und Imagics Demon Attack kommen allerdings spät.

Da dem System die prominenten Spielautomaten von Atari fehlen, konzentriert sich Mattel auf Sportlizenzen und liefert später auch Rollen- und Abenteuerspiele. Generell sind Intellivision-Titel nicht so schnell und simpel wie VCS-Module, auch der Controller ist komplizierter: Der Daumen liegt auf einer Drehscheibe, die Feuerknöpfe befinden sich an beiden Seiten des Pads. Die obere Hälfte nehmen zwölf Tasten ein, über die man eine Folie mit der Belegung schiebt. Die Controller erweisen sich als gewöhnungsbedürftig und unpräzise. Da sie mit dem Master Component fest verkabelt sind, können keine Alternativen angeschlossen werden.

Für das Intellivision erscheinen schlaue Spiele mit expliziter, aber statischer Grafik. Imagics Microsurgeon von 1982.

Neben einem konventionellen Joystick fehlt dem Intellivision auch Software. Erst 1983 beginnen Dritthersteller wie Activision, Imagic und Parker mit der Produktion und Vermarktung von Intellivision-Modulen. Selbst Atari konvertiert eigene und japanische Automaten von Namco, Nintendo und Sega. Verspätet wie die Fremdanbieter-Software ist die internationale Intellivision-Einführung: In Europa erscheint die Konsole erst 1982, im gleichen Jahr liefert Bandai in Japan aus. In den USA bringt Mattel ein Sprachmodul, sowie das Intellivision II im neuen Gehäuse: Die Fortentwicklung ist kompakter, wirkt sachlicher und moderner als der Vorgänger in seinem Holz- und Gold-Imitat. Mitte 1983 löst Mattel sein Heim-Computer-Versprechen ein: Das ECS-Modul ist eine halbherzig vermarktete Kombi aus externem 49-Tasten-Keyboard und „CPU Modul", beides im schnörkellosen Intellivision-II-Design. Das Computer Modul enthält 2K RAM und 10K ROM zur Basic-Programmierung, einen dreistimmigen Sound-Chip, sowie zwei Joypad-Eingänge. Für das ECS erscheint im gleichen Jahr auch ein Piano mit 49 Tasten.

Den Zusammenbruch des Videospielmarkts nützt der Spielzeugriese 1984 für den Ausstieg: Hardware, Spiele und Patente werden vom Mattel-Manager Terry Valeski übernommen und in die neue Firma INTV überführt. Neben dem schwarzen Hardware-Nachfolger System III erscheinen zwischen 1985 und 1990 auch 35 neue Module. Die letzten Intellivision-Spiele vor dem INTV-Bankrott 1990 sind **Stadium Mud Buggies** und die Volleyball-Simulation **Spiker!**.

Nur wenige Computer-Erweiterungen schaffen es in den Handel.

Varianten und Nachfolger

Intellivision Master	1979	Das Herzstück eines geplanten Computer-Systems wird zusammen mit „Poker & Blackjack" verkauft. Der Preis sinkt zur landesweiten Auslieferung 1980 von 299 auf 269 $. Vermarktet werden Varianten von Sears („Telegames Super Video Arcade" mit abnehmbaren Controllern), Radio Shack („Tandyvision One") und GTE („Sylvania Vision"), in Japan von Bandai (Juni 1982, 49.800 Yen).
Intellivision II	1983	Kompakter Nachfolger mit abnehmbaren Controllern, externem Netzteil und Betriebs-LED für anfangs 150 $. Die nüchtern graue Konsole wird in Europa nicht vermarktet, in den USA schnell im Preis gesenkt und kurz vor der Schließung von Mattel Electronics für unter 70 $ verramscht. Im Gegensatz zur Ur-Version mit dem „System Changer" und damit zu Atari-VCS-Spielen kompatibel.
INTV System III	1985	70 $-teurer „Master Component"-Nachbau in schwarzem Gehäuse. Nicht mit dem unveröffentlichten Intellivision III zu verwechseln. Später auch „INTV Super Pro System". Keine abnehmbaren Controller, nicht „System Changer"-kompatibel.

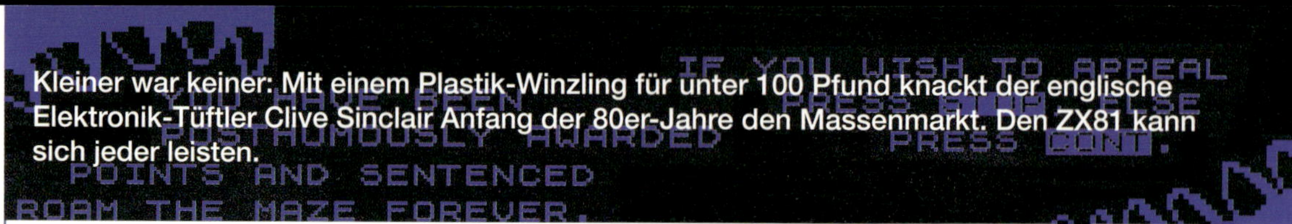

Kleiner war keiner: Mit einem Plastik-Winzling für unter 100 Pfund knackt der englische Elektronik-Tüftler Clive Sinclair Anfang der 80er-Jahre den Massenmarkt. Den ZX81 kann sich jeder leisten.

Sinclair ZX 81

GB, 1981

Anfang der 80er-Jahre ist der Markt noch nicht in der Hand amerikanischer Firmen, in Europa setzen englische Computer-Bauer den Apples, Tandys und Ataris eigene Rechner entgegen. Der erfolgreichste Computer-Erfinder ist Clive Sinclair, der später für sein Lebenswerk in den Ritterstand erhoben wird. Seinen ersten Heim-Computer vermarktet der Elektronik-Bastler als Bausatz ab 1980.

Der ZX80 hat weder Farben noch Sound und nur 1K Speicher, ist aber für Jedermann erschwinglich. Der Winz-Computer wird ans TV-Gerät gestöpselt, als Speichermedium dienen billige Audio-Kassetten. Sensationell sind Größe und Gewicht: Sinclair verzichtet auf eine echte Tastatur, das Plastikgehäuse mit 40-Tasten-Folie ist fast so flach wie ein Taschenrechner.

Ein Jahr später wird der ZX-81 in die Massenfertigung gegeben. Der Minirechner am unteren Ende der Preisskala ist in Europa ein voller Erfolg und – ohne Farbe, Ton und Joystick – sogar als Spielgerät von Bedeutung.

Verkaufte Geräte:	1,5 Millionen
Spiele:	100
Spiele auf:	Kassette
Entwicklung bis:	1984
Q & A:	✕✕

In den rückwärtigen Port des ZX81 stecken die meisten User eine 16K-Speichererweiterung.

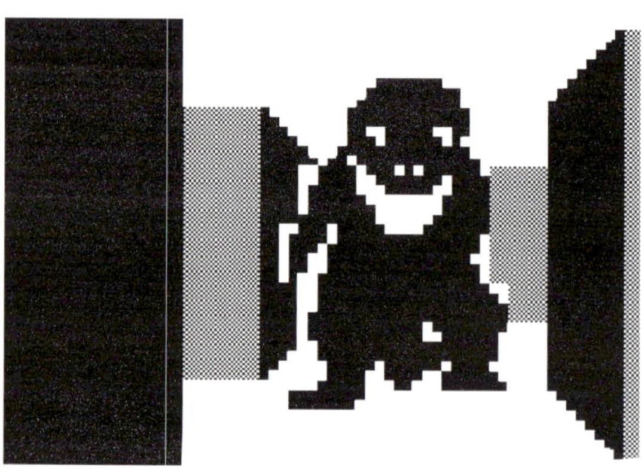

3D-Schock in Schwarz-Weiß: Monster Maze von 1981.

Auf dem Spectrum-Vorläufer entstehen Umsetzungen klassischer Konzepte (Schach, Star Trek, Ballerspiele), aber auch bahnbrechende Originale: So nimmt Malcom Evans **3D Monster Maze** die klaustrophobischen Tunnels von Doom vorweg – in 100x95 Pixeln. Weitere Top-Programmierer, die auf dem ZX 81 ihre Karriere beginnen, sind Charles „Baphomets Fluch" Cecil, Andrew Glaister, Costa Panayi und Digital-Integrations-Gründer Dave Marshall.

Mit Steckmodulen wird der Rechner aufgemöbelt, in den Erweiterungsport passen zusätzliche 16K- und 64K-Speicher, HiRes-Adapter und Schnittstelle zum winzigen Sinclair-Drucker, der Text und Grafik nicht auf normalem Papier, sondern auf Thermo-Streifen ausgibt.

US-Varianten

Timex Sinclar TMS-1000	1982	Etwas aufgemöbelte 2K-Variante für den US-Markt, mit dem ZX81 nicht kompatibel. Bis Ende 1983 sinkt der Preis auf 45 $.
Timex Sinclair TMS-1500	1983	Erfolgloser TMS-1000-Nachfolger mit intern 16K Arbeitsspeicher. Startpreis: 70 $ + 30 $ (zusätzliches 16K-RAM-Pack).

Die Luxus-Hardware von Apple und Atari kontert Commodore mit einem billigen Computer für die Massen. In den USA durchbricht der VC-20 die 300-Dollar-Barriere, in Deutschland wird der C-64-Vorläufer sogar zum „Volkscomputer".

Commodore VC 20

Japan und USA, 1981

Nach dem Bürorechner „Pet" veröffentlicht die US-Firma Commodore ihren ersten Heim-Computer. Auf Basis der bewährten 6502-CPU ist der VC 20 schon bei seinem Debüt veraltet, dafür aber konkurrenzlos billig. Für 300 Dollar wird das Gerät in den USA und in Europa ein Hit.

Unter dem weißen Gehäuse mit Profi-Tastatur befindet sich neben der CPU der „Video Interface Chip" VIC, der acht Farben auf den Bildschirm bringt und für dreistimmigen Ton sorgt. Mit 5K Speicher ist der VC 20 schwach ausgestattet; dem BASIC-Anwender stehen nur 3,5K zur Verfügung. Sein günstiger Preis, Zuverlässigkeit und Erweiterungsmöglichkeiten bescheren dem VC 20 dennoch ein kurzes Hoch in den Jahren 1981 bis 1983. Während fast 200 US-Spiele auf Modul erscheinen, produzieren englische und deutsche Firmen auf billigeren Audiokassetten; die 16K-Erweiterung VC1111 ist das wichtigste Zubehör. Joystick und analoges Paddle werden über eine 9-Pin-Buchse angeschlossen – an den VC 20 passen u.a. alle Atari-Controller.

Auch nach der Veröffentlichung des leistungsstärkeren C 64 bleibt der VC 20 noch ein paar Jahre am Leben. Späte Anwender schließen über den seriellen Port ein Diskettenlaufwerk an und erreichen mit der VC1020-Box die maximale Ausbaustufe. Der Adapter bringt fünf Module an den Computer, z.B. Maschinensprache VC1213, Super Expander VC1211A, Programmierhilfe VC1212 und IEEE-488-Interface VC1112. Bereits vor seinem Debüt im Westen wird der VC 20 in Japan vermarktet. Dort entwickelt der spätere Nintendo-Partner HAL für den als VIC-1001 und – ab 1982 in neuem Gehäuse – als Max-machine bekannten Computer.

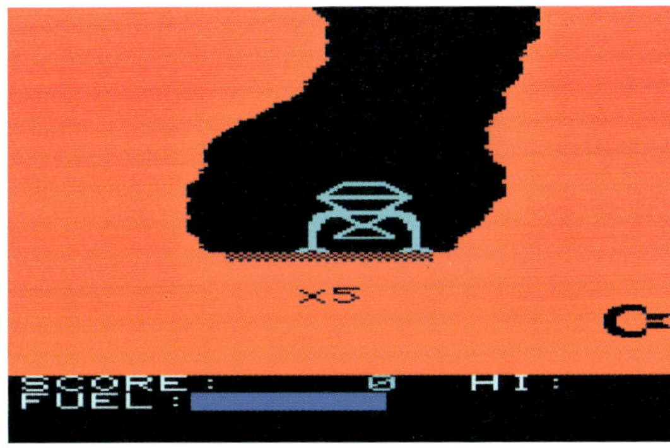

Frühe VC-20-Spiele wie Jupiter Lander (1982) entwickelt die japanische Firma HAL für Commodore.

Weltweit werden 400 Spiele und Education-Programme für den VC 20 entwickelt oder umgesetzt, darunter Automaten, Apple- und Atari-Spiele von Sirius, Epyx und Brøderbund, die Adventures von Scott Adams und – als prominente europäische Entwicklung – **Gridrunner** von Jeff Minter (1982).

Das brave VC-20-Gehäuse übernimmt Commodore fast 1:1 für den C 64.

Verkaufte Geräte:	2 Millionen
Spiele:	knapp 250
Spiele auf:	Modul, Kassette
Entwicklung bis:	1984
Q & A:	✖✖✖

1980 hebt der Videospielmarkt ab, 1984 kommt er wieder runter. Auf den Ruinen der Telespiel-Branche beginnt im Westen der Siegeszug der Heim-Computer.

Videospiel-Crash und Siegeszug der Heim-Computer

Kleine Cartoon-Animationen locken den Spieler in den Congo-Bongo-Dschungel. Sega, 1983

Ab 1980 wird es eng und spannend in der Videospiel-Szene: Innerhalb weniger Jahre erscheinen 50 neue Geräte – nicht alle exklusiv, aber alle prickelnd für Spieler. Konsolen werden vielseitiger und teurer, Heim-Computer sinken unter die 500-Dollar-Grenze. Apple, Atari und IBM, Compaq, Thomson, Texas Instruments und Amstrad: Untereinander kompatibel ist die Hardware aller Herren Länder nicht, jede Firma kocht ihr eigenes Süppchen.

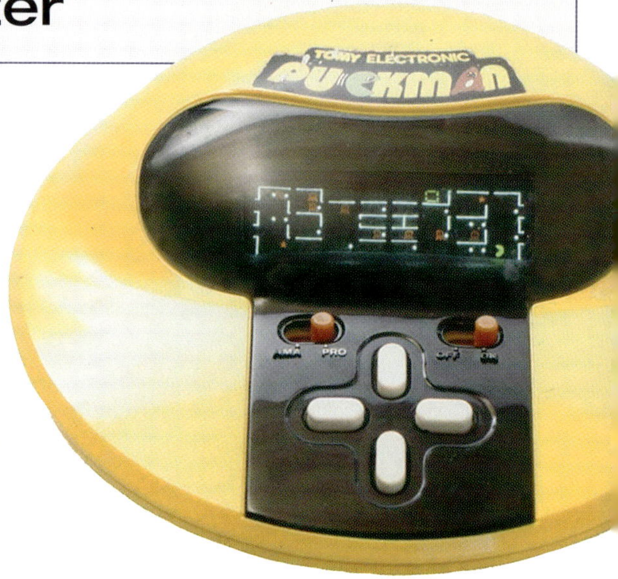

Die kleine Alternative zum Spielautomaten sind Handhelds und Tabletops. Die Beliebtheit der LCD- und LED-Geräte von Mattel, Parker und Bandai sowie zwei Dutzend anderer Firmen erreicht 1982 ihren Höhepunkt: Pac-Man von Tomy, 1981.

Während die Computer-Konkurrenz sich gegenseitig befruchtet und schnell weiter entwickeln, stagnieren die Spielkonsolen. Das alte Atari VCS bleibt auch nach der Einführung stärkerer Geräte die Nummer Eins, kann aber keine neuen Erlebnisse mehr liefern. Die Module etablierter Firmen holen das Maximum aus der begrenzten Hardware heraus, werden von der minderwertigen Software eiliger Start-Ups aber zugeschüttet. Die Spiele werden immer billiger und immer schlechter.

Q*Bert ist der süßeste US-Automatenheld, aber auch der frechste: Nach jedem Fehlsprung flucht er! Die Vorbilder sind Pac-Man und die Gebäude des niederländischen Surrealisten M.C.Escher.

Während Nintendo später den Markt reguliert, hat Atari noch keine Kontrolle über seine Dritthersteller. Auch das Time-Warner-Management baut jetzt Murks, produziert zwölf Millionen **Pac-Man**-Module (bei zehn Millionen verkauften Konsolen) und leitet 20 Millionen Dollar von der Spielentwicklung nach Hollywood um. Die Spielberg-Lizenz **E.T.** wird kurz vor Weinachten zusammengeschustert und ist ein kommerzielles Desaster. Der Handel kann die Module von Atari und über zwanzig Drittherstellern nicht mehr verkaufen. Angeblich vergräbt Time Warner in Neu Mexiko ein paar Millionen Spiele.

1981 werden in den USA noch 500 Millionen Dollar mit Videospielen gemacht, ein Jahr später das Doppelte, 1983 über drei Milliarden. Dann bricht das Geschäft innerhalb von zwei Jahren auf ein Viertel ein. 1985 sehen fast alle Start-Ups das Game Over, wenige (z.B. Starpath) retten sich in die Computer-Branche.

Witz und Dynamik auf Laserdisc: Den spielbaren Fantasy-Film Dragon's Lair produziert Disney-Schüler Don Bluth 1983.

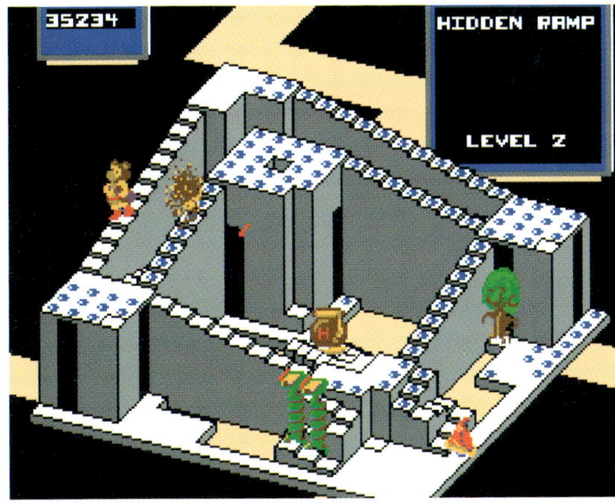

Wie in anderen Automaten dieser Zeit steckt in Ataris Crystal Castle ein 6502-Chip, die CPU vieler Heim-Computer (1983).

Angeschlagen, aber kreativ und technisch unbeeindruckt überlebt die Automatenbranche. Vor und nach dem Crash ist sie der zuverlässigste Lieferant neuer Spielkonzepte und Technologien. Vom Hüpf- zum Rennspiel, vom Shooter zum Fußball-Match erhalten alle Action-Genres Spielhallen-Impulse.

Mehr Speicher für Sprites und Landschaften, RGB-Bild, Spezial-Controller und Hydraulik. Spielerisch sind Automaten den Modulspielen eine Generation voraus, werden kopiert und umgesetzt. 1980 und 1981 erscheinen über 100 neue Automaten, darunter die Ballermeilensteine **Phoenix**, **Missile Command**, **Defender**, **Battlezone** und **Scramble**, **Centipede**, **Galaga** und **Tempest**. Wer lieber tüftelt und schmunzelt, steht während dieser Zeit an **Pac-Man**-, **Qix**- und **Lady Bug**-Automaten, lässt **Frogger** oder Mario in **Donkey Kong** hüpfen.

1983 entdeckt die Automatenbranche die Bildplatte: Die Fallen und Feinde des Zeichentrick-Spiels Dragon's Lair zeichnet Don Bluth und sein Team in Kinoqualität. Der Spieler greift mit Joystick, Sprung- und Feuerknopf in die Handlung ein, kann seinen Ritter aber nicht direkt steuern. Dragon's Lair ist spielerisch begrenzt, aber witzig und audiovisuell unwiderstehlich. Firmen wie Coleco und Atari kündigen umgehend Bildplatten-Spieler und -Adapter an, Hasbro fasst eine VHS-basierte Spielkonsole ins Auge.

Doch der Reiz des interaktiven Spielfilms verfliegt schnell, die LD- und VHS-Konsolen verstauben als Prototypen. Erst zehn Jahre später werden die rund 20 amerikanischen und japanischen LD-Spielfilme wieder ausgegraben, um die 600 MB Speicher des neuen Mediums CD-ROM zu füllen.

Weder Remake noch MAME-Emu bringt Midways Star Rider zurück. Das Laserdisc-Rennspiel kaschiert seinen linearen Ablauf geschickt: Die Grafik ist nicht gemalt, sondern 3D-modelliert, schattiert und gerendert, dann als Computer-Film auf LD abgelegt.

Im Spiel wird nur ein Ausschnitt der Weltraum-Panoramen dargestellt, jede Lenkbewegung verschiebt die Ansicht. Legt man den Turbo-Hebel um, verdoppelt die CAV-Bildplatte ihre Laufgeschwindigkeit – das Space-Motorrad beschleunigt. Beim Ritt über galaktische Bahnen kauert der Spieler auf einem Motorradsessel, sieht Konkurrenten im Rückspiegel ausscheren und vorbei pfeifen.

Konkurrenzlose Technik, starkes Zubehör und Automaten-Hits von Sega und Nintendo: Das Colecovision ist die Traumkonsole der frühen 80er-Jahre – und wird vom Videospiel-Crash voll erwischt.

CBS Colecovision

USA, 1982

Verkaufte Geräte:	4 Millionen
Spiele:	100
Spiele auf:	Modul
Entwicklung bis:	1985
Q & A:	XXX

Das Colecovision ist mit Spielen von Sega und Nintendo erfolgreich und dank Erweiterungsschacht (vorne) und „Expansion Module 1" auch zu Atari-Modulen kompatibel.

Anfang der 80er-Jahre steht das Atari VCS auf der Höhe seiner Beliebtheit, ist technisch aber längst ausgereizt. Für die niedlichen Cartoon-Animationen der Automatenspiele von Namco, Sega und Nintendo ist das VCS zu schwach und auch für Umsetzungen vom Computer kaum noch zu gebrauchen.

Die Firma Coleco, die in den 70er-Jahren mit mehreren Telstar-Konsolen mitmischte, sieht die Lücke und läutet mit dem Colecovision eine neue Generation programmierbarer Spielgeräte ein. Die Konsole basiert auf einer flott getakteten Z80-CPU, stellt Grafik in einer Auflösung von 256x192 Bildpunkten dar und bewegt 32 Hardware-Sprites – die Technik übertrumpft nicht nur das VCS, sondern auch das Mattel Intellivision.

Um die Konkurrenten zu schlagen, erwirbt Coleco bereits im Vorfeld die Heimrechte an populären japanischen Spielen: **Donkey Kong**, **Zaxxon** und andere Automaten-Innovationen machen das Colecovision zu einer der wenigen Konsolen, für die nahezu authentische Umsetzungen sowohl von Sega, als auch Nintendo erscheinen. Bei der Entwicklung erweist sich die technische Nähe zu anderen Z80-Geräten (Automaten, MSX- und Sega-Computer) als nützlich, auch erfolgreiche US-Computer-Spiele wie **Apshai** und **Montezuma´s Revenge** werden ohne Abstriche auf das Colecovision übertragen.

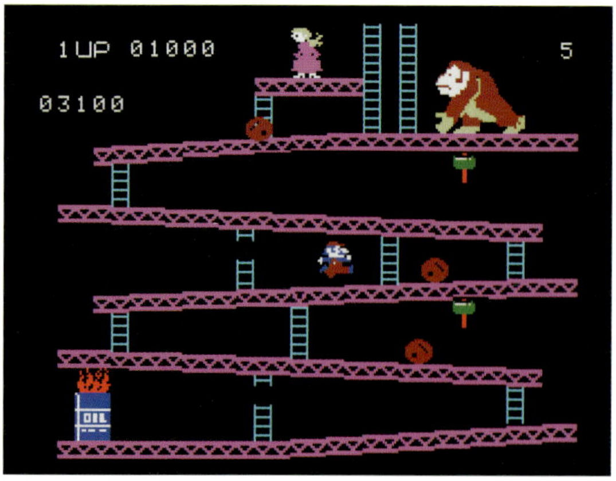

Mario auf dem Colecovision: Der ersten Heimversion von Donkey Kong fehlt einer der ursprünglichen vier Levels.

Mit audiovisueller Pracht gegen Atari: Am Ende des ersten Schlümpfe-Spiels wartet Schlumpfine in Gargamels Kerker.

Neben prominenten Spielen spendiert Coleco seiner Super-Konsole Zubehör, einen Trackball („Roller Controller"), den protzigen „Super Action Controller" mit Joystick, vier Triggern, Keypad und kleinem Drehrad, sowie das „Expansion Module 2". Es besteht aus Lenkrad und Gaspedal und wird ursprünglich mit dem Sega-Rennspiel **Turbo** verkauft. Strategisch wichtig ist das „Expansion Module 1", ein Adapter, der Atari-VCS-Module auf dem Colecovison abspielt.

Doch trotz überlegener Hard- und Software bleibt Coleco langfristiger Erfolg versagt, denn 18 Monate nach dem Debüt bricht der amerikanische Videospielmarkt zusammen. Coleco versucht sich auf den boomenden Computer-Sektor zu retten, stoppt die Entwicklung seines Colecovision-Updates („Super Game Module") und präsentiert stattdessen den Heim-Computer Adam.

Dessen Veröffentlichung verschiebt sich mehrmals und wird aufgrund technischer Fehler zum Debakel. Ebenso wie viele Mitbewerber zieht sich Coleco vom Computer-Markt zurück und feiert stattdessen mit den „Cabbage Patch"-Puppen einen überraschenden Erfolg bei kleinen Kindern. Als Coleco im Jahr 1988 endgültig die Puste ausgeht, übernimmt Telegames das Hardware-Erbe und verkauft die Konsole noch für ein paar Jahre als „Personal Arcade".

Ein zweiter Nachbau ist das Dina 2-in-1 der Bit Corporation mit zwei Modulschächten. Damit schluckt es auch Module für die Sega-Konsole SG-1000. Als auch dieser Clone ausläuft, retten Emulationen das Coleco-Erbe: Für den PC veröffentlich Telegames die „Personal Arcade"- und die „Coleco Hits Volume 1"-Kompilationen mit Z80-Spielen von Activision, Konami und anderen Fremdherstellern.

Die rechte Gerade aus Hollywood: In den Pixel-Boxern von Rocky (1983) erkennt man die Leinwand-Vorbilder.

Der Nachfolger

Coleco Adam	1983	Wegen der Krise im Konsolenmarkt gibt Coleco das geplante Colecovision-Update „Super Game Module" zugunsten eines abwärtskompatiblen Heim-Computers auf und knüpft ein unerhörtes Hardware-Bundle: Für 600 $ besitzt der Adam zusätzliche 16K VRAM, Profitastatur, Keypad-Controller, Textverarbeitung, Drucker und zwei integrierte Magnetband-Laufwerke. Das exotische Speichermedium, technische Probleme und mehrere Verschiebungen, sowie die Preiserhöhungen auf 750 $ beschließen das Adam-Schickal: Nur knapp 100.000 Einheiten werden ausgeliefert bevor sich Coleco 1985 vom Hardware-Markt zurückzieht.

Mobiler Spielautomat, Tabletop oder „programmierbare“ Konsole? Mit seinem eingebauten Vektor-Monitor entzieht sich das technisch faszinierendste Spielgerät der 80er-Jahre der Kategorisierung.

Vectrex

USA, 1982

Verkaufte Geräte:	n.b.
Spiele:	25
Spiele auf:	Modul
Entwicklung bis:	1985
Q & A:	✕✕

In der Videospiel-Urzeit konkurrieren zwei Bildschirm-Technologien: Während die gewöhnliche Mattscheibe von links oben nach rechts unten vom Elektronenstrahl abgewandert wird und sich ihr Bild aus Zeilen zusammensetzt, bewegt sich beim Vektor-Bildschirm der Strahl frei. Das Nachglühen erzeugt eine leuchtende Linie, die geometrische Objekte zeichnet. Die Darstellung ist gut für schnelle Bewegung und wird z.B. für die 3D-Automaten „Battle Zone“ und „Star Wars“ von Atari verwendet. Gefüllte Flächen lassen sich kaum darstellen.

Mit seiner Firma Western Technologies entwickelt der Amerikaner Jay Smith, Erfinder des innovativen Microvision-Handhelds, das einzige Heim-Videospiel mit dieser Grafik: Im Vectrex ist der Spezialmonitor gleich eingebaut, ebenso die Weltraum-Ballerei **Mine Storm**, ein unverschämt guter „Asteroids“-Clone. Das Joypad (analoger Stick, drei Feuerknöpfe) wird vorne aus dem Gerät geklappt, ein zweites kann angeschlossen werden. Das Vectrex benötigt keine Verkabelung, sondern nur eine Steckdose und ist – dank zum Griff geformter Oberseite – gut tragbar.

Ursprünglich wird das Vectrex von der US-Firma GCE produziert und für 200 Dollar (in Deutschland: 500 Mark) verkauft; später übernimmt der Spielzeugriese Milton Bradley die internationale Vermarktung und senkt den Preis auf 150, schließlich – kurz vor dem Zusammenbruch des Videospielmarktes – auf 100 Dollar. Der Crash des Jahres 1984 beendet die kurze Karriere des Vectrex. Zu diesem Zeitpunkt sind für das ungewöhnliche System erst knapp 30 Module erschienen, alle von GCE entwickelt.

Ohne die Unterstützung von Atari, Activision und anderen Drittherstellern tauchen in der Software-Palette kaum bekannte Namen auf. Davon abgesehen sind Vectrex-Spiele einfach anders: Die monochrome Vektor-Software wird durch bedruckte Bildschirmfolien eingefärbt, die dem Modul beiliegen. So erhält z.B. das Football-Feld von **Blitz!** seine grüne Farbe. Einen echten 3D-Effekt verspricht der „3D Imager“, heute eines der teuersten Videospiel-Sammlerstücke. Genutzt wird die frühe Stereo-Brille von drei Spielen, die man am 3D-Kürzel erkennt. Der Effekt ist bescheiden. Ein zweites kurioses Zubehör ist der „Light Pen“, den ebenfalls nur drei Module, darunter das Zeichenprogramm „Art Master“, unterstützen.

Vom Grundgerät existieren drei Varianten: Das Urmodell mit GCE-Logo, die europäische Fassung von Milton Bradley, sowie ein Bandai-Lizenzbau, der in Japan für 54.800 Yen auf den Markt kommt. Heute zahlt man für ein gebrauchtes Vectrex knapp 100 Euro.

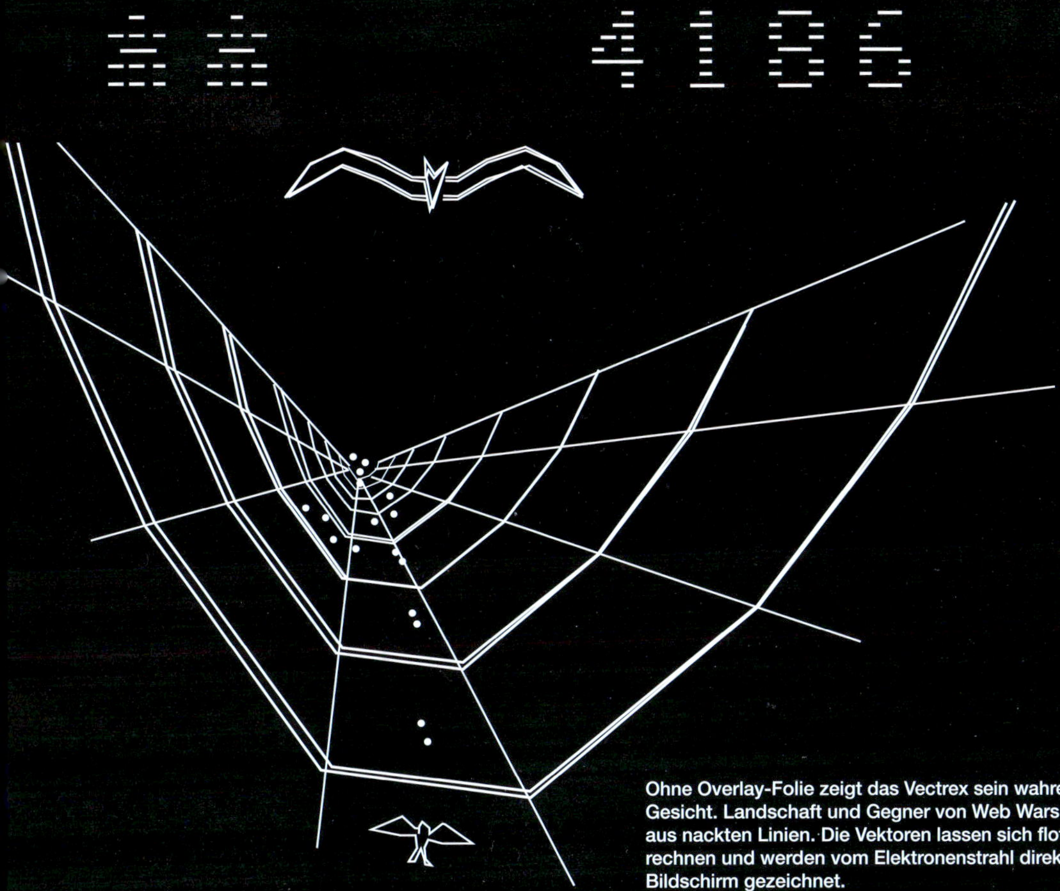

Ohne Overlay-Folie zeigt das Vectrex sein wahres Gesicht. Landschaft und Gegner von Web Wars bestehen aus nackten Linien. Die Vektoren lassen sich flott berechnen und werden vom Elektronenstrahl direkt auf den Bildschirm gezeichnet.

Das Vectrex liefert 3D-Grafik und Sprachausgabe, Farbe aber nur durch eine aufgelegte Folie.

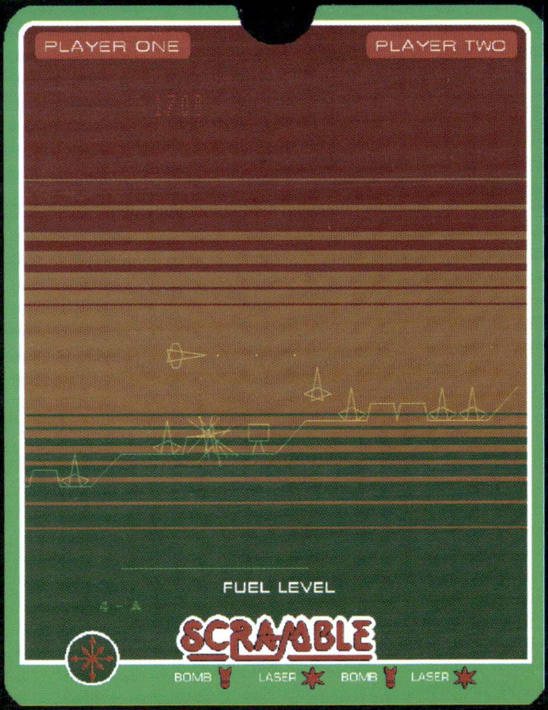

Krieg der Vektoren: Bar grafischer Details sind Action-Titel wie Scramble viel schneller als Atari-Spiele.

Clive Sinclair präsentiert einen bunten Nachfolger zum ZX 81: Aufs Nötigste reduziert – weder Sound- noch Grafikchip, keine Joystick-Buchse und keine ordentliche Tastatur – ist der Spectrum Englands erfolgreichster Heim-Computer.

Sinclair Spectrum

GB, 1982

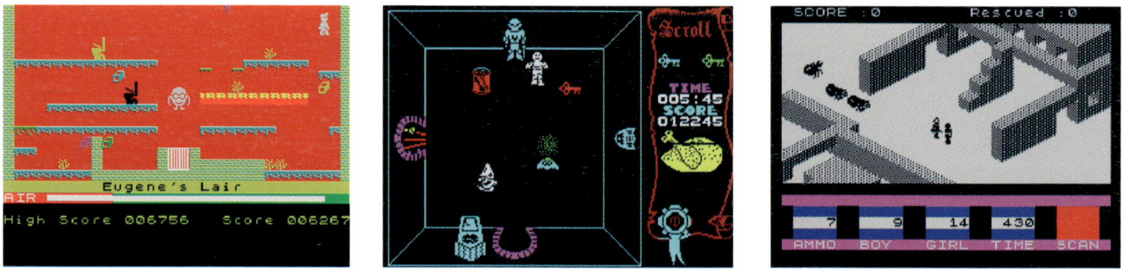

Die Spectrum-Hardware legt Programmierer nicht fest, sondern fördert vielfältige Spiel- und Grafikstile. Links eine der 20 Höhlen von Manic Miner, daneben Rares Action-Adventure Atic Atac. Rechts Ant Attack, Sandy Whites Hommage an M.C.Escher.

Zeitgleich mit dem Rivalen C 64 läutet der Spectrum die zweite Heim-Computer-Welle ein. Im Gegensatz zum Commodore bleibt die Erfindung des Tüftlers Clive Sinclair aber ein lokaler Erfolg: Englische Spieler und Entwickler lieben die preisgünstige, durchschaubare Hardware, doch auf dem Kontinent spielt sie nur die zweite Geige. In Amerika wird der kleine Computer auf Basis einer Z80-CPU halbherzig, in Japan gar nicht vermarktet.

Während die erste Fassung 16K RAM besitzt, werden ab 1983 nur noch 48K-Geräte ausgeliefert. Von CPU, Speicher und dem rückwärtigen Erweiterungs-Port abgesehen besitzt der Spectrum kaum nennenswerte Komponenten und keine professionelle Tastatur. Als „Radiergummis" werden die kleinen Tasten verspottet, die meisten Besitzer stülpen ein Gehäuse mit Schreibmaschinen-Keyboard darüber. Da dem Spectrum auch die Joystick-Buchse fehlt, ist ein entsprechender Adapter das beliebteste Zubehör.

Um den Sparrechner aufzumöbeln erscheinen schwarze Kästchen für jeden Zweck – Speicher-, Sound- und Sprach-Module. Sinclair selbst bringt zwei Erweiterungen: Das Interface 1 ist die Schnittstelle zum Magnetspeicher „Microdrive", der Minibänder mit einer Kapazität von 80K verwendet. Das Interface 2 bestückt den Spectrum mit zwei Joystick-Ports und einem Schacht für ROM-Module. Keines der beiden Medien setzt sich durch, die Audiokassette bleibt primärer Datenträger. Auf ROM erscheinen nur zwei historisch signifikante Spiele, die Debüt-Titel **Pssst** und **Jet Pac.**

Der Spectrum wird wegen fehlender Grafik- und Sound-Chips kritisiert, doch die puristische Ausstattung ist für Kreative ein Vorteil. Während Sprites und Scrolling die Programmierer anderer Computern auf feste Bahnen lenken, wird jedes Spectrum-Spiel neu konzipiert. Die Folge ist spielerische und grafische Vielfalt: Neben blanken Vektoren (**Stargate**, **Dark Star** und Realtimes **Starstrike**) und ab 1985 auch schattiertem 3D (**Starstrike 2**) wird die isometrische Grafik auf dem Spectrum populär. Es entstehen Adventures mit Icon-Steuerung

Verkaufte Geräte:	nicht bekannt
Spiele:	2.000
Spiele auf:	Kassette, Modul
Entwicklung bis:	1992
Q & A:	★★★★

und „intelligentem“ Parser sowie ungewöhnliche Strategie-Rollenspiele wie Mike Singletons **Lords of Midnight.** Experimente mit „Interactive Movies“ nehmen die späteren Cinemaware-Amiga-Spiele vorweg, z.B. **Mugsy** von Melbourne House (1984). Mit innovativen Spectrum-Spielen verdienen sich die Brüder Gollop (**Rebel Star Raiders**, später bekannt durch „X-Com“) und Bitmap Brother Steve Kelly ihre Sporen, Phillip Mitchell (Beam) und Graftgolds Steve Turner reizen den Spectrum mit den zwei **Avalon**-Action-Adventures aus. Während Spielhallenumsetzungen auf dem Spectrum dürftig wirken, verbinden die besten Originale technische Kompetenz mit erfrischenden Ideen: Malcolm Evans **Trashman** erweitert den Frogger-Gedanken zum Müllmann-Rennen durch Vorgärten, David Reidys **Skool Daze** ist eine satirische Klassenzimmersimulation mit vielen Schmunzel-Details.

Die naiven Gemälde des Abenteuerspiels The Hobbit zitieren J.R.R. Tolkiens eigene Aquarelle. Der Parser spricht „Inglish“.

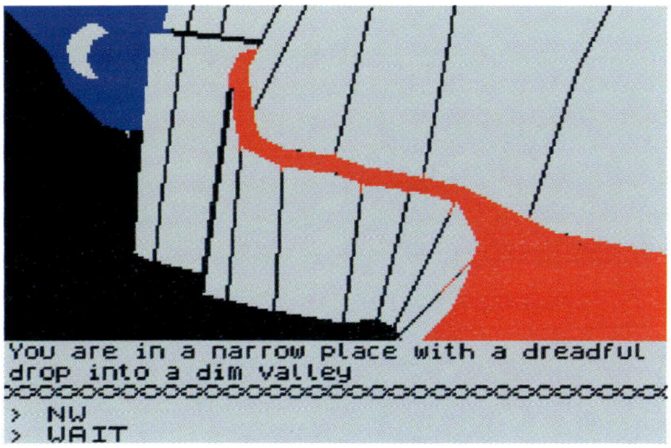

Mit mehreren Hardware-Updates läuft die Spectrum-Familie bis in die 90er-Jahre, doch die Ära genialer Software geht bereits Mitte der 80er-Jahre zu Ende. Danach erscheinen Automaten-, C-64- und sogar Amiga-Umsetzungen, die auf dem Spectrum recht kümmerlich wirken. Eines der letzten revolutionären Spectrum-Spiele ist das 3D-Abenteuer **Driller**, das „Ultima Underworld“ und „Castle Wolfenstein 3D“ 1987 grafisch vorweg nimmt.

Amstrad baut den letzten Spectrum mit solider Tastatur und exotischem 3“-Disketten-Laufwerk.

Varianten und Nachfolger

Spectrum	1982	Die beiden Varianten mit 16 und 48K kommen für 125 bzw. 175 £ kurz hintereinander in den Handel. Die Vermarktung der 16K-Version läuft 1984 aus.
Timex TMS 2068	1983	Technisch erweiterter US-Lizenzbau für 199 $ mit neuem Gehäuse, Modulschacht, zwei Joystick-Ports und Sound-Chip. Nicht kompatibel. Auf Kassette erscheinen 20, auf Modul sechs Spiele. Die Vorgänger TS 2000 und 2048 werden konzipiert, aber nicht vermarktet; 1984 stellt Timex die Computer-Produktion ein.
Spectrum +	1984	Der kompatible Nachfolger im neuen Gehäuse mit verbesserter, QL-ähnlicher Tastatur und erstmals Reset-Schalter kommt für 180 £ in den Handel und wird vor der Preissenkung Anfang 1985 mit sechs Spielen und Anwendungsprogrammen verkauft.
Spectrum 128	1985	In Spanien erstveröffentlicht, ab 1986 in England (180 £) und Rest-Europa. Ein abgesetztes Keypad gibt es gegen Aufpreis. Der schönste Spectrum besitzt 128K RAM, RGB-Ausgang, RS232-Schnittstelle und den neuen Sound-Chip AY-3-8912A.
Spectrum +2	1986	Der neue Sinclair-Besitzer Amstrad spendiert dem Spectrum ein CPC-ähnliches Gehäuse mit besserer Tastatur und integrierter Datasette für 150 £. Das 128K-Gerät besitzt eine kombinierte RS232- und Midi-Schnittstelle, RGB-, Composite- und RF-Ausgang und zwei neunpolige, nicht standartisierte Joystick-Ports.
Spectrum +3	1987	Neues Gehäuse mit 3“-Disketten-Laufwerk (173K), serienmäßig 128K RAM und AmsDOS im 64K ROM. Startpreis 249 £, aber noch im selben Jahr im Preis gesenkt.

Modulschacht und Joystick-Ports des Interface 2 verwandeln den Spectrum in eine Spielkonsole.

Die letzten werden die ersten sein: Fünf Jahre nach dem Apple II, drei Jahre nach Atari kommt ein Mittelklasse-Computer von Commodore. Mit Sprites, Scrolling und dem Sound-Wunder „Sid“ rollt der C 64 den Hobby-Markt von hinten auf.

C 64

USA, 1982

Seeräuber-Romantik und Artillerie-Duelle in Echtzeit: Ohne Seekarte ist man in Pirates! verloren.

Die Firma Commodore hat keinen guten Ruf bei Programmierern und Spielern, als sie 1983 den Nachfolger zum Billig-Computer VC 20 vorstellt. Besonders in den USA kritisieren Apple- und Atari-Veteranen die C-64-Technik, misstrauen Strategie und Marketing von Commodore. Doch obwohl Atari und Apple bereits eine riesige Software-Auswahl besitzen, etabliert sich der C 64 schnell. Vor allem auf dem Spielmarkt.

Verkaufte Geräte:	20 Millionen
Spiele:	2000
Spiele auf:	Modul, Disk, Kassette
Entwicklung bis:	1994
Q & A:	✕✕✕✕)

Außen sachlich, innen verspielt: Der Ur-C-64 im Brotkasten-Gehäuse.

Commodore spart bei der CPU (einem 6502-Verwandten der Tochterfirma MOS), spendiert dem C 64 dafür aber Grafik- und Soundchips, die mehr leisten als die Technik der Konkurrenz. Sprites, Hardware-Scrolling und ein vorzüglich programmierbarer 3-Kanal-Tongenerator, Modulschacht und zwei Joystick-Ports – der Heim-Computer erfüllt alle Wünsche kreativer und verspielter User. Ein anfangs teures, aber unerlässliches Zubehör ist das Disketten-Laufwerk 1541. Obwohl nicht besonders flott, ziehen die meisten Software-Hersteller die 170K-Diskette den Kassetten und ROM-Modulen vor.

Der C 64 setzt sich gegen Atari 800 und Apple II durch: *„Der sich am schnellsten verkaufende Heim-Computer Amerikas steht bereits im Escheinungsjahr in einer Million US-Haushalte*“, resümiert das Fachmagazin Electronic Games 1984. Access und Accolade sind die ersten Firmen die sich auf den C 64 konzentrieren, auch Microprose, Electronic Arts und Origin verschieben ihre Prioritäten. Ultima, Bard´s Tale, Archon, Fort Apocalypse – klassische Apple- und Atari-Software, die außerhalb Amerikas erst durch C-64-Umsetzungen bekannt wird.

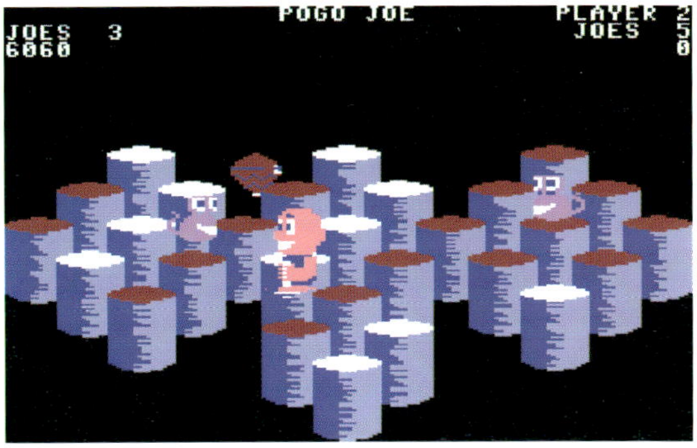

Hüpfende Sprites, unterschiedliche Farben nebeneinander und Mehrkanal-Sound-Effekte: Pogo Joe (1983).

Epyx-Programmierer und „Jumpman“-Erfinder Randy Glover antwortet im Januar 1984 auf die Frage der Zeitschrift Electronic Fun nach dem besten Spiel-Computer: *„Ich gebe zu: Der Commodore 64. Ich mag ihn nicht annährend so gern wie den Atari, aber er hat viele nette Fähigkeiten.*“ Gemeint ist seine gute Programmierbarkeit, die erfahrenen Codern den schnellen Umstieg ermöglicht, gleichzeitig aber auch eine frische Spiel-Designer-Generation heranzieht. Die Amateur-

Snobs und Hacker verlassen sich auf den tragbaren SX 64, dessen Miniröhre selbst Texte klar darstellt. Im Modulschacht steckt International Soccer.

Szene erweist sich für den C 64 als Segen und Fluch: Vor allem in Europa verfließen die Grenzen zwischen kreativem User, der eigene Grafik- und Sounddemos bastelt und bösem Cracker, der kopiert, was ihm in die Finger gerät. Der Schrecken der Industrie begreift den „Crack“ als Sport oder Wissenschaft, nicht als Diebstahl.

In den USA haben sich Spielentwicklung und Vermarktung schon vor dem C 64 professionalisiert, Akademiker schreiben Software, die von Visionären wie Trip Hawkins (Electronic Arts), Ken Williams (Sierra) oder dem Harvard-Flüchtling Doug Carlston (Brøderbund) ordentlich verkauft wird. In den europäischen Entwicklungsländern Deutschland, Spanien, Skandinavien und Benelux fehlen professionelle Strukturen und Silicon-Valley-Anbindung, viel Software kommt aus dem jungen Untergrund.

Grafik-Abenteuer profitieren nicht von Sprites und Scrolling: Interplays Tass Times in Tonetown sieht aus wie auf dem alten Apple.

Nur in England existiert eine Industrie mit mehrjähriger Erfahrung, eigenen Messen und professioneller Presse. Die einheimischen Computer von Acorn (BBC B) und Sinclair bleiben bis in die 90er-Jahre eine C-64-Alternative. Die wenigen britischen C-64-Spezialisten kommen dafür zu europaweitem Ruhm: Andrew Braybrook lässt 1984 seinen Dragon 32 verstauben und schreibt bis 1988 sechs C-64-Titel, darunter das schlaue **Paradroid** und den technisch und grafisch feinen Horizontal-Scroller **Uridium**. Exzentrisch ist Jeff Minter, der vom VC 20 auf den C 64 wechselt, schnelle Defender- und Centipede-Hommagen mit Schafen und Lama bevölkert und mit „Psychedelia" einen Farb-Synthesizer erfindet. Der produktivste C-64-Promi ist Anthony Crowther mit 20 64er-Spielen, darunter mehrere Jump'n'-Runs um **Blagger** und **Monty Mole**.

Mit The Way of the Exploding Fist programmiert Melbourne House ein vortreffliches Duellprügelspiel.

Anfangs komponieren begabte Entwickler die Soundtracks und Effekte ihrer Spiele selbst. Doch da der SID-Soundchip im C 64 flexibler und leistungsfähiger ist als die Tongeneratoren anderer Computer, spezialisiert sich eine Handvoll englischer Kreativer. Rob Hubbard ist der erste Star der 8-Bit-Musikszene, mit virtuosen Melodien verwandelt er drei Kanäle in ein zwölfstimmiges Orchester; später wechselt der SID-Maestro als Sound-Chef zum amerikanischen Major EA. Im Manchester spendiert Martin Galway den C-64-Umsetzungen japanischer Automaten neu-arrangierte Tracks – seine Samples sind oft das einzige Highlight der Fließband-Produktionen von Ocean.

LucasArts inszeniert lustige Abenteuerspiele und gründet auf dem C 64 die Online-Gemeinschaft Habitat.

Hubbard, Galway & Co. sind von Pop-Elektronikern wie Thomas Dolby, Tangerine Dream und Jean-Michel Jarre, den Soundtracks von Giorgo Moroder, Philip Glass oder Jerry Goldsmith beeinflusst und ihrerseits Vorbild für die zweite Generation von C-64-Musikern. Den Schulterschluss zum 80er-Jahre-Dancefloor schafft der Holländer Jeroen Tel (alias Maniac of Noise).

Während die Commodore-Szene in Europa auch Anfang der 90er-Jahre noch blüht, beenden IBM-Kompatible die 8-Bit-Ära in den USA in den 80er-Jahren. Seine größte Fußspur hat der C 64 in einem Bereich hinterlassen, mit dem man ihn gemeinhin nicht assoziiert: Aus dem 64er-Netzwerk Quantum Link wird das weltumspannende AOL, das Online-Experiment **Habitat** (von LucasArts für Quantum Link erfunden, von Fuji in Japan weiterentwickelt) die Grundlage virtueller Netz-Gemeinden. Hinter den ersten Avataren saßen amerikanische C-64-User.

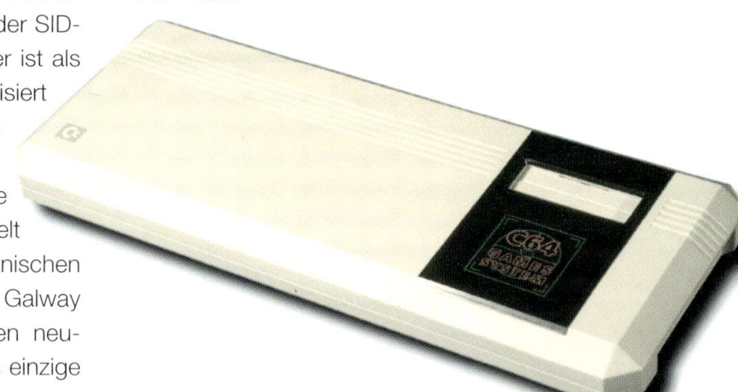

Die Konsolenvariante „Game System" (GS) erscheint nur in Europa.

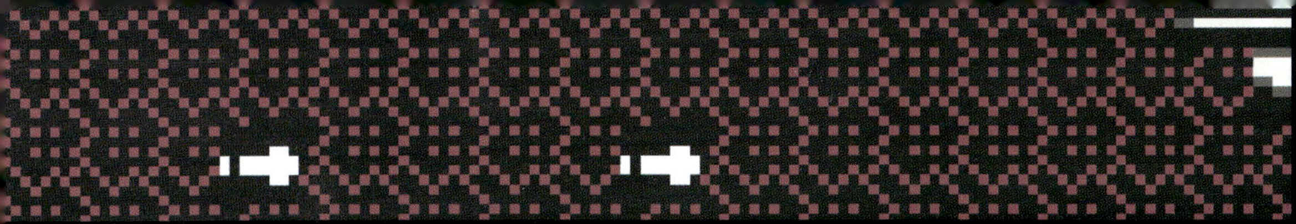

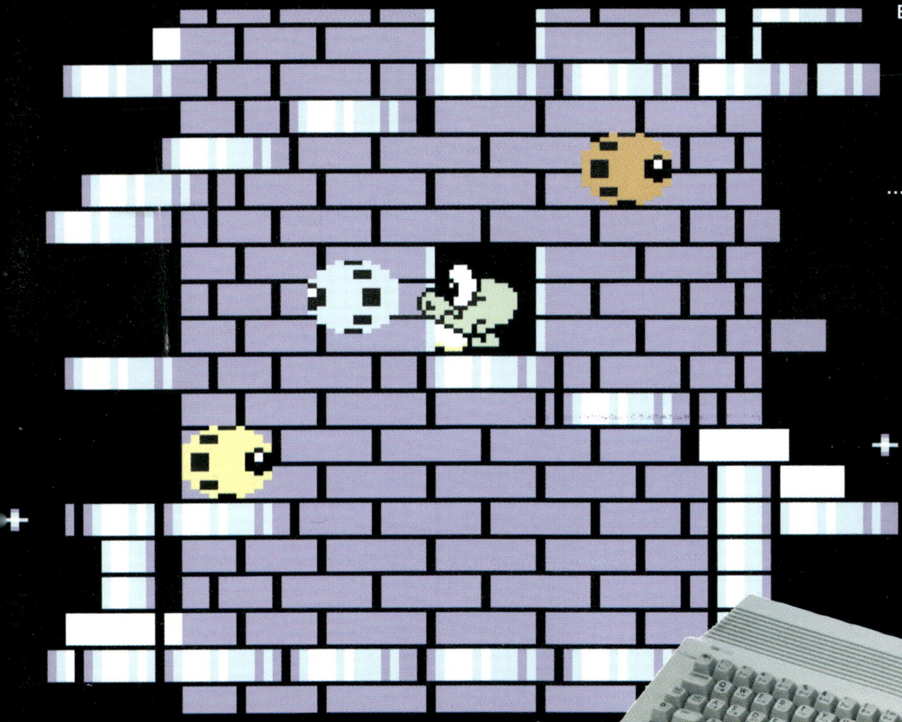

Ende der 80er-Jahre ist Europa die Hochburg der C-64-Entwicklung: Oben „Turrican“ von Manfred Trenz …

… links der „Nebulus“-Drehturm des Engländers John Phillips (Hewson, 1987).

Neues Gehäuse und Maus-gesteuertes Betriebssystem: C 64 II

C64, Varianten und Nachfolger

C 64	1982	Der erste C 64 sieht aus wie ein gebräunter VC 20, kostet anfangs 595 $ (in Deutschland 1.400 Mark) und entwickelt sich zum Dauerbrenner, den die meisten User mit dem Diskettenlaufwerk 1541 bestücken.
C 64 SX	1984	Für 995 $ ist der C 64 mit eingebauter Miniröhre ein tragbarer Traum: Der Deckel entpuppt sich als Tastatur, der Griff wird zum Standfuß. Der „Schlepptop“ kommt serienmäßig mit Disketten-Laufwerk, Modulschacht, zwei Joystick-Ports und ist mit allen Spielen kompatibel. Ein Stromkabel genügt, um loszulegen.
C 128	1985	Highend-C-64 im neuen Gehäuse mit zweiter CPU Z80, Disketten-Laufwerk und verbessertem Basic. Trotz CP/M, vielen Schnittstellen und gutem Text-Modus ist der C 128 als Bürorechner erfolglos. Eine elegante, Amiga-1000-ähnliche Desktop-Version mit abgesetzter Tastatur und eingebautem Laufwerk erscheint als C 128 D.
C 64 II	1986	C-64-Nachfolger mit identischen Schnittstellen, Betriebssystem und Chips, aber flacherem, C-128-ähnlichem Gehäuse. Als alternatives Betriebssystem wird das mausgesteuerte GEOS angeboten. Auch: C 64 c
C 64 G	1987	Internes Update (verkleinerte Platine, identische Leistung) in der ursprünglichen Brotkasten-Form. Helles Gehäuse, weiße Tastatur.
C 64 GS	1990	Die tastaturlose Konsolenvariante wird für 100 £ in England verkauft. Intern mit dem Computer identisch fehlen dem GS serielle Schnittstelle, User-Port und Datasetten-Interface. Von den Software-Häuser wird das System nur kurzzeitig mit ROM-Spielen unterstützt.

Atari feiert den Videospiel-Goldrausch mit einem luxuriösen VCS-Nachfolger. Klotzen, nicht kleckern: Das „Supersystem“ besitzt alles, wovon Spieler träumen – ist aber zu keinem anderen Atari-Gerät kompatibel.

Atari 5200

USA, 1982

Verkaufte Geräte:	n.b.
Spiele:	70
Spiele auf:	Modul
Entwicklung bis:	1986
Q & A:	

Der Trackball-Controller ist die luxuriöse Alternative zum lausigen 5200-Joypad.

Riesengroß und verschwenderisch ausgestattet – nach dem nüchternen Millionen-Seller VCS klotzt Atari Anfang der 80er-Jahre mit seiner Superkonsole 5200. Das Spielgerät der „dritten Generation“ basiert auf den Heim-Computern von Atari: Technisch ist das 5200 mit Atari 800 und XL identisch; diese Rechner gelten Anfang der 80er-Jahre als das Nonplusultra für Spieler.

Äußerlich übertrumpft das 5200 alle Mitbewerber: Zwei Controller liegen hinter einer schwarz getönten Klappe in der Konsole, das 4-Meter-Antennenkabel wird auf einen Rahmen an der Unterseite gefädelt. Atari-5200-Logo und Power-Knopf sind die einzigen asymmetrischen Elemente des klaren Designs in Schwarz und Silber.

Für die Controller reserviert Atari vier Ports an der Vorderseite – Multiplayer serienmäßig; spätere Geräte sind nur noch mit zwei Buchsen ausgestattet. In den Controllern liegt das 5200-Unglück: Atari verwendet keine 9-Pin-Buchsen, die den Austausch zwischen allen Atari- und Commodore-Geräten erlauben, sondern breitere Stecker. Spieler müssen das neuartige Joypad benützen: Start-, Pause- und Reset-Taste liegen über dem Joystick, ein numerisches Feld mit vier mal drei Tasten darunter. Als Feuerknöpfe leuchten an jeder Seite zwei rote Daumentasten. Mit Stick und 19 Knöpfen bleibt das 5200-Pad bis ins Playstation-Zeitalter das komplexeste Eingabegerät.

Dem 5200-exklusiven Space Dungeon liegt ein Adapter bei, der zwei Pads zum Doppelstick verbindet.

Leider auch das berüchtigtste: Der analoge Joystick sieht mit seiner Gummi-Schürze cool aus, zentriert sich jedoch nicht automatisch. Das wirkt sich katastrophal auf die Praxis aus: Die Mampfrichtung von Pac-Man wird z.B. nicht kurz angeklickt, sondern muss ständig gedrückt werden. Das nervt und belastet den Controller. Hat man sich an das Pad gewöhnt, ist es meist auch schon kaputt. Das Scheitern des 5200 verhindern weder hervorragende Automatenumsetzungen (Berzerk, Defender, Gyruss), noch namhafte Neuentwicklungen wie **Ballblazer** und **Rescue on Fractalus** von Lucasfilm. Bereits 1984 wird das Gerät vom (ähnlich erfolglosen) Atari 7800 abgelöst. Insgesamt sind gut 70 Module für das 5200 erschienen, knapp die Hälfte davon Third-Party-Spiele von Activision, CBS, Parker und Sega.

Bösewichte und Held der Filmumsetzung Gremlins, einer der wenigen Originalentwicklungen für das Atari 5200.

Eine harte Nuss für Videospiel-Historiker: Kurze Lebensspanne, falsche Marketing-Versprechungen und eine unübersehbare Zahl internationaler Varianten vernebeln die Geschichte der zweiten Hanimex-Konsole.

Hanimex HMG 2650

Herkunft nicht bekannt, 1982

Mit verschiedenen Namen und Gehäuseformen erscheint das Hanimex HMG 2650 auf allen drei großen Märkten (USA, Japan, Europa), allerdings zu spät um im ersten Konsolenpoker aufzutrumpfen. Was ihm an Charme und technischen Finessen fehlt, macht das Gerät durch kompaktes Gehäuse und günstigen Preis wett – vergeblich: Die Konsole mit der exotischen CPU Signetics 2650 ist das wohl unbeliebteste Spielgerät der „dritten Generation".

Erst 20 Jahre nach ihrem Debüt (und 19 Jahre nach dem ebenso spontanen Verschwinden) interessieren sich Videospieler für das System und stoßen dabei auf zwei Dutzend kompatible Varianten: In Amerika wird das Gerät als Arcadia 2001, in Europa u.a. auch als Schmidt HMG 2650 und Hanimex Home Arcade vermarktet. Vermutlich stammt es jedoch aus dem fernen Osten und wird wahrscheinlich nicht in Japan (wo es als „Bandai Arcadia" im März 1983 erscheint), sondern in Hong Kong konzipiert und gefertigt.

Anfang der 80er-Jahre interessiert sich kaum ein Spieler für die kleine und preisgünstige Konsole. Die fest verdrahteten, seitlich in die Konsole eingelegten Pads erinnern mit Richtungsscheibe und zwölf Tasten an Intellivision-Controller, sind jedoch nicht ganz so unbrauchbar. Dank kleinem Gewinde können Mini-Joysticks in die Richtungsscheiben gedreht werden. Die Signetics-CPU findet man auch im älteren Interton VC 4000, mit dem viele US-Sammler das HMG 2650 zu Unrecht in einen Topf werfen. Auch eine Handvoll Spielautomaten und Flipper des italienischen Herstellers Zaccaria verwenden den 70er-Jahre-Chip.

Technisch ist das Gerät etwas stärker als das Interton VC 4000, kann jedoch weder mit dem Intellivision noch mit dem Colecovision audiovisuell konkurrieren. Etwas Würze erhält die Software-Palette durch ihre Multinationalität: Im Gegensatz zu den Zeitgenossen Colecovision und Intellevision gibt´s für das Hanimex auch Japan-Entwicklungen, darunter **Macross, Doraemon, Gundam** und sogar **Dr. Slump.** Fast alle anderen Spiele sind Clones bekannter japanischer Automaten: Space Invaders wird zu **Alien Invaders**, Pac-Man zu **Cat Trax**, Phoenix zu **Space Vultures**. Nur fünf Spiele scheinen offiziell lizenziert: Turpin/Turtles und Jungler von Konami, Red Clash und Pleaides von Tehkan (später: Tecmo), sowie Segas **Happy Bug** (alias **Jump Bug**), das abwechslungsreichste und beste Hanimex-Modul.

Verkaufte Geräte:	n.b.
Spiele:	30
Spiele auf:	Modul
Entwicklung bis:	1983
Q & A:	

Kleine Konsole, lange Module: HMG 2650

Ein Betriebssystem für Alle: Mit dem japanischen Software-Unternehmer Kai Nishi ertüftelt Bill Gates einen Standard für Spiel- und Multimedia-Computer. In Fernost folgen Sony, Mitsubishi und andere Konzerne der 8-Bit-Initiative, im Westen hat MSX keinen Erfolg.

MSX

Japan, 1983

Zehn Jahre vor dem Siegeszug von Windows ist der Computer-Markt unübersichtlich, ein Dutzend verschiedener Systeme tummelt sich im Segment unter 1.000 Dollar. 1982 startet der Unternehmer Kai Nishi, Gründer des japanischen Microsoft-Vertriebes Ascii, einen Versuch, den chaotischen Markt zu ordnen und Heim-Computer kompatibel zu machen. Zusammen mit Microsoft ertüftelt er die Spezifikationen sowie – auf Basis von MS Basic 4.5 – das gemeinsame Betriebssystem für die letzte 8-Bit-Generation und gewinnt dafür alle bedeutenden Elektronikfirmen Japans. Am 16. Juli 1983 wird „MicroSoft eXtended Basic" auf einer Pressekonferenz von Nishi und Gates enthüllt: Sony, Yamaha, Mitsubishi, Sanyo und elf weitere Firmen produzieren und vermarkten die Hardware, Ascii und Microsoft liefern das Betriebssystem.

Verkaufte Geräte:	n.b.
Spiele:	1.400
Spiele auf:	Modul, Diskette, Kassette, LD, Card
Entwicklung bis:	1992
Q & A:	

Nicht professionelle Benutzer, sondern Heim-Anwender am unteren Ende der Preisskala sind das Ziel der MSX-Offensive: Neben einer Tastatur mit abgesetztem Cursor-Block besitzen die Kompaktrechner zwei Joystick-Eingänge und zwei Modul-Schächte – optimal für Spieler. Bereits Anfang 1984 hat Konami ein Dutzend Automaten auf MSX umgesetzt, darunter das putzige Pinguin-Spiel **Antarctic Adventure** und die Baller-Hits **Super Contra** und **Time Pilot**. Neben Ascii und Konami entwickeln auch Namco, HAL, Hudson sowie Takara für MSX, auch Sony steigt ein: Mit Modulen wie **Computer Billiards** und **Super Soccer** macht der Walkman-Erfinder erste Schritte im Spielsektor.

Im Herbst 1983 bringt Panasonic MSX in die Geschäfte, bis Ende 1984 folgen 20 Modelle anderer Firmen. Alle MSX-Rechner basieren auf einer Z80-CPU und verwenden den TMS-9918 (oder die Varianten 9928 und 9929) als Grafik-, sowie den GI AY-3-8910 als Sound-Chip. Durch diese bewährten (Kritiker meinen: veralteten) Komponenten ist MSX mit Colecovision- und Sega-Konsolen verwandt, aber nicht kompatibel. Der Speicher beträgt minimal 8K RAM, doch die Mehrheit der MSX-Maschinen wird mit 32 oder 64K ausgeliefert. Allen Rechnern gemeinsam ist die Centronics-Schnittstelle für einen Drucker.

Konami-Helden bringen die MSX-Besitzer zum Schmunzeln und Schwitzen: Antarctic Adventure

Interessant sind MSX-Geräte durch ihre individuellen Talente. Der Sanyo Wavy wird mit Lichtgriffel ausgeliefert, der PHC 30 hat eine integrierte Datasette statt zweitem Modul-Schacht. Der Sound-Spezialist Yamaha verkauft Computer mit Synthesizer-Modul und Anschluss für eine externe Klaviatur. Pioneer spezialisiert sich wiederum auf Video und spendiert MSX „Superimposing", das Talent, Computer-Grafik mit einem Videosignal zu mischen. Ähnlich wie später Genlock beim Commodore Amiga schlägt Superimposing eine Brücke zu Videobearbeitung und digitalen Effekten. Die Panasonic-Rechner können an Laserdisc-Spieler angeschlossen werden und ermöglichen Umsetzungen der LD-Automaten von Sega (**Astron Belt**) und Konami (**Badlands**).

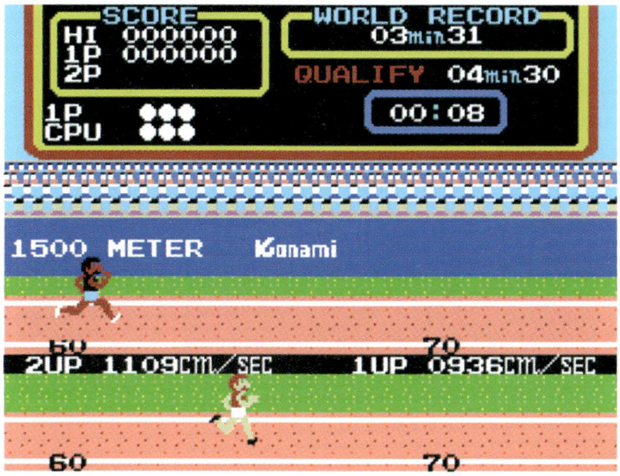

MSX erhält die besten Heimumsetzungen bekannter Spielautomaten: Track & Field von 1984.

Die genannten Firmen sorgen auch fürs Zubehör: Konami vermarktet einen „Hypershot"-Controller speziell für das Button-Geklopfe **Track & Field** und ein Link-Kabel für das MSX-2-Spiel **F1 Spirit 3D**, HAL liefert Maus, Trackball und Handy-Scanner, Panasonic ein Cockpit mit Lenkrad. Von Hudson kommt u.a. ein Adapter für die hauseigenen „Bee Cards": Die flachen Speichermedien werden für eine Handvoll Spiele eingesetzt und entwickeln sich zu den HuCards der PC-Engine.

Während sich MSX in Japan durchsetzt, verhindern unkoordiniertes Marketing und Produkt-Verschiebungen den Erfolg im Westen. Vom US-Markt lassen die MSX-Hersteller die Finger (mit Spectravideo beteiligt sich nur eine US-Firma am Standard), Microsoft bleibt völlig passiv, nur Activision entwickelt 1983 ein paar MSX-Umsetzungen. In Europa koordiniert ab Frühjahr 1984 eine „MSX Working Group" (Canon, JVC, Hitachi, Mitsubishi, Sanyo, Sony und Toshiba) die Vermarktung und unterstützt die Spielentwickler mit Hardware und technischen Informationen. Vor allem englische Software-Häuser wie Gremlin, Firebird und Mastertronic setzen 1984 bis 1985 über 100 Spectrum- und C-64-Spiele für MSX-Heim-Computer um, sparen sich aber Originalentwicklungen.

Der europäische Markt geht nahtlos vom C 64 in die 16-Bit-Generation über, für die 8-Bitter aus Japan ist kein Platz. Am längsten hält sich die Szene in Holland, dort produziert und vermarktet Philips bis Ende der 80er-Jahre Hardware und Zubehör. Auch in Spanien, Südamerika und Russland ist MSX verbreitet.

Während der Standard im Westen einschläft, wird in Japan 1985 die Erweiterung MSX 2 vorgestellt. Die abwärtskompatiblen MSX-2-Rechner kommen im professionellen Desktop-Look mit abgesetzter Tastatur, neuer CPU und vergrößertem Arbeits- sowie 128K-Video-Speicher. Für MSX 2 erfindet Sony die 3,5"-Diskette, die das Kassettenlaufwerk verdrängt und sich außerhalb der MSX-Szene schnell etabliert. Mit MSX 2+ (ab 1988, nur noch Panasonic, Sanyo und Sony) und MSX 2 TurboR (1990, Panasonic) wird die 8-Bit-Technologie schließlich ausgereizt.

Für Kai Nishi ist MSX eine Erfolgsgeschichte, für den amerikanischen Partner Microsoft aber nur eine Fußnote in der Firmengeschichte. Um eine Erfahrung reicher zieht sich Bill Gates schon Mitte der 80er-Jahre von MSX zurück, um statt der Spielbranche die Büros zu erobern. Erst 2002 kehrt Microsoft zurück: Aus MSX sind DirectX und die Xbox geworden.

A Chinese Faust Story: In Yie Ar Kung Fu trifft man auf bizarre Gegner.

Auf Diskette erscheinen in Japan Abenteuer- und Rollenspiele mit freizügiger Belegschaft.

Als einzige europäische Firma fertigt Philips bis Ende der 80er-Jahre MSX-Rechner und Zubehör.

MSX-Hersteller und Geräte-Varianten

Casio	Mit Zubehör, Spielen und preisgünstigen Computern gehört Casio zu den frühen MSX-Lieferanten. Geräte wie der PV-7 und der PV-16 werden auch in Europa ausgeliefert: Billige Tastatur, meist nur 16K Arbeitsspeicher, wahlweise in schwarz oder rot.
Daewo	Die rund zehn koreanischen MSX 1- und MSX 2-Computer werden in Europa z. T. von Yeno vermarktet. Daewo bzw. die europäische Tochter Dyndata produzieren außerdem drei „Zemnix"-Spielkonsolen – MSX-Rechner ohne Tastatur und Computer-Schnittstellen.
Hitachi	Der japanische Elektronik- und Chip-Konzern veröffentlicht neben Drucker, Disketten-Laufwerk und anderem Zubehör sechs MSX-Geräte, nach dem kleinen MB-H1 "Hint" mit ausziehbarem Tragegriff auch den MB-H2 mit eingebautem Kassettenrekorder, sowie den MSX-2-Rechner MB-H3 mit zweimal 64K RAM.
JVC	Der MSX-Hersteller der ersten Stunde vermarktet mehrere Rechner mit RGB-Ausgang und „Superimposing" (z.B. HC-7). Ab 1985 folgen drei MSX-2-Computer: HC-80, HC-90 und das 200.000-Yen-Spitzenmodell HC-95 mit zweiter CPU.
Mitsubishi	Nach rund zehn MSX-1-Varianten von 16 bis 64K Arbeitsspeicher (davon der MLF-48 (48K) und -80 (64K) ab Ende 1984 in Europa), bringt Mitsubishi mehrere MSX-2-Geräte: Der ML-G1 besitzt ein eingebautes Grafikprogramm, der G3 ein 3,5"-Laufwerk. Außerdem: G10, -G30, -H70.
Panasonic	Die Tochter des Matsushita-Konzerns produziert u.a. den CF-2700 (in Europa mit 64K RAM zzgl. 16K VRAM) und – nur in Japan – den FS-3900 mit eingebauter Textverarbeitung und Thermodrucker. Ab 1985 neun MSX-2-Geräte (FS-A1-Serie), darunter der A1Mk1 mit integriertem 3,5"-Laufwerk, Zahlenblock über den Cursor-Tasten und beigelegtem Gamepad. Die Ende der 80er-Jahre ausgelieferten MSX-2+-Modelle FX, WX und WSX (mit SVideo-Ausgang) besitzen eine CPU-Umschaltung auf 6 MHz, danach ist Panasonic mit seinen TurboR-Computern FS-A1GT und ST der letzten MSX-Hersteller.
Philips	Der einzige europäische MSX-Bauer liefert die Modelle VG-8010 (Hartgummi-Tastatur) und VG-8020 (Schreibmaschinen-Tastatur), nach 1985 sieben MSX-2-Rechner mit abgesetzter Tastatur, ein bis zwei Disketten-Laufwerken und – im NMS-8280 – „Superimposing" sowie Video-Digitalisierung. Außerdem Zubehör: Monitore, Joysticks, Speicher- und Slot-Erweiterungen, RS-232C-Schnittstelle, Drucker, Grafik-Tablett.
Pioneer	Als Spezialist für optische Medien bringt Pioneer schon 1984 einen Rechner mit Laserdisc-Schnittstelle und „Superimpose". Der PX-7 ist gleichzeitig der erste MSX-Computer mit abgesetzter Tastatur und Profi-Optik, der sich auch dank entsprechender Schnittstellen gut mit anderen Audio- und Video-Geräten verträgt. In England wird er schwarz, in Japan hell und mit blauer Tastatur ausgeliefert. Eine Variante ist der PX-V60 mit 64K.

Sanyo

Fleißiger MSX-Bauer mit über 20 Geräten. Die erste Serie (MPC-1 bis -5) wird in Japan als „Wavy“ vermarktet. MPC-2 bzw. Wavy 2 besitzt eine ungewöhnliche, asymmetrische Gehäuseform, der Wavy 10 kommt mit Lichtgriffel. In Europa erscheinen die 64K-Modelle MPC-64 und MPC-100, weitere MSX-1-Geräte sind -200, -X (verbesserte Grafik, 80K VRam und Frame Grabber, Lichtgriffel und Sprach-Synthesizer), sowie fünf PHC-Varianten. Auf MSX 2 basieren der Wavy-23 (Wavy-2-ähnliches Gehäuse, aber mit Zahlenblock) und der Wavy-77 mit eingebautem Drucker, sowie Rechner mit 360K- oder 720K-Laufwerk. Das größte Modell der ab 1988 einge führten MSX-2+-Rechner ist der MPC-FD2 mit zwei Laufwerken und zwei Modulschächten.

Sony

Der japanische Elektronik-Konzern sammelt mit Zubehör, Software und über 20 MSX-Varianten Erfahrungen auf dem Computer-Sektor. Während das Ur-Modell HB-10 nur in Japan erscheint, werden spätere „HitBit“-Rechner wie der HB-20 und der HB-75 (eingebaute Adress- und Termin-Datenbank) auch in Europa vermarktet. Die Nachfolger -101 und -201 besitzen in der Mitte der Richtungstasten eine runde Aussparung für einen Mini-Joystick und einen ausziehbaren Tragegriff; der HB-501 zusätzlich eine integrierte Datasette. Seltener sind die MSX-1-Rechner mit abgesetzter Tastatur und integriertem Laufwerk (-500, -700). Die meisten Sony-Bauten folgen dem MSX-2-Standard: Diverse HB-F-Modelle, mit bis zu 256K RAM, 128K VRAM, zwei 720K 3,5"-Laufwerken, abgesetzter Tastatur, eingebauten Lautsprechern und „Superimpose“. Der HB-G900 besitzt eine Schnittstelle für Modem und LD-Spieler, zwei T-Modelle sind serienmäßig Online-fähig. Der MSX-2+-Rechner HB-F1XV beendet Sonys Engagement.

Spectravideo

Nach nicht-kompatiblen Z80-Rechnern liefert der einzige amerikanische MSX-Bauer den SVI-728. Er und sein gut ausgestatteter Nachfolger SVI-738 (360K-Floppy, zwei Joystick-Ports) werden auch in Europa vermarktet.

Toshiba

Die MSX-1-Computer der HX-10-Serie "Pasopia" kommen mit maximal 64K RAM ab Ende 1984 nach Europa, ebenso wie der HX-20 mit eingebauter Textverarbeitung. Dessen Variante HX-20e besitzt eine RS-232C-Schnittstelle, der HX-22 Textverarbeitung im ROM und einen RGB-Scart-Ausgang. Varianten sind HX-30, -31, -32, und -51. Als MSX-2-Rechner der HX-23 und die Erweiterungen -33 und -34 mit abgesetzter Tastatur und Zahlenblock.

Yamaha

Die MSX-1-Rechner der CX5M-Serie sind Musikmaschinen und werden als solche sogar in den USA vermarktet. Yamaha liefert drei Ausführungen mit Musik-Modul SFG-01, FM-Synthesizer, MIDI-Schnittstelle und Klaviatur-Anschluss vereint. An andere Rechner kann die Erweiterung mit einem Adapter angeschlossen werden. Die dazugehörigen Musikprogramme erscheinen auf Modul. Mehrere der rund 20 MSX-1- und MSX-2-Versionen von Yamaha besitzen eine Keyboard-Schnittstelle, dafür teilweise aber nur einen Modulschacht (z.B. das „Music System“ YIS-503).

Sonstige

Canon, Dragon (64K-MSX-1 für den spanischen Markt), Fujitsu (FM-X mit Schnittstelle zu FM-7-Computern), General (drei Paxon-MSX-1-Rechner, davon zwei mit RGB, einer als Kombi aus Computer und TV mit abgesetzter Tastatur), NTT („Captain Multi-Station“, 192K+128K-MSX-2-Rechner mit integriertem Modem), Olympia, Goldstar, Samsung, Radofin (Triton), sowie Radiola und Schneider, die den Philips VG-8010 in anderer Farbe nachbauen.

Im Gegensatz zu amerikanischen Computer-Rollenspielen schalten japanische Dungeon-Wanderungen in die 2D-Seitenperspektive. Ein bekanntes „Action- RPG“ ist Ys von Nihon Falcom.

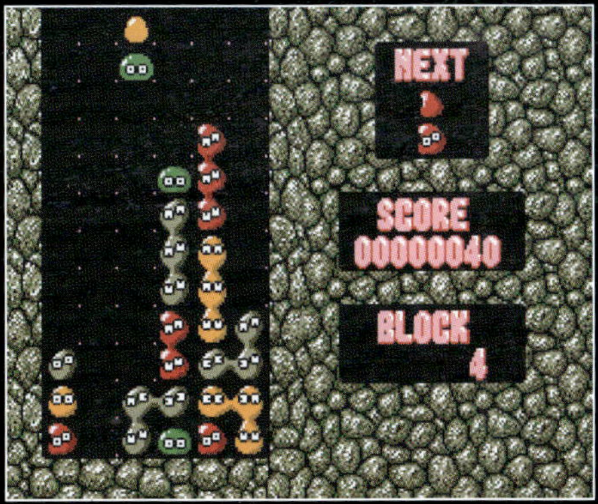

MSX-Spiele wie Compiles Puyo Puyo werden später auf Sega- und Nintendo-Konsolen fortgesetzt.

Konkurrenz für Nintendo: Die erste Heimkonsole des Automatenherstellers Sega kommt nach vier Japan-Jahren und mehreren Modifikationen als Master System in den Westen.

Sega SG-1000 und Master System

Japan, 1983, 1987

Die ersten Episoden der „Phantasy Star"-Rollenspielserie entwickelt Sega exklusiv für seine 8-Bit-Konsolen.

Mitte der 80er-Jahre kennen europäische Spieler die Firma Sega als Automaten-Hersteller, Action-Spiele wie Congo Bongo, Zaxxon und Hang On erscheinen nur in abgespeckten Varianten für westliche Konsolen und Heim-Computer. Erst 1987, vier Jahre nach dem Crash und zwei nach dem NES-Debüt im Westen, betritt Sega mit einer eigenen Spielkonsole den Weltmarkt.

In der Heimat Japan konkurriert Sega bereits ein paar Jahre länger mit Nintendo, das Master System ist nicht Anfang, sondern Endpunkt jahrelanger Hardware-Entwicklung: Technisch basiert es auf der Spielkonsole SG-1000, ebenso wie die Heim-Computer-Variante SC-3000 im Juli 1983 veröffentlicht. Mit Z80-CPU und 256x192-Pixel-Grafik ähneln die Geräte dem Colecovision und den Rechnern mit MSX-Betriebssystem. Untereinander kompatibel sind diese drei Familien jedoch nicht, wie Nintendo schafft Sega einen eigenen Standard.

Auf das SG-1000 folgen 1984 und 1985 die äußerlich leicht veränderten und mit RAM erweiterten Konsolen SG-1000 II und Mark III. Letztere wird von Sega in ein neues Gehäuse verpackt und mit verbessertem Sound, sowie Composite- und RGB-Ausgang 1987 ins Master System verwandelt. Seine Heim-Computer-Ambitionen gibt Sega im Verlauf der 8-Bit-Entwicklung schrittweise auf. Im Gegensatz zu seinem Vorgänger gibt's für das Master System kein BASIC und keine Tastatur.

Im dunklen Gehäuse wird das Master System ab 1987 weltweit vermarktet. Es schluckt nicht nur Module, sondern auch dünne MyCards.

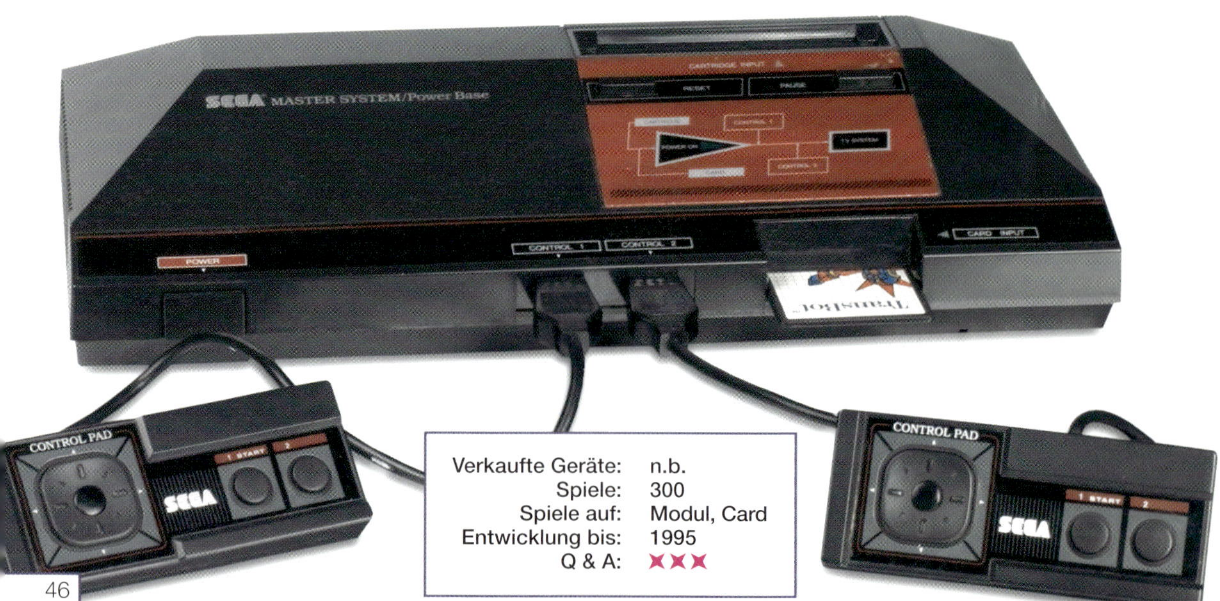

Verkaufte Geräte:	n.b.
Spiele:	300
Spiele auf:	Modul, Card
Entwicklung bis:	1995
Q & A:	✖✖✖

Ambitionierte Master-System-Spätentwicklung: Populous

Auch eine Diskettenstation wie für das japanische Famicom spart sich Sega. Alle Spiele erscheinen auf ROM-Modulen, ab 1985 auch als flache "MyCards", die aber nur 256K fassen. Eine 3D-Brille liegt dem Master System in Europa zeitweise bei.

Im Gegensatz zu Nintendo vermarktet Sega das Master System weltweit im gleichen Design, flach, eckig, schwarz und rot. Japanische, amerikanische und europäische Varianten unterscheiden sich durch Anschluss-Details (wie den zusätzlichen Cinch-Ausgang der Euro-Version), sind aber Modul-kompatibel.

In Japan bleibt das Master System eine Konsole unter vielen und wird nur von Sega und den Entwicklungspartnern Westone (**Wonderboy**) und Compile (**Aleste**) unterstützt. Mehr Zuspruch und Support findet die Plattform in England, wo u.a. Acclaim, Codemasters und US Gold bis 1992 über 100 Computer- und Automatenspiele auf das Master System konvertieren. Ambitioniert ist die kleine Firma TecMagic, sie setzt die 16-Bit-Hits **Populous** und **Shadow of the Beast** auf das Master System um. Da das Gerät mit einem halben Dutzend Heim-Computern und Konsolen konkurriert, werden Master-System-Originalspiele im Westen nicht entwickelt. Anfang der 90er-Jahre löst das rundliche, kompakte „Master System II“ den eckigen Vorgänger ab. Diese letzte Geräte-Modifikation muss ohne technische Verbesserung auskommen – zugunsten des mobilen Game Gear und der neuen 16-Bit-Konsole gibt Sega die 8-Bit-Heimkonsolen auf.

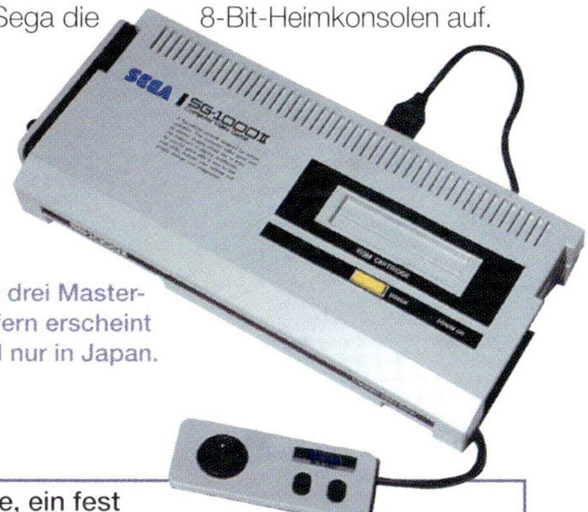

Als zweiter von drei Master-System-Vorläufern erscheint das SG -1000 II nur in Japan.

Vorgänger und Varianten

SG-1000	1983	Erste Sega-Spielkonsole, weißes Gehäuse, ein fest verdrahtetes Joypad mit Stick statt Steuerkreuz. Technisch mit Colecovision und MSX verwandt, 1K Arbeits-, 2K Video-RAM. Weder Hardware-Sprites, noch Scrolling. Preis: 15.000 Yen, nur in Japan vermarktet.
SC-3000	1983	Heim-Computer-Bruder des SG-1000, doppelt so teuer wie die tastaturlose Variante. Es existieren Geräte mit schwarzem, rotem und weißem Gehäuse. Den SC-3000H vermarktet Sega mit vollwertiger Schreibmaschinen-Tastatur, 18K RAM und 16K Video-RAM für 33.800 Yen, in kleiner Menge auch im Westen.
SG-1000 II	1984	Äußerlich leicht überarbeitetes Konsolen-Update mit zwei Controller-Buchsen und seitlichen Halterungen für die Pads, auf 2K verdoppelten Arbeitsspeicher. MyCards laufen dank des später ausgelieferten „Card Catcher“-Adapters, die optionale Tastatur SK-1100 erweitert die Konsole zum BASIC-Heim-Computer.
Mark III	1985	Dritte Z80-Konsole von Sega, mit weißem Gehäuse und seitlich eingelegten Joypads dem Vorgänger ähnlich, aber erstmals mit MyCard-Schacht und Pad-Buchsen an der Vorderseite. Technisch ist das Mark III stark verbessert: 8K Arbeits-, 16K Videospeicher, Hardware-Scrolling und Sprites.
Sega Master System	1987	Die erste Sega-Konsole für den Weltmarkt unterscheidet sich durch Gehäuse, Anschlüsse und Sound-Chip vom Mark III. Der japanische Startpreis beträgt 16.800 Yen. Spätere Modelle enthalten ein Sega-Spiel im ROM (meist „Hang On“).
Sega Master System II	1990	Die letzte Master-System-Variante ist kleiner und rundlicher als alle anderen Modelle. Ihr fehlen MyCard- und Erweiterungsschacht (deshalb nicht mit der 3D-Brille kompatibel), Reset-Schalter und Betriebslämpchen. Alex Kidd in Miracle World oder Sonic the Hedgehog im ROM.

Auf den Zusammenbruch folgt die Neuordnung des Videospielmarktes. Während US-Firmen auf Computer umrüsten, startet der Spielzeugbauer Nintendo in Japan seinen Konsolen-Siegeszug.

Nintendo Famicom

Japan, 1983

Verkaufte Geräte:	60 Millionen
Spiele:	1.200
Spiele auf:	Modul, Diskette
Entwicklung bis:	1994
Q & A:	✕✕✕✕✕

Der große Regler wirft das Modul aus, die beiden Pads sind wie damals üblich mit dem „Family Computer“ verdrahtet.

Als Nintendo, das japanische Unternehmen hinter Game & Watch und dem Donkey Kong-Automaten, seine erste „programmierbare“ TV-Konsole einführt, schlägt die Goldgräberstimmung der Industrie gerade in einen Kater um. In den USA und Europa schafft es Marktführer Atari nicht, einen Nachfolger für seinen 70er-Jahre Oldie VCS zu etablieren. Gleichzeitig gerät die Situation der unabhängigen Spielhersteller völlig außer Kontrolle, der Handel ächzt unter einer Lawine minderwertiger Neuerscheinungen. 1984 kommt der Crash des westlichen Konsolenmarktes, panisch ziehen sich die Spielzeugriesen Mattel und Parker zurück, Atari und Coleco satteln um auf Computer.

Auf dem NES lernt Capcoms Mega Man seine Sprünge und Robot-Manöver.

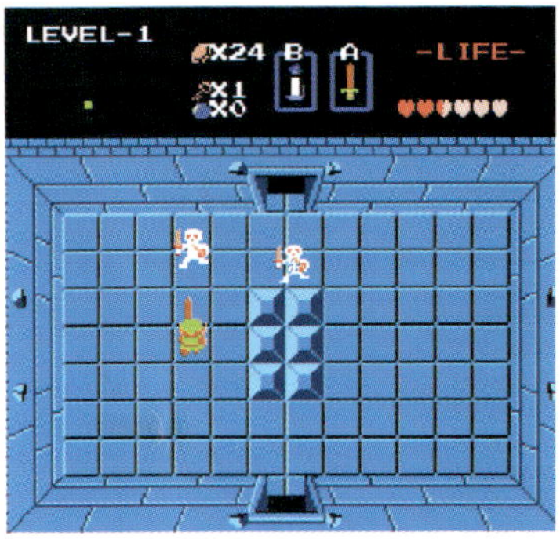

Das erste Zelda erscheint 1986 auf Diskette und wird auf Modul umgesetzt.

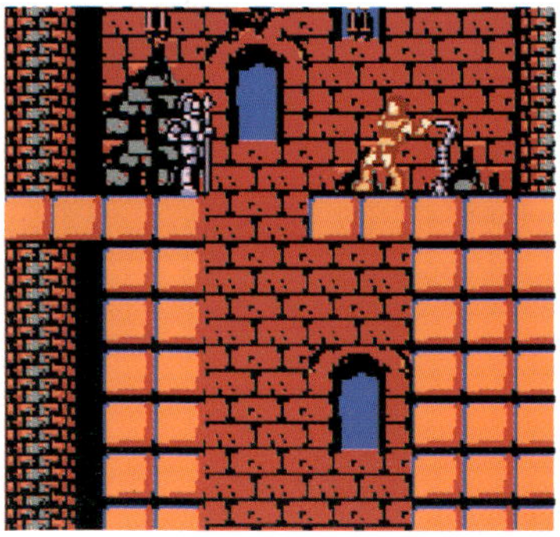

Konami-Spiele sind in Japan, den USA und Europa beliebt und …

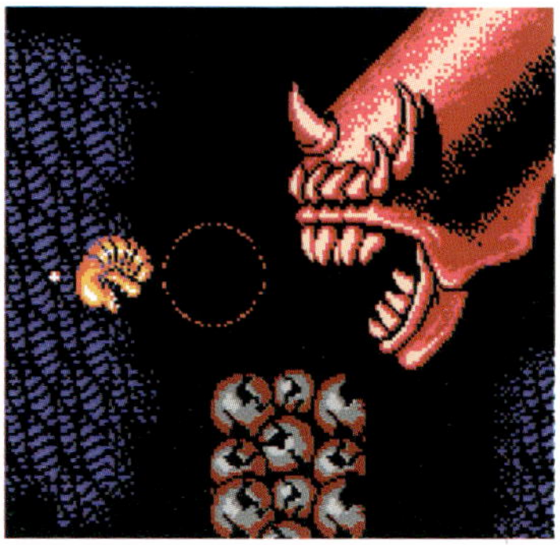

… erfolgreich. Links Castlevania, oben das Hüpf- und Ballerspiel Probotector.

Japan ist davon weniger betroffen: Zwar gibt es auch hier zu viele Konsolen, darunter Lizenzbauten von Vectrex, Intellivision, VCS und VC 20, aber keinen Marktführer der das neue Geschäft vermasseln könnte. Nintendo ist – ebenso wie Sega – nur ein Konsolenbauer unter vielen. Während andere Unternehmen mit dem Heim-Computer liebäugeln, hält Firmenpatriarch Hiroshi Yamauchi an seinem Plan für eine Konsole der nächsten Generation fest – das Gerät muss in allen Belangen besser sein als ältere Konsolen, darf aber nicht so viel kosten.

Unter der Leitung von Masayuki Uemura entwickelt Nintendos R&D2-Abteilung den schnörkellosen „Family Computer". Im Famicom triumphieren Rationalisierung und Weitsicht: Während Atari mit seiner riesigen Luxuskonsole Atari 5200 den Markt verspielt, bringt Nintendo ein praktisches Spielzeug in hellen Farben, weiß mit roten und goldenen Elementen. Dem Nintendo sieht man die Möglichkeiten nicht an, die ihm R&D 2 unters Gehäuse legt. Dem Famicom fehlen alle überflüssigen oder störanfälligen Elemente, die Joypads sind simpel und besitzen nur zwei Feuerknöpfe. Statt auf Stick oder Drehscheibe liegt der linke Daumen auf einem neuartigen, technisch primitiven Steuerkreuz – das Minimaldesign lieh sich Uemura von Gunpey Yokois „Game & Watch"-Handheld-Spielen.

Sharps TwinFamicom mit Disketten-Laufwerk ist dreimal so groß wie die normale Konsole.

Im Juli 1983 veröffentlicht, ist das Famicom zur rechten Zeit am rechten Ort – 500.000 japanische Spieler holen sich die Konsole in den ersten zwei Monaten, 1985 sind in Japan zehn Millionen Geräte verkauft. Die alte Konsolen-Generation wird weggeschwemmt, Konsolen von Takara, Tomy, Epoch, Bandai und Casio sind binnen weniger Wochen aus den Regalen verschwunden.

Software verkauft Hardware: Nintendo bringt die Hüpfspiele des Shigeru Miyamoto (vier Mario-Titel im ersten Jahr!), ab 1984 erscheinen auch Module von Hudson und Namco, die sich als erste Dritthersteller dem neuen Lizenzmodell von Nintendo beugen. Streng genommen sind alle Dritthersteller nur Entwickler, denn jedes Modul wird von Nintendo produziert und dann an seine „3rd Party" zurück verkauft.

Durch das Produktionsmonopol kann Nintendo das Marktsegment regulieren, gleichzeitig behält sich die Firma auch Eingriffe in Spielinhalte vor. U.a. klammert Nintendo alle jugendgefährdenden Inhalte aus.

Spätes NES-Spiel aus England: Battletoads (Rare, 1991).

Nobody's perfect: Die Rückruf-Aktion in Japan und die abenteuerliche Famicom-Einführung in die Vereinigten Staaten schildert David Sheff in seinem Buch „Game Over" (dt.: „Game Boy"). Kurz zusammengefasst: Mit allerlei strategischen Kniffen, Marketing-Ideen und juristischen Scharmützeln erobert und reformiert Nintendo innerhalb von 18 Monaten den westlichen Markt.

Erster und engster US-Partner ist Acclaim, der **WWF**, **Simpsons**, **Terminator** und andere Kino- und TV-Marken aufs NES überträgt. Internationale Nummer 1 in Qualität, wie auch Erfolg der Spiele bleibt Konami. Im Gegensatz zu Nintendo gibt die Firma ihr Arcade-Standbein nicht auf und liefert neben Originalspielen (**Castlevania**, **Goemon**) das Beste aus der Spielhalle. Viele Konami-Module sind durch Spezialchips grafisch und akustisch aufgepeppt. Erfolgreich sind auch Enix und Square, die von jedem **Dragon Quest** und **Final Fantasy**-Rollenspiel mehrere Millionen allein in Japan verkaufen.

1990 hat fast jede Firma in Japan, den USA und Europa eine Nintendo-Lizenz; ein paar Unternehmen produzieren sogar ohne. Von den Spielemassen verdeckt wird das Zubehör, das in Nintendos ursprünglicher Strategie noch eine große Rolle spielt. Das NES erscheint zusammen mit dem „Robot" von Gunpey Yokoi, der zwar nicht besonders viel kann, die Konsole aber abhebt. Weltweit gibt es 3D-Brille, Lichtpistole, Fitness-Matte und Vier-Spieler-Adapter, im Westen erscheint 1990 außerdem ein NES-Piano (Mindscape), sowie der Power Glove von Mattel, Abfallprodukt der Virtual-Reality-Industrie.

Das aufwändigste Zubehör verlässt Japan nicht: Mit dem Disk System schiebt Nintendo 1986 ein 3"-Laufwerk unter die Konsole, für das bis 1990 200 Spiele erscheinen. Der Network Adapter bringt die Konsole 1988 ins Telefonetz. An Nintendos Online-Dienst beteiligen sich namhafte japanische Unternehmen, doch im Gegensatz zum Disk System wird die Erweiterung nicht millionenfach, sondern nur gut 100.000 Mal verkauft.

Im Westen wird das graue „Nintendo Entertainment System" (NES) zeitweise mit Vierspieler-Adapter verkauft.

Nintendo Famicom, Varianten und Nachfolger

Famicom	1983	Wie viele Zeitgenossen verfügt das Famicom über Antennenausgang und zwei nicht abnehmbare Joypads. Über den Modulschacht wird aufgerüstet: 1984 erscheinen Tastatur und Basic, 1986 das Disk System, 1988 ein Network Adapter.
Sharp Famicom Televi C-1	1983	Die Kombination aus TV-Gerät und Famicom wird im Oktober 1983 veröffentlicht, aber nicht in den Westen ausgeführt. Der Preis ist unbekannt.
Nintendo Entertainment System (NES)	1985	Famicom für westliche Märkte (USA, Europa) im neuen eckigen und grauen Gehäuse. Zwei Joypad-Ports, der Modulschacht befindet sich hinter einer Klappe. Nicht kompatibel mit dem Famicom.
Sharp Twin Famicom	1986	Famicom mit integriertem Diskettenlaufwerk im großen roten, später schwarzen Gehäuse, vom Nintendo-Partner Sharp in Lizenz gefertigt und zum Preis von 32.000 Yen in Japan vermarktet. Technisch mit dem Famicom identisch.
Famicom AV	1993	Letzte Variante, weltweit im neuen asymmetrischen Gehäuse und mit Super-NES-ähnlichem Controller. Der Modulschacht befindet sich hinter einer Klappe.

Noch ein Opfer des Videospiel-Crashes und des Besitzerwechsels bei Atari: Unter neuem Management verschiebt sich die Veröffentlichung der grafisch stärksten Atari-8-Bit-Konsole um zwei Jahre.

Atari 7800

USA, 1984

Verkaufte Geräte:	n.b.
Spiele:	60
Spiele auf:	Modul
Entwicklung bis:	1992
Q & A:	

Grafisch locker auf NES-Niveau: Basketbrawl von 1988.

Nach dem protzigen Supersystem 5200 geht Atari mit dem zweiten VCS-Nachfolger in eine andere Richtung: Das 7800 ist klein, unkompliziert und mit allen VCS-Modulen kompatibel. Das Gehäuse stammt vom japanischen Atari 2800, die CPU basiert auf dem bewährten 6502-Prozessor, Herzstück aller 8-Bit-Ataris. Neu ist der Grafik-Chip „Maria", der mehr Farben und Sprites darstellt als andere Konsolen. Leider greift Atari beim Sound auf die 70er-Jahre-Technik des VCS zurück, statt auf den vierstimmigen „Pokey"-Chip des Atari 5200.

Die Test-Veröffentlichung des Atari 7800 geht im Zusammenbruch des Marktes völlig unter. Danach verkauft Time Warner die Firma an Commodore-Gründer Jack Tramiel, der sich für Computer, nicht aber für Spielzeug interessiert. Zwei Jahre lässt er das Atari 7800 in der Schublade verschwinden, bis ihn der Erfolg von Nintendo aufrüttelt. Um auf dem Konsolenmarkt mitzumischen, liefert Atari das inzwischen angestaubte 7800 weltweit aus und entwickelt neue Software. Es erscheint eine bunte Mischung aus Automaten- und Computer-Umsetzungen, darunter die Flugsimulationen **Ace of Aces** und **Tomcat F-16**, das englische Nebulus (**Tower Toppler**) und **Jinks** aus Deutschland. Gut, aber Ende der 80er-Jahre nicht mehr aufregend sind die Umsetzungen namhafter Automaten: **Ms Pac-Man**, **Galaga** und **Dig Dug** von Namco, **Mario Bros**, **Joust** und Capcoms **Commando**. Einige Spiele wie **Xevious** nützen den zweiten Feuerknopf des Atari-7800-Controllers.

Gegen Nintendo und Sega hat Ataris halbherziger Vermarktungsversuch keine Chance, zumal die Firma gleichzeitig das nicht kompatible XE Game-System bewirbt. 1991 endet die Produktion des Atari 7800.

Das 7800 wird entweder mit ProLine-Sticks oder zwei einfachen Joypads ausgeliefert.

Varianten und Nachfolger

Atari 7800	1984	Einige tausend 7800-Konsolen werden während des ersten Vermarktungsversuchs in den USA ausgeliefert. Die seltene Urversion besitzt noch einen Erweiterungsschacht, an dem u.a. ein Laserdisc-Spieler angeschlossen werden sollte.
Atari 7800	1986	Bis auf den fehlenden Erweiterungsschacht mit dem ersten Serienmodell identisch. Im ROM europäischer Geräte ist ein grafisch aufgepepptes **Asteroids** serienmäßig eingebaut. Außerdem werden PAL-Varianten z.T. mit Joypad statt Original-Stick ausgeliefert.

Der letzte erfolgreiche BASIC-Computer zielt auf das unterste Preissegment und erreicht vor allem in England, Frankreich und Spanien viele Einsteiger und Spieler. In Deutschland vermarktet Schneider das günstige Komplettsystem.

Amstrad CPC 464

GB, 1984

In England und Spanien erscheint der CPC mit Sondertasten in Rot und Grün.

Verkaufte Geräte:	n.b.
Spiele:	1.200
Spiele auf:	Kassette, Diskette, Modul
Entwicklung bis:	1992
Q & A:	✖✖✖✖

Weder die englische Firma Amstrad, noch der deutsche Partner Schneider haben Erfahrung in der Fertigung und Vermarktung von Computern, als sie den boomenden Markt 1984 betreten. Beide Firmen sind Spezialisten für preisgünstige Unterhaltungselektronik und reizen dieses Know-How mit dem CPC 464 voll aus: Der Budget-Rechner (Z80-CPU) wird mit integrierter Datasette und wahlweise Monochrom- oder Farb-Monitor ausgeliefert. In beiden Konfigurationen ist er preisgünstig und optimal für junge Computer-Einsteiger geeignet. In das längliche Gehäuse mit Schreibmaschinentasten, abgesetzten Space-, Nummer- und Richtungstasten ist ein Lautsprecher und ein Stereo-Ausgang mit Lautstärkeregler eingebaut. Das Netzteil befindet sich im Monitor.

Für 230 bzw. 330 Pfund wird das Komplettsystem laut Amstrad in den ersten 15 Monaten 200.000 Mal verkauft und etabliert sich als europaweite Alternative zu Spectrum und C 64. Erfolg und Lebensdauer des letzteren kann der CPC jedoch nicht erreichen. Da das Gerät keine herausragenden technischen Fähigkeiten besitzt, erscheinen kaum Exklusiventwicklungen, dafür eine gewaltige Zahl von Umsetzungen. Dank seines Erfolges erhält der CPC 464 und seine Disketten-Variante CPC 664 die Spiele so unterschiedlicher Entwickler wie Infocom und Ultimate (heute: Rare), Psion, Activision, Gremlin, Hewson, Sensible Software und Reflections. Es erscheinen Umsetzungen von Sim City, Lemmings, Star Glider, Nebulus, Elite und der Sid-Meier-Meisterwerke Pirates und Silent Service, sowie gelungene Versionen prominenter japanischer und amerikanischer Automaten, darunter Bomb Jack, Contra und Rainbow Islands.

Besonders beliebt sind die Billigrechner in Südeuropa, französische und spanische Programmier reizen die Hardware Ende der 80er-Jahre aus und entwickeln im Gegensatz zu ihren englischen Kollegen auch CPC-exklusiv. Einige der originellsten Spiele stammen von Firmen, die im C-64- und Amiga-Sektor kaum etwas zu melden haben: Loriciel, Infogrames, Cryo, Tomahawk,

Neben französischen Firmen veröffentlicht auch das englische Software-Haus Ocean mehrere Module für Plus- und GX-Geräte: Burning Rubber (1990).

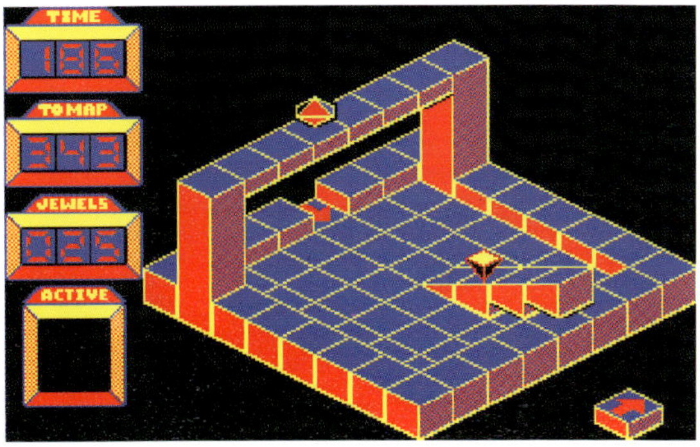

Erst kümmern sich englische Entwickler um „ihren" Amstrad-Computer (Bild: Spindizzy von 1986), dann ...

... verlagert sich die Szene nach Süden: Das französische Get Dexter ist 1985 ein frühes CPC-Action-Adventure.

Ocean Frankreich, Titus, Topo und Dinamic. Der spanische Hersteller Opera Soft setzt 1988 Umberto Ecos Erfolgsroman „Der Name der Rose" um und bringt mit **La Abadia Del Crimen** die Kathedrale des klerikalen Thrillers in isometrischer Darstellung auf den Bildschirm.

Chancenlos auf dem inzwischen von Amiga und Atari ST beherrschten Heim-Markt sind die grafisch verbesserten Nachfolger 464+ und 664+, sowie die darauf basierende Spielkonsole GX. Anfang der 90er-Jahre geben sowohl Amstrad, als auch Schneider die Hardware-Familie zugunsten CP/M- und DOS-kompatiblen PCs auf.

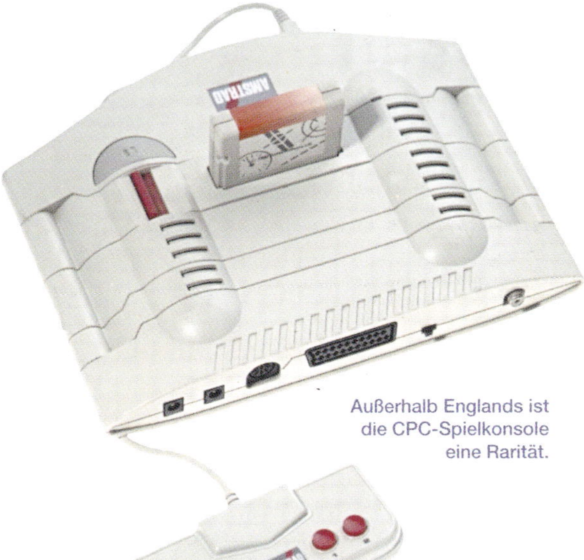

Außerhalb Englands ist die CPC-Spielkonsole eine Rarität.

Varianten und Nachfolger

CPC 464	1984	Das Urmodell mit eingebauter Datasette wird mit 12-Inch-Farb- oder Grün-Monitor ausgeliefert, besitzt serienmäßig 64K RAM und – wie alle Nachfolger – den bewährten AY-3-8912-Chip als Sound-Generator.
CPC 664	1984	Nachfolger mit identischen Chips und ähnlichem Gehäuse, aber mit ungewöhnlichem 3"-Disketten- statt Kassettenlaufwerk.
CPC 6128	1985	Neuauflage für semi-professionelle Anwender im verkleinerten Gehäuse und mit auf 128K verdoppeltem Arbeitsspeicher.
CPC 464+	1987	64K-Neuauflage im weißen Gehäuse mit verbesserter Grafik (4096 Farben, 64 Sprites, Scrolling und Splitscreen), integrierter Datasette, Modulschacht, Anschlüssen für digitalen und analogen Joystick, sowie Light-Gun. Kein Betriebssystem: Der Plus ist nur mit BASIC- oder Spielmodul betriebsbereit.
CPC 6128+	1987	Ähnliches Gehäuse wie der 464+, aber mit eingebautem 6"-Diskettenlaufwerk statt Datasette, sowie 128K-Arbeitsspeicher.
GX4000	1990	Spielkonsole mit 128K RAM auf Basis der Plus-Technologie. Das schnittige Gehäuse ohne Tastatur oder Laufwerk besitzt zwei Joystick-Ports, eine analoge Controller-Schnittstelle, RF- und RGB-Ausgang. Die 30 GX-Spiele von Ocean, Gremlin und den französischen Firmen Titus, Loriciel und Infogrames erscheinen als 128K- bis 512K-Module.

Mit dem 68000er-Chip von Motorola setzen Heim-Computer ihren Siegeszug fort. Atari und Commodore sind Mitte der 80er-Jahre die heißesten Marken. Doch Intel-PC und Nintendo sind ihnen bereits dicht auf den Fersen.

Die Ära 16-Bit

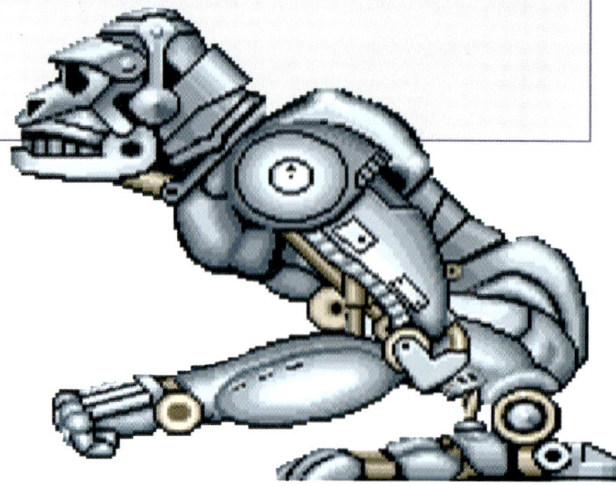

Die Automatenspiele werden grafisch expliziter: In Namcos Splatterhouse metzelt ein unlizenzierter Jason (links), in Strider von Capcom turnt ein Akrobat gegen Sowjet-Roboter.

Der Crash hat alle Spielkonsolen verschluckt, 1985 verlagert sich die Szene auf Heim-Computer, erst auf den C 64, dann auf mächtige 16-Bitter: Atari ST, Amiga und Mac verwenden die Motorola-CPU 68000, IBM baut mit Intel und Microsoft eine eigene 16-Bit-Familie.

Neue Prozessoren, Spezialchips, mehr Speicher: Der Wechsel vom C 64 auf den Amiga verbessert vor allem Optik und Akustik, spielerisches Neuland eröffnet die 16-Bit-Hardware nicht. Viele Spiele der 16-Bit-Ära werden zeitgleich für 8-Bit-Computer entwickelt oder sind Umsetzungen alter Apple II-, Atari- oder C-64-Konzepte. Vor allem die US-Firmen gehen mit dem dritten, vierten und fünften Teil von **Bard's Tale**, **King's Quest** und **Ultima** auf Nummer sicher.

Wer auf Heim-Computer Action programmiert, der lässt sich dagegen von der Spielhalle inspirieren. Die Spiele von Yu Suzuki (Sega), Tokuro Fujiwara und Yoshiki Okamoto (Capcom), von Konami, Taito und Namco werden von westlichen Firmen umgesetzt und sind Ideengeber und Benchmarks für amerikanische, englische und deutsche Programmierer. Irems **R-Type** beeinflusst ungezählte Ballerspiele ab, ebenso **Wonderboy** von Sega.

Ab und an gelingt auch Atari noch ein großer Automatenwurf, 1984 mit **Marble Madness**, 1985 mit dem Vektor-3D-Spiel **Star Wars**, 1989 mit **Hard Drivin'**, dem ersten Polygon- und Force-Feedback-Simulator. Auch in den meisten Automaten stecken ein oder mehrere 68000er-Prozessoren.

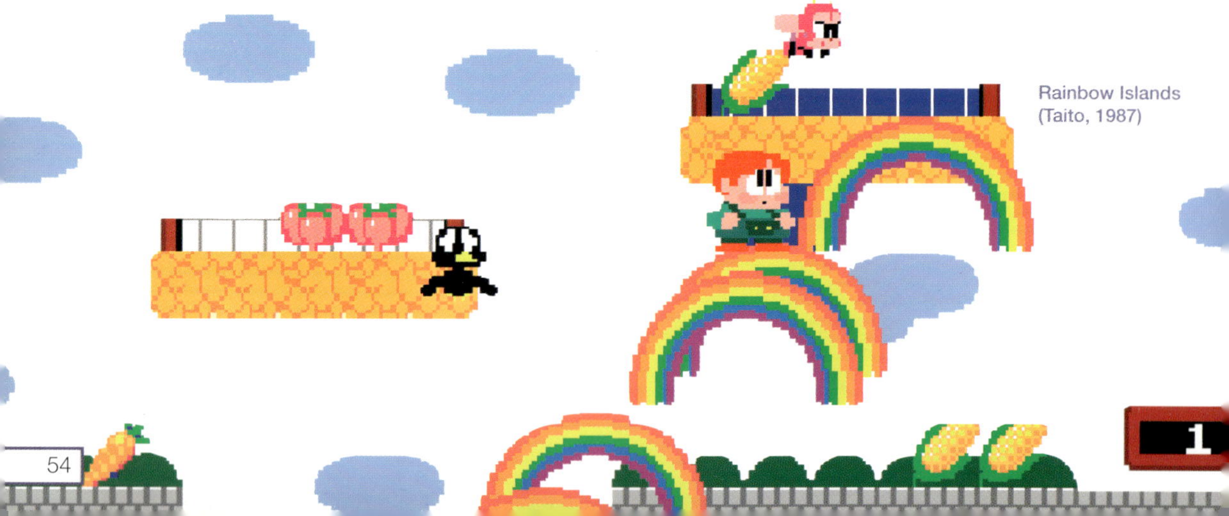

Rainbow Islands (Taito, 1987)

Ältere Konsolen- und Computer-Spieler liebäugeln Ende der 80er-Jahre mit zwei neuen japanischen Konsolen, der PC-Engine (8-Bit-CPU, 16-Bit-Grafikchip) und dem Mega Drive mit 68000-CPU. Beide Geräte versprechen **Afterburner**, **Rainbow Islands** und andere Automaten-Spiele in authentischer Qualität.

Das beliebteste Spielgerät der 16-Bit-Ära ist jedoch weder Automat, noch Amiga oder Mega Drive, sondern eine preisgünstige, technisch zurückgebliebene 8-Bit-Konsole: Das 1983 in Japan veröffentlichte Famicom ist inzwischen im Westen angekommen und überraschend erfolgreich – mit einer klammheimlichen Rückkehr des Telespiels hat eigentlich keiner gerechnet. Nicht Hardcore-Zocker, sondern Kinder und Familien kaufen das graue Modulgerät.

Grau ist auch die zweite Plattform die sich zur Marktführung anschickt, PCs mit MS DOS und Intel-Prozessor. Mit EGA- und VGA-Grafik, Soundkarte und Festplatte machen die „IBM-Kompatiblen" 16-Bit-Kisten erst in den USA der Amiga- und ST-Heim-Computer-Szene den Garaus, dann auch in Europa – die CD-ROM- und Multimedia-Revolution (ab Seite 84) findet schon ohne Atari und Commodore statt.

Namco modelliert den F1-Zirkus 1988 aus Vektoren bzw. Polygonen – vier Jahre vor Virtua Racing von Sega.

Segas Yu Suzuki ist der 3D-Maestro der 80er-Jahre: 1986 lässt er in Out Run Ferrari, BMW und Käfer zoomen …

… ein Jahr später rotiert die Welt in Afterburner. Von diesem Jet-Kampfspiel entwickelt Sega 1990 eine Version mit 360°-Hydraulik für Schwindelfreie.

Hang On (Sega, 1985)

Mit viel Speicher und hochauflösender Grafik mausern sich die Bürokisten von IBM zu mächtigen Spielmaschinen, die Atari und Commodore innerhalb von acht Jahren verdrängen.

IBM PC/AT

USA, 1984

Der IBM PC trennt Tastatur und Zentraleinheit und hat – dank 1MB-Speicher, Festplatte und Disketten – Platz für komplexe Spiele.

IBM, der größte Computer-Hersteller der Welt, hält sich mit dem Schritt vom Großrechner- auf den Heim-Markt zurück und präsentiert erst 1981 seinen „Personal Computer". Der IBM PC wird gut aufgenommen, der jugendliche PC Jr. mit seiner „Mickey Mouse"-Tastatur erweist sich als Flop. Schnell wendet sich IBM wieder ernsthaften Maschinen zu, präsentiert 1983 die Festplatten-bestückte eXtended Technology (PC/XT), ein Jahr später den PC/AT mit 16-Bit-CPU Intel 286. Dem PC/AT gelingt, was dem Jr. versagt blieb – über die folgenden Jahre wird er zur beliebten Spielplattform.

Die Software für alle IBM-PCs liefert Microsoft, deren „Disk Operating System" (DOS) ältere Betriebssysteme schnell verdrängt. Als nach Compaq weitere Firmen dem Standard folgen, wird Microsoft in Partnerschaft mit Intel zur treibenden Kraft hinter der PC-Entwicklung. Der Begriff „IBM kompatibel" hält sich bis in die 90er-Jahre, besser ist die Bezeichnung DOS-kompatibel.

Parallel zur CPU wird die Grafik ausgetauscht: Nach monochromen Hercules- und vierfarbigen CGA-Karten setzt sich der EGA-Standard durch, der 16 Farben aus einer Palette von 64 darstellt. Später wandern als Alternative zum Mono-Piepser Soundkarten in den PC.

Amerikanische Insider riechen den Braten als erste: *„Ende 1983, ein Jahr nach dem Debüt, waren wir enttäuscht – der PC-Spiele-Markt blieb weit hinter den Voraussagen zurück."*, schreibt Russell Sipe in seinem amerikanischen Fachmagazin CGW. *„Dann reagiert IBM und verwandelt den PC Jr. in einen der besten Käufe (...), ersetzt die Tastatur durch eine echte, erweitert auf serienmäßig 128K. Ende 1984 konvertieren die Dritthersteller immer mehr ihrer Titel auf den IBM, gleichzeitig sehen wir signifikante IBM-Originale (...) Die IBM-Spiele-Ära ist da."*

Noch nicht ganz: Da Atari, Apple und Commodore der Lawine IBM-kompatibler DOS-Rechner aller Hersteller trotzen, erfolgt der endgültige Durchbruch langsamer als erwartet. Der Strategiespiel-Experte M. Evan Brooks

LucasArts verleiht 320x200 EGA-Pixeln ein menschliches Gesicht, Humor und Ausdruck: The Secret of Monkey Island (1990).

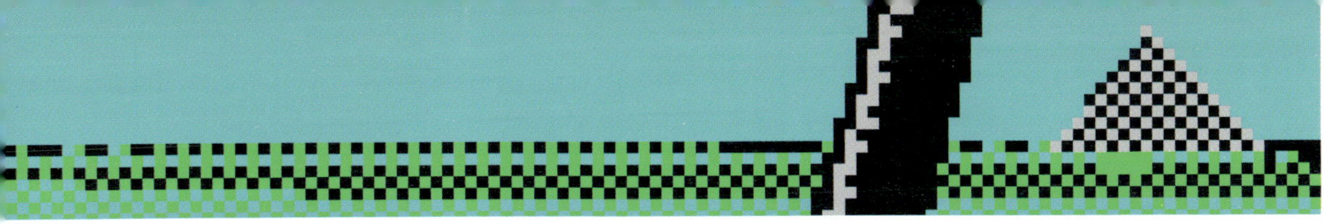

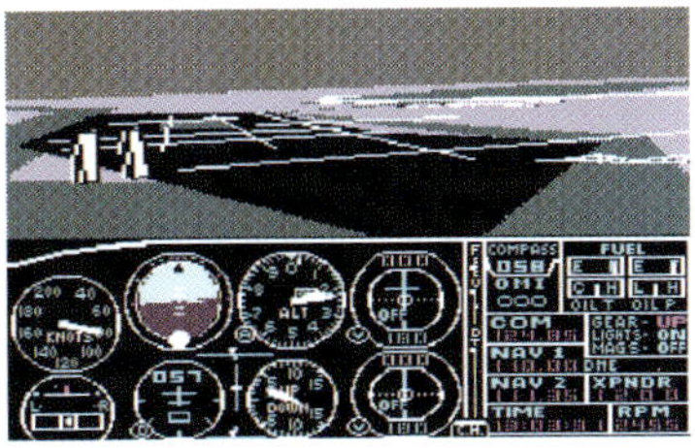

Die ersten PC-Spiele sind monochrom, dann vierfarbig: Flight Simulator II (1982).

Mit King´s Quest setzt Sierra ab 1983 auf EGA-Grafik in 16 Farben, die ...

... im vierten Teil (1988) durch „Dithering“ vermischt werden.

zitiert im Mai 1987 Microprose und SSI (Strategic Simulations Inc.), die beiden größten Hersteller von Simulationen und Rollenspielen: Beide sehen den IBM als *„ein Gebiet der Expansion“*, sind wegen *„der armseligen PC-Grafik“* aber noch skeptisch.

Erst Ende der 80er-Jahre schließt die Plattform mit 286er- und 386er-CPU, EGA- und VGA-Grafik zu Amiga sowie Atari ST auf und wird auch in Europa als dritte Spielemacht akzeptiert. Nicht die Computer-Spiel-Nation England, sondern Deutschland wird zum stärksten europäischen Markt für die DOS-Boliden, auf denen erstklassige 3D-Simulation, Rollen- und Abenteuerspiele laufen. Ausgereizt wird die 286er-Generation durch den maßgeschneiderten **Falcon AT**-Flugsimulator von Spectrum Holobyte und durch das Grafik-Adventure **Monkey Island**. Die dramaturgisch dichte, umwerfend humorvolle und sehr bedienungsfreundliche Piraten-Posse textet, zeichnet und realisiert LucasArts, sowohl in EGA, als auch in 256-Farben-VGA.

Anfang der 90er-Jahre geht das DOS- ins Multimedia-Zeitalter über, der AT wird von Rechnern mit 486er-CPU abgelöst. Vermehrt erscheinen die Spiele auf 3,5"-Disketten und starten von der grafischen Benutzeroberfläche Windows. Der Spott „Was der PC hat, haben wir seit Jahren“ vergeht den Amiga- und ST-Besitzern, als Windows-Rechner ihre Maschinen in der Gunst der Spielhersteller verdrängen. Auch der CD-ROM-Einstieg gelingt dem PC besser als Atari und Commodore – 1995 sind beide Mitbewerber verschwunden.

Freundlicher Versager: PC Jr. mit Infrarot-Tastatur (1983).

Varianten und Nachfolger

IBM PC	1981	Erster Heim-Computer von IBM. Das dreigeteilte Gerät (Tastatur, Monitor, Zentraleinheit) verwendet die 8-Bit-CPU Intel 8088, mindestens 64K RAM und ein Diskettenlaufwerk.
IBM PC/XT	1983	Intern ähnlicher Nachfolger (teilweise mit 8086-CPU) mit serienmäßiger Festplatte und zusätzlichen Steckplätzen. Maximal 1MB Arbeitsspeicher. Mit Hercules, CGA und – ab 1985 – EGA-Grafik bleiben XT-Rechner bis Ende der 80er-Jahre im Einsatz.
IBM PC jr.	1983	Hobby- und Wohnzimmer-PC mit 64K RAM (ab 1984: 128K), CGA-Grafik (640x200 Pixel in zwei, 160x200 in 16 Farben) und integriertem Soundchip SN 76496N, 5.25"-Disketten, zwei Modulschächten und analogem Joystick. Für den Anfangs 1.300 $ teuren Heim-Computer erschafft Sierra das Grafik-Adventure King's Quest.
IBM PC/AT	1984	16-Bit-Nachfolger des XT mit serienmäßig 20MB-Festplatte, neuer 1,2MB-Diskette und maximal 16MB RAM, von denen DOS jedoch nur 1MB unterstützt. Anfang der 90er-Jahre gilt ein mit 12 bis 16MHz getakteter AT mit CGA- oder VGA-Grafik, Adlib- oder Soundblaster-Karte als Spiele-Standard. Den ersten PC mit 32-Bit-CPU liefert 1986 nicht IBM, sondern Compaq: Die Power des Deskpro 386 nützen erst 90er-Jahre-Spiele wie Wing Commander von Chris Roberts.

Apple baut das Traumgerät für schöngeistige User. Um die grafische Benutzeroberfläche des Mac entsteht ein Kult – und eine eigenwillige Szene feiner Unterhaltungs-Software.

Apple Macintosh

USA, 1984

Verkaufte Geräte:	n.b.
Spiele:	200
Spiele auf:	Diskette, CD
Entwicklung bis:	1990*
Q & A:	✖✖✖

* für Macs mit MC 68000-CPU

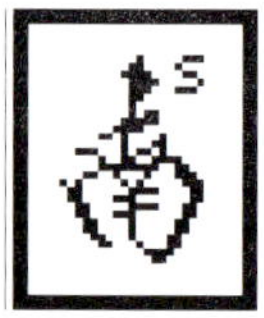

Nach Fehlschlägen mit Apple III und Lisa beginnt Steve Jobs das Jahr 1984 mit einem Werbespot, der Amerika begeistert: Der neue Apple Macintosh verspricht, die Welt aus den Klauen einer totalitären Macht (gemeint ist IBM) zu befreien: "*1984 won't be like 1984.*" Der düstere Kurzfilm ist legendär, ebenso die unsichtbar beworbene Hardware: Mit grafischer Oberfläche, Maus-Steuerung und 16-Bit-CPU MC68000 wird der Mac zum Erfolg. Als Speichermedium verwendet er Sonys kleine 3,5"-Disketten.

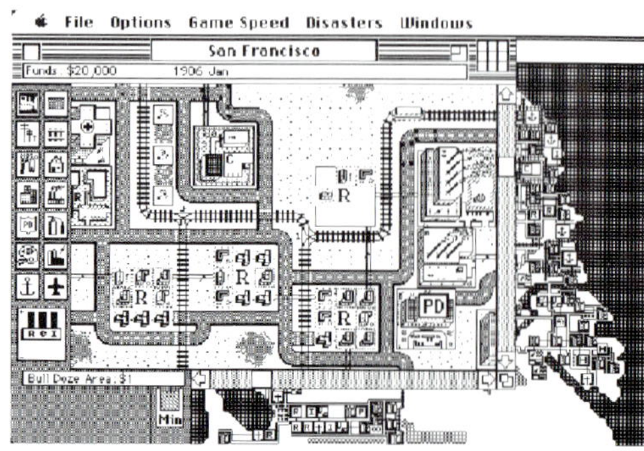

Städteplanung macht Spaß und bildet: Sim City fordert mit Stau, Smog und Naturkatastrophen (1989).

Die neue Technik packt Apple in ein geschmackvolles Gehäuse: Rechner, Laufwerk und Monitor sind zum Kubus vereint, nur Maus und Mini-Tastatur abgesetzt. Der putzige Computer ist auf kreative User zugeschnitten und kostet in der 128K-Version knackige 2.500, als 512K-„Fat Mac" 3.200 Dollar. Im Gegensatz zum Apple II scheint er als Spielgerät ungeeignet: Die Grafik ist hochauflösend, aber schwarz-weiß, der Sound piepst Mono. Erst der 4.000 Dollar teure Mac II (1987) kann um Farbe nachgerüstet werden und glänzt mit revolutionärer „True Color"-Grafik in 16 Millionen Farben.

Im Bereich Grafik und DTP führt der Mac, bei Spielen bleibt er ein Außenseiter. Statt Umsetzungen entstehen für ihn innovative Originale, von der Oberfläche inspirierte Abenteuer mit Maus- und Menü-Interface (**Deja Vu, Uninvited**) und benutzerfreundliche Strategiespiele wie **Balance of Power** des ehemaligen Atari-Designers Chris Crawford. Die Zielgruppe bekommt nicht Action, sondern Denkspiele (**Shanghai**, **Ishido**) und Edutainment. Preisgekrönt ist das Lernspiel **Fools Errand**, berüchtigt das grafisch explizite Hüpfspiel **Dark Castle**. Auch Netzwerkspiele sind für den Mac erhältlich.

1989 schreibt Will Wright sein Meisterwerk **Sim City**, die Brüder Miller debütieren mit dem Lewis-Carrol-Experiment **The Manhole**. Vier Jahre später ertüfteln Rand und Robyn das erfolgreichste Mac-Spiel und locken mit **Myst** ins CD-ROM-Zeitalter.

Freundlicher Mitbewohner: Auf dem Apple-Werbefoto von 1985 grüßt der Mac mit grafischer Oberfläche und Photoshop-Vorläufer MacPaint.

Mit dem „Jackintosh“ erweitertert der Tramiel-Clan die Atari-Computer-Palette nach oben. Trotz ähnlicher Technik sind der 520 ST und seine Varianten ihrem Rivalen Commodore Amiga audiovisuell unterlegen.

Atari ST

USA, 1985

Verkaufte Geräte:	6 Millionen
Spiele:	1.000
Spiele auf:	Diskette
Entwicklung bis:	1994
Q & A:	✖✖✖✖

Für Musiker und DTP-Artisten: Atari 1040 ST mit Monochrom-Monitor SM 146.

Zur Konzeption seiner 16-Bit-Computer-Serie investiert Atari 1984 in Amiga, die Firma des Ex-Mitarbeiters Jay Miner. Rauer Verhandlungsstil treibt das Hardware-Team jedoch in die Arme des Mitbewerbers Commodore, der Amiga schluckt und den gleichnamigen Computer fast zeitgleich mit dem Atari ST in die Geschäfte bringt.

Miners Grafik-Chips fehlen dem ST, der davon abgesehen dem Amiga ähnelt: Beide Rechner verwenden eine Motorola-68000-CPU, 3,5"-Disketten und Maus als Eingabeinstrument, beide locken mit grafischer Benutzerführung (GUI). GEM nennt Atari die Oberfläche mit ihren kleinen Laufwerk- und Ordner-Symbolen, „Tramiel Operating System“ (TOS) das Betriebssystem.

Der Atari ST ist billiger als andere 16-Bitter und wird von vielen Spielherstellern unterstützt. 1987 ist sein erfolgreichstes Jahr: In den USA erscheint das Echtzeit-Rollenspiel **Dungeon Master**, Dan „Choplifter“ Gorlins **Typhoon Thompson**, sowie **Midi-Maze**, das 16 Computer vernetzt und damit den 90er-Jahre-Deathmatches vorgreift. Danach verlagert sich die Szene nach Europa, wo prominente Programmierer wie die Bitmap Brothers (**Speedball, Cadaver**), Eric Chahi (**Another World**), die Adventure-Schmiede Magnetic Scrolls sowie die 3D-Pioniere Paul Woakes (**Damocles**) und Jez San (**Starglider**) die Plattform bis in die 90er-Jahre stützen. Eine starke Basis hat Atari auch in Deutschland: Hier entwickelt die Firma Thalion (**Dragonflight, Wings of Death**) primär für den ST.

Während der ST als Grafik- und Spielmaschine dem Amiga ab 1990 unterliegt, bleibt er wegen seiner MIDI-Schnittstelle bei professionellen Musikern im Einsatz. Auch DTP-Agenturen verwenden den Rechner als preisgünstige Mac-Alternative. Die letzte Variante ist der 60030-bestückte TT von 1990.

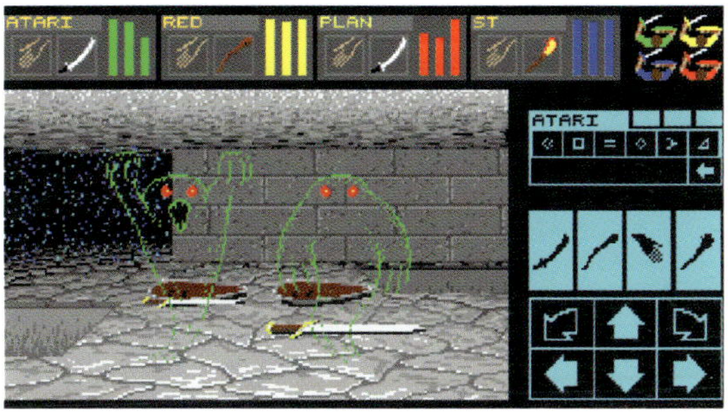

Dungeon Master revolutioniert das Rollenspiel. Wer keinen ST besitzt, muss Jahre auf eine Umsetzung der 3D-Echtzeit-Expedition warten.

Varianten und Nachfolger

ST	1985, 1989	Der 512K-ST wird anfangs mit Monochrom-Monitor sowie mit TOS auf Diskette verkauft. Eine Variante mit TOS im ROM ist der 260 ST von 1986. Als 520 ST+ und 1040 ST (1986) mit 1MB Speicher, ab 1989 mit neuer Technik als 1040 STE (4096 Farben, Hardware-Scrolling, Stereo-Sound, 1 bis 4MB Speicher) und als 520 STE (512K). Die Modellbezeichnungen STM und STF stehen für TV-Modulator bzw. seitlich integriertes Disketten-Laufwerk.
STE	1987, 1991	Desktop-Nachfolger mit abgesetzter Tastatur, Disketten-Laufwerk und Festplatte in der Zentraleinheit und je nach Modell 1 bis 4MB Arbeitsspeicher. Zwei neue Chips (Blitter und Shifter) beschleunigen die Grafik. Als Mega STE mit auf 16MHz hochgetakteter CPU mit Cache und Coprozessor sowie den Grafik-Fähigkeiten des 1040 STE.

In England entwickeln Programmierer parallel auf ST und Amiga: Jubelnder Speedball-2-Spieler von 1990.

Zum 16-Bit-Einstieg schnappt Commodore dem Rivalen Atari das Entwicklungs-Team weg und feiert mit dem „Amiga“ seinen letzten großen Heim-Computer-Erfolg. Vor allem in Europa prägt der Amiga die Spielszene der späten 80er-Jahre.

Commodore Amiga

USA, 1985

Beim ersten und schönsten Amiga schiebt man die flache Tastatur unters Gehäuse.

Als Nachfolger des C 64 ist der Commodore Amiga eines der beliebtesten Spielgeräte der 80er-Jahre und gleichzeitig der letzte international erfolgreiche Heim-Computer. Als 1992 der A1200 das Ende der Reihe einläutet, haben Atari, Sinclair & Co. längst die Segel gestrichen – wer am Computer spielt, der spielt mit Microsoft und Intel.

Davor gilt fünf Jahre lang die 68000er-CPU von Motorola als optimale Hardware. Eine abgespeckte Variante steckt 1984 im Sinclair QL, die vollwertige 16-Bit-Version ist im Apple Mac im Einsatz. Die Mitbewerber beeilen sich, den 16-Bit-Generationswechsel nicht zu verpassen, erst bremst Atari die 8-Bit-Entwicklung, dann Commodore. Beide Firmen wählen als neue CPU den Motorola-Chip, beide planen Multimedia-Geräte mit grafischer Benutzeroberfläche für Kreative und Spieler. Atari wendet sich an seinen Ex-Designer Jay Miner, dessen Firma Amiga einen Spiel-Computer mit 68000-CPU entwickelt. Atari unterstützt Amiga finanziell, um dafür die 16-Bit-Technik zu erhalten.

Beinahe wäre die Amiga-Hardware nicht bei Commodore, sondern beim ärgsten Konkurrenten geboren worden. Doch beim Verhandeln setzt Atari das Amiga-Team unter Druck und treibt es so in die Arme von Commodore. Am 13. August 1984 reicht Atari Klage gegen den Technologie-Zulieferer ein, zwei Tage später gibt Commodore die Amiga-Übernahme bekannt. Während Atari den eigenen 520 ST ohne ausgefuchste

Der Bestseller A500 ist ein Komplett-Computer mit seitlich integriertem Disketten-Laufwerk.

Verkaufte Geräte:	über 5 Millionen
Spiele:	1.500
Spiele auf:	Diskette, CD
Entwicklung bis:	1996
Q & A:	XXXX

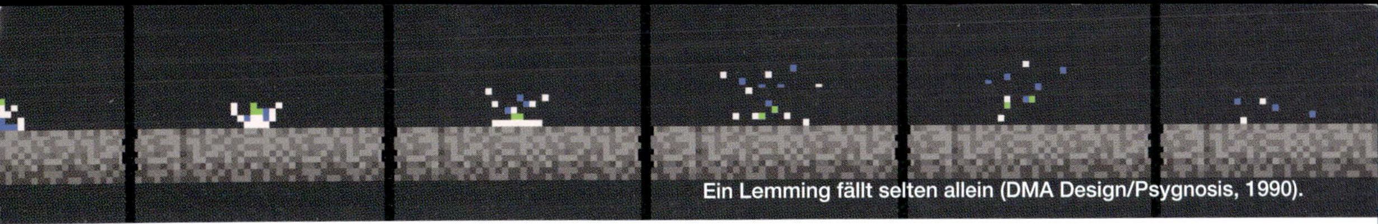

Ein Lemming fällt selten allein (DMA Design/Psygnosis, 1990).

Grafik-Chips liefert, enthüllt Commodore seinen „Amiga 1000" im Juli 1985 – dank Jay Miners Team überragend in Grafik und Sound.

Basierend auf seiner Erfahrung mit dem Atari 800 stellt der Designer der Amiga-CPU das Chip-Duo Agnus und Denise zur Seite, das erstmals keine Textdarstellung, dafür aber 4096 Farben und mehrere Grafik-Modi bis zu einer Auflösung von 640x512 Pixeln unterstützt. Neben LoRes (64 Farben) beherrscht der Amiga einen „Hold and Modify"-Modus (HAM), der digitale Bilder fast fotorealistisch darstellt. Außerdem nützen die Grafik-Chips wahlweise den TV-Zeilensprung und bringen – unter deutlichem Flimmern – eine doppelte „Interlace"-Auflösung auf den Bildschirm.

Ein „Blitter" kümmert sich als Beschleuniger um Linien und Flächen, Vektoren und Polygone. Der Amiga kann zwei unabhängige, übereinander gelegte Bitmap-Seiten („Dual Playfields") und Sprites darstellen. Hobby- und professionelle Filmer lieben das „Genlock"-Feature, das die Bildausgabe mit einem externen Videosignal synchronisiert.

Seinen größten Erfolg feiert Amiga als Spielmaschine, als Arbeitsrechner wird der 16-Bitter nicht ernst genommen: Nach zähem Start setzt sich der Amiga ab 1987 gegen den Atari ST durch, immer mehr Firmen unterstützen den leistungsfähigen Commodore.

In den USA gehört Electronic Arts zu den frühen Amiga-Freunden und veröffentlicht neben Spielen auch das **Deluxe Paint**-Programm, mit dem viele Entwickler ihre Sprites und Landschaften malen. In England schwenkt das Software-Haus Psygnosis nach ST-Umsetzungen ganz auf Amiga-Originale um.

Frühe Spiele des US-Entwicklers Cinemaware (hier: Defender of the Crown) bestechen durch Grafik, Stereo-Sound ...

... und Hollywood-Präsentation. Die „TV Sports"-Simulationen (Bild: Basketball von 1989) präsentiert ein Moderator.

Originell sind die britischen Beiträge zur 16-Bit-Kultur: Populous legt ein fesselndes Prinzip in innovative Grafik.

Ab 1990 kommen die besten Amiga-Spiele aus Europa. Lotus II ist ein Rennspiel mit Weitsicht, Wetter, Netzmodus und Motor-Hall im Tunnel.

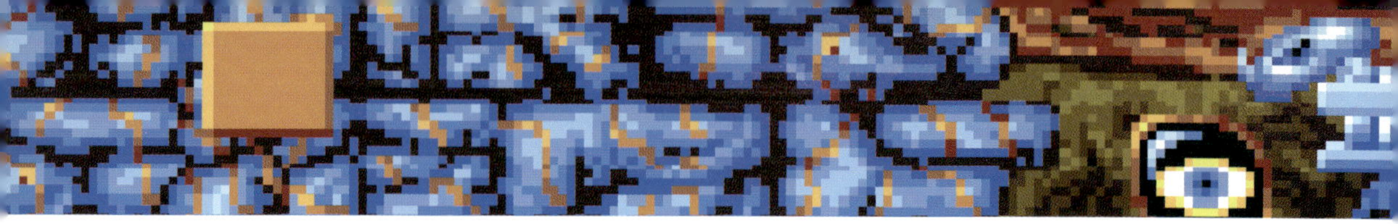

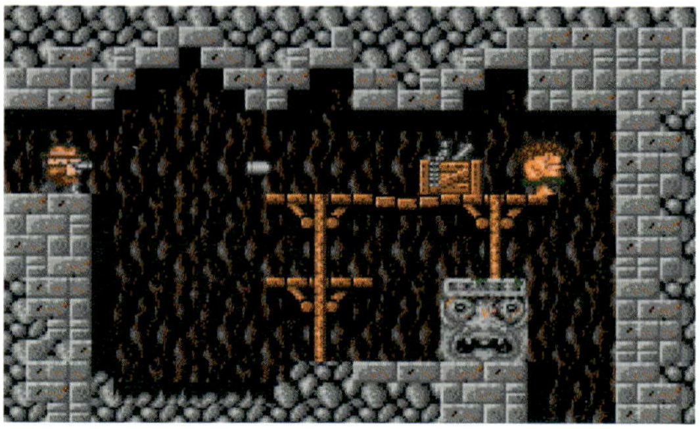

Cores Rick Dangerous ist der männliche Vorläufer von Lara.

Unterschätzt trotz coolem Intro: The Killing Game Show

Mit „interaktiven Spielfilmen" erregt die Firma Cinemaware Aufsehen: Grafik-intensive Strategie- und Abenteuerspiele wie **Defender of the Crown, Rocket Ranger** und die **TV Sports**-Serie sind auf die 16-Bit-Architektur zugeschnitten und zeigen den audiovisuellen Vorteil des Amigas besser als 8-Bit-Updates wie Archon, Ultima und The Bard's Tale.

1987 erweitert Commodore die Computer-Serie um die Workstation A2000, nach unten mit dem Einstiegsmodell A500. Der kompakte Heim-Computer (CPU, Tastatur und Laufwerk in einem Gehäuse) entwickelt sich zum erfolgreichsten Amiga und ist 1990 die Nummer 1 in Europa. Aus England kommen jetzt die stärksten Amiga-Spiele, Meisterwerke wie **Populous, Lemmings** und **Lotus 2**, alle mit starken Zweispielermodi. Daneben werden in Frankreich, Deutschland und Skandinavien kommerziell erfolgreiche Amiga-Originale entwickelt, z.B. **Turrican, Battle Isle** und die **Pinball**-Serie von Digital Illusions.

Während europäische Programmierer den Amiga ausreizen, befindet sich Commodore USA seit 1988 auf dem Rückzug: Der DOS-PC verdrängt andere Heim- und Personal-Computer, die 68000er-Entwicklung verlagert sich auf die Mega-Drive-Konsole. Eine neue Amiga-Generation mit AGA-Chipsatz hält die Commodore-Szene noch bis Mitte der 90er-Jahre am Leben, doch letztlich können weder verbesserte Grafik, noch die Integration eines CD-ROM-Laufwerks die Computer-Reihe retten. Intel-Rechner sowie die Sega- und Nintendo-Konsolen übernehmen den 16-Bit-Markt. Die Totgeburt CD 32 beendet 1993 die Amiga-Geschichte. Am 29. April 1994 wird Commodore liquidiert, die Marke Amiga später vom deutschen Computer-Hersteller Escom übernommen, aber nicht durch neue Modelle erweitert. Nach dem Escom-Bankrott landet Amiga 1997 bei Gateway und verwandelt sich in einen unabhängigen Software-Hersteller ohne Bezug zur verspielten Vergangenheit.

Vor den Lemmings schreibt David Jones ein hammerhartes Ballerabenteuer für zwei Spieler: Blood Money

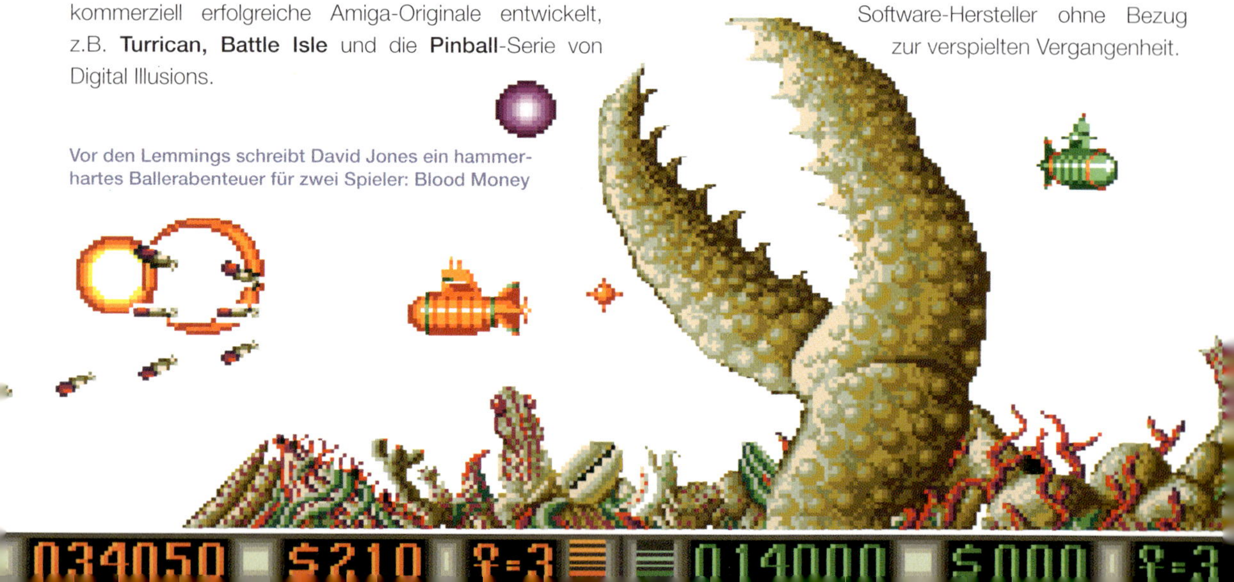

Aufschlag für deutschen Entwickler: Great Courts (Blue Byte).

Früher ungeliebt, jetzt rar: Multimedia-Konsole CDTV.

Commodore Amiga, Varianten und Nachfolger

Amiga 1000	1985	Mit abgesetzter, schmaler Tastatur, die passgenau unter die Zentraleinheit geschoben wird, ist der erste Amiga (Startpreis: 1.500 $) das eleganteste Modell der Serie. Er enthält 256K RAM – und die Signaturen des Entwicklungsteams.
Amiga 500	1987	Tastatur und Diskettenlaufwerk in einem Gehäuse: Die Heim-Computer-Variante des semi-professionellen Amiga 1000 wird mit 512K RAM ausgeliefert, von den Benutzern meist auf 1MB erweitert. Der praktischste und erfolgreichste Amiga wird durch die Hardware-Flops A500+ (1991) und A600 abgelöst.
Amiga 2000	1987	Die Amiga-Workstation besitzt nach einem deutschen Design-Vorschlag 1MB RAM, massig Steckplätze und Schächte für Festplatte und mehrere Disketten-Laufwerke. Dank Genlock ist das Gerät mit abgesetzter Tastatur unter Videoprofis und Grafikern beliebt und entwickelt sich zur Low-Cost-Workstation „Video Toaster“. Als solche bis in die späten 90er-Jahre im Einsatz.
Amiga 3000	1990	32-bit-Update mit 68030-CPU (16 oder 25MHz), 2MB RAM, SCSI-Bus und neuem „Workbench 2“-OS, als 3000T auch im Tower-Gehäuse erhältlich. Abgesehen vom Einsatz in den 3D-Spielautomaten von Virtuality (z.B. Dactyl Nightmare, 1991) ist die A3000-Technik für Spieler nicht von Bedeutung.
Amiga CDTV	1990	Erfolglose CD-ROM- und Multimedia-Konsole im schwarzen, tastaturlosen Gehäuse. Das CDTV (Startpreis: 699 $) wird durch ein externes Laufwerk zu Disketten-Spielen kompatibel und durch Tastatur und Maus zum Computer zurückgebildet. Neben einigen oft nur akustisch aufgepeppten Umsetzungen erscheinen kaum maßgeschneiderte CD-Spiele. Bester CDTV-Titel ist die **Sim City**-Umsetzung von 1991.
Amiga 600	1992	Der halbherzige Nachfolger zum A500-Heim-Computer wird nach der Veröffentlichung mehrmals im Preis gesenkt und schnell verramscht. Der Tastatur fehlt der numerische Block, dafür besitzt der A600 erstmals eine PCMCIA-Schnittstelle.
Amiga 4000	1992	Dank 68040-CPU ein „echter“ 32-Bitter, dessen neuer AGA-Chipsatz 256 Farben aus einer Palette von 16,7 Millionen sowie im „HAM-8“-Modus bis zu 256.000 Farben gleichzeitig darstellt. Enthält erstmals eine IDE- statt einer SCSI-Festplatte.
Amiga 1200	1992	Zweiter Amiga mit AGA-Chipsatz, im Dezember als kleiner Bruder des Amiga 4000 eingeführt; preisgünstig und in Europa halbwegs erfolgreich. CPU ist ein 68020er, der Arbeitsspeicher beträgt 2MB. PCMCIA-Schnittstelle.
CD 32	1993	Zweiter Versuch einer Commodore-CD-ROM-Konsole: Diesmal auf Spiele ausgerichtet und mit AGA-Chipsatz, aber trotz klarer Positionierung ebenso erfolglos wie das CDTV. Im Angesicht des Playstation-Debüts findet das äußerlich unattraktive Gerät keine Nische. Lediglich in England entstehen Umsetzungen und eine Handvoll CD-Originale, darunter **Liberation** von Tony Crowther.

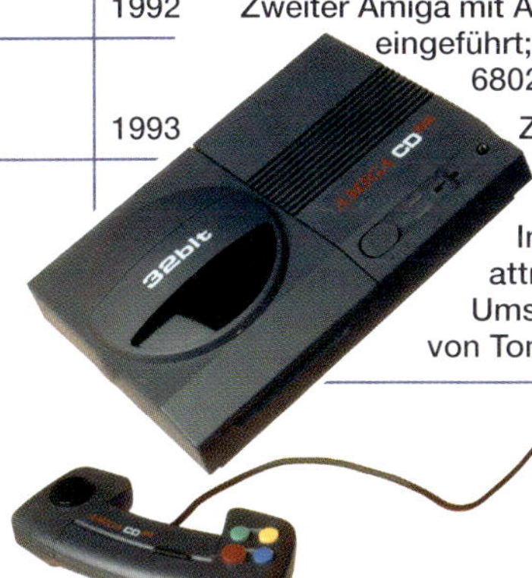

Der letzte Versuch ist die Amiga-Konsole CD 32 mit AGA-Chip.

Mit ihrer ersten Spielkonsole schaffen der Elektronikriese NEC und das Software-Haus Hudson das Traumgerät der späten 80er-Jahre.
Nach Europa bringt NEC keine Variante der genialen Hardware.

NEC PC-Engine

Japan, 1987

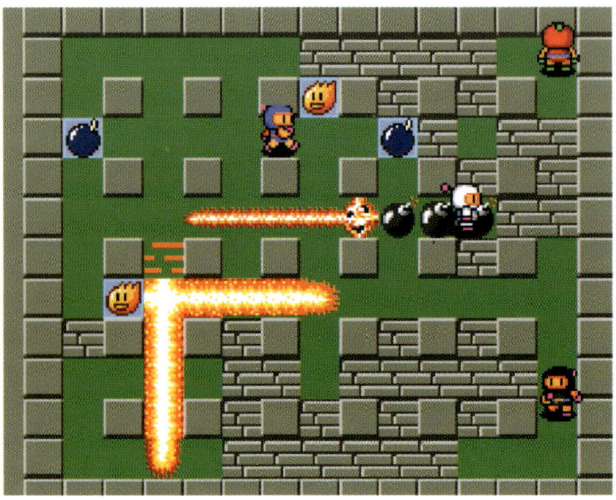

Ein Hit für Fünf: Multiplayer-„Bomberman“ benötigt einen Mehrspieler-Adapter (1990).

Quadratisch, kaum größer als ein Handheld und mit schmalem Schacht statt dicker Modul-Klappe ist die PC-Engine ein Wunder der Miniaturisierung und wirkt auch 15 Jahre nach ihrem Erscheinen noch modern und praktisch. Die Spiele zur Kompakt-Konsole kommen auf dünnen HuCards, dem bis heute kleinsten Spiele-Medium für eine stationäre Hardware.

Die Gemeinschaftsentwicklung des Chip-Konzerns NEC und des Spielherstellers Hudson markiert den Übergang vom 8-Bit-Zeitalter in die 16-Bit-Ära. 1987 in Japan veröffentlicht, steht die PC-Engine mit 6502-verwandter CPU und maßgeschneidertem 16-Bit-Grafik-Chip technisch zwischen dem Bestseller NES und den kommen-

Verkaufte Geräte:	7 Millionen
Spiele:	600
Spiele auf:	HuCard, CD
Entwicklung bis:	1996
Q & A:	✖✖✖✖✖

Die ultimative 2D-Spielmaschine: Duo Engine

den Konsolen Mega Drive und Super Nintendo. Die CPU-Verwandtschaft zu Apple II, NES und C 64 ist der PC-Engine nicht anzumerken, grafisch und akustisch ist die Hardware diesen Heim-Computern und Konsolen weit überlegen. Von erfahrenen Programmierern ausgereizt, lässt die PC-Engine selbst einem Amiga-Computer keine Chance; 1987 und in den folgenden Jahren ist sie das Nonplusultra für Spieler.

Die pixelgetreuen Automatenumsetzungen **R-Type** und **Galaga 88** beweisen japanischen Spielern (und einer Schar westlicher Import-Freaks), dass NEC und Hudson einen Meilenstein geschaffen haben – leider wird ebenso schnell klar, dass niemand an eine Vermarktung in Europa denkt. Nachdem die späte US-Einführung als Turbo Grafx im Sega- und Nintendo-Kreuzfeuer erstickt, ist die PC-Engine außerhalb ihres Heimatlandes begraben.

Dafür folgt in Japan eine Sensation auf die nächste: Schon seit 1988 verkauft NEC ein zusätzliches CD-ROM-Laufwerk und ist der Konkurrenz damit um Jahre voraus. Während bis 1990 nur wenige nennenswerte Scheiben (Capcoms **Fighting Street**, Hudsons **Monster Lair** und zwei Teile der **Ys**-Rollenspielserie) erscheinen, steigen 1992 alle Hersteller auf das neue Medium um. Da die superflachen HuCards mit maximal 8MBit, durchschnittlich aber nur 4MBit Umfang bald ausgereizt sind,

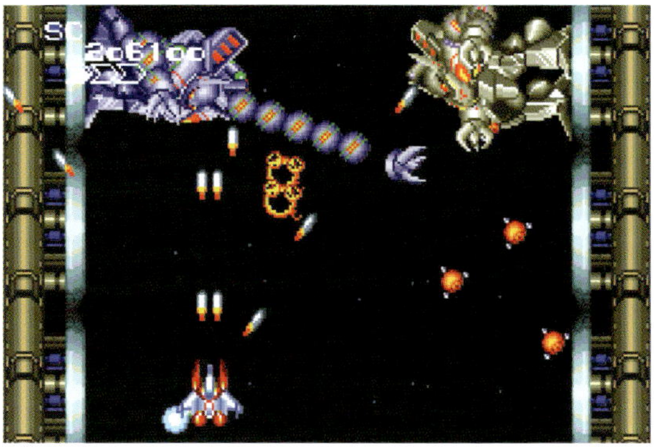

Durch Vertikal-Scroller wie Final Soldier (1991) infiziert Hudson Ballerspieler mit dem Upgrade-Fieber.

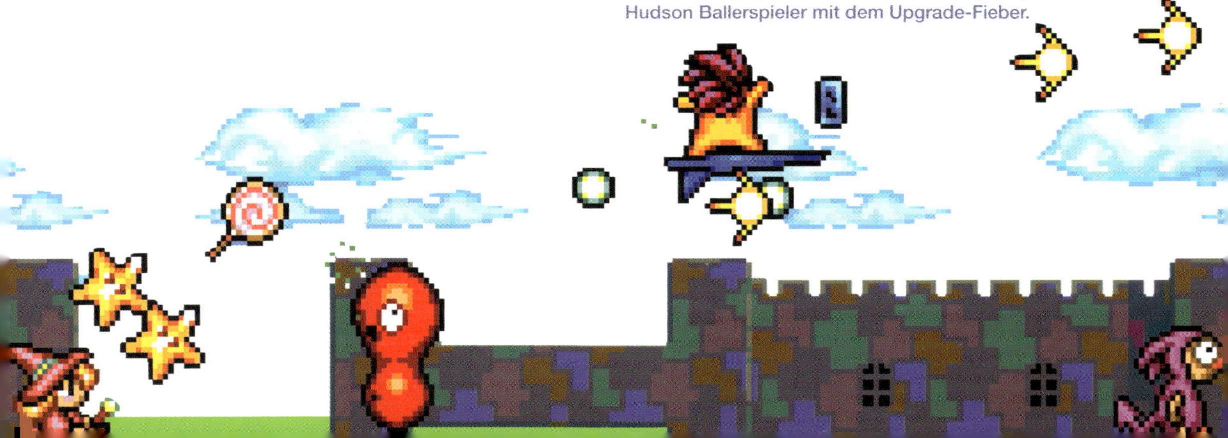

Die schwarze US-Turbo-Grafx ist mit der japanischen Variante CD-, aber nicht HuCard-kompatibel.

wechselt auch Konami nach einem späten Engine-Einstieg (1991) auf CD-ROM. Konami bringt neuen Schwung in die PC-Engine-Szene und bereichert die vortreffliche Shooter-Auswahl (**Tiger Heli**, **Soldier Blade**, **Super Star Soldier**, **Super Darius** und **Hellfire**) mit eigenen Automaten. Nach dem klassischen **Nemesis** übertrifft sich der Hersteller mit **Parodius** und dem Flammeninferno **Gradius 2**. Später beglückt Konami die Fans mit Spielen außerhalb des Ballergenres wie Hideo Kojimas Cyber-Abenteuer **Snatcher** und dem Edel-Action-Adventure **Dracula X**, das geradewegs zum brillanten Playstation-„Castlevania" führt. Mit gut einem Dutzend Titeln wird Konami in den letzten PC-Engine-Jahren zum zweitwichtigsten Spiele-Hersteller für diese Plattform – nach Hudson, die zwischen 1987 und 1996 über 100 Engine-Cards und -CDs ausliefern.

Bestseller in Japan sind Hudsons gewaltige CD-Rollenspiele: Der japanische „All Catalog 1993", die Bibel der PC-Engine-Spieler, empfiehlt die Kabuki-Odyssee **Far East of Eden** als besten Titel, knapp dahinter in der Gunst der Japaner rangiert der **Dragonslayer**-Zyklus. Neben Action-, Rollen- und Strategiespielen, die mit immer fantastischeren Anime-Sequenzen aufgemöbelt werden, erscheinen auch hervorragende Sporttitel, darunter die Baseball-Serie **Power League**, Humans **Firepro Wrestling** und **Final Match**, lange Zeit die Referenz für Tennisspiele.

Mit fünf „System Cards" sowie regelmäßigen Hardware- und Gehäuse-Updates verbessert und modernisiert NEC die PC-Engine bis Mitte der 90er-Jahre. Unter den PC-Engine-Modellen sind die beiden tragbaren Varianten GT und LT die schönsten Geräte, denen man dank hervorragender Farb-Displays und gewaltiger Software-Palette den hohen Batterieverbrauch verzeiht. Andere Varianten unterscheiden sich nur im Detail von der Ur-Engine.

Zwei „Arcade Cards" (Pro und Duo) erweitern den Speicher der Konsole und läuten eine Serie geglückter Prügelspiel-Umsetzungen ein. Beat'em-Up-Ignoranten können auf die Arcade-Card verzichten, ein anderes

Epische Story und pompöse Optik verfeinern das Weltraum-Strategiespiel Super Schwarzschild 2 von 1992.

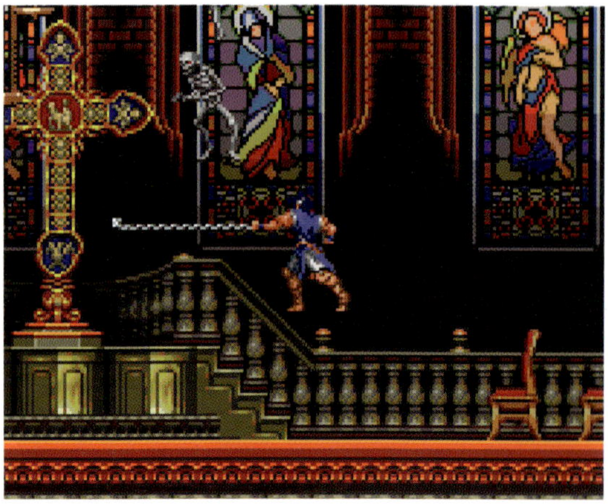

Konami-Helden kommen spät auf die PC-Engine, dafür aber gewaltig: Castlevania – Symphony of the Night von 1994.

Accessoire sollte dagegen jeder Engine-Fan besitzen: Mit dem Fünfspieler-Adapter beginnt 1990 die Multiplayer-Karriere von **Bomberman**, der Videospiele zum Party-Spaß und gesellschaftlichem Ereignis macht.

Mobile Spieler bezahlen Top-Technik und prächtiges Display mit hohem Batterieverbrauch, Gewicht und Größe. In die Westentasche passt die PC-Engine GT nicht.

PC-Engine, Varianten und Nachfolger

PC-Engine	1987	Das kompakte Urmodell in Weiß erscheint zum Startpreis von 24.800 Yen. Leider nur ein Joypad-Port.
PC-Engine CD-ROM 2	1988	Zusätzliches CD-ROM-Laufwerk für die PC-Engine, mit ähnlichen Abmessungen und Design; zum Preis von 57.300 Yen doppelt so teuer wie das Grundgerät.
Turbo Grafx 16	1989	Amerikanische Fassung der PC-Engine im wesentlich größeren, schwarzen Gehäuse und mit modifizierter Joypad-Buchse.
PC-Engine Shuttle	1989	Auf 18.800 Yen verbilligter PC-Engine-Nachfolger im futuristischen Gehäuse, rundlicher und größer. Im Gegensatz zu allen anderen Engine-Pads ist der Shuttle-Kontroller nicht rechteckig, sondern besitzt zwei kleine „Hörner".
PC-Engine SuperGrafx	1989	Exotische Sonderform der PC-Engine für 39.800 Yen: Das Gerät im hässlichen Science-Fiction-Gehäuse hat bessere Grafik, die jedoch nur von fünf speziellen Super-Grafx-Cards genützt wird. Die Cards werden im Schuber ausgeliefert und sind mit anderen Engine-Varianten nicht kompatibel. 1941 und Ghouls'n Ghosts gelten als zwei der besten Automaten-Umsetzungen.
PC-Engine CoreGrafx	1989	24.800 Yen-teurer Nachfolger der weißen PC-Engine mit ähnlichen Abmessungen, aber in graublau statt weiß und mit leicht modifiziertem Controller.
PC-Engine GT	1990	Die bis dahin teuerste Hardware-Fassung (44.800 Yen) ist ein schwarzes, LCD-bestücktes Handheld ohne CD-ROM-, aber mit Link-Schnittstelle. Sowohl in Japan, als auch in den USA (als Turbo Express) vermarktet. Brillantes Display, aber hoher Batterieverbrauch. Man spielt mit Akku-Batterien und Netzgerät.
PC-Engine CoreGrafx II	1991	Um 25% auf 19.800 Yen verbilligte, zweite CoreGrafx-Variante. Serienmäßig mit Software für die kommende Super-CD-ROM-2-Station bestückt.
PC-Engine Super CD-ROM 2	1991	CD-ROM-2-Nachfolger in CoreGrafx-II-Farben für 39.800 Yen.
PC-Engine Duo	1991	59.800 Yen: Die praktischste PC-Engine (Spielgerät und Top-Lader-CD-ROM in neuem, schwarzen Gehäuse), ein begehrtes 90er-Jahre-Spielgerät, schluckt CDs jeder Nationalität und amerikanische oder japanische HuCards. Bomberman ist versteckt im Betriebssystem eingebaut.
PC-Engine LT	1991	Zu 100.000 Yen die teuerste und begehrteste PC-Engine: Eine Mobil-Variante mit aufklappbarem 5-Inch-Display, integriertem Steuerkreuz und Feuerknöpfen. Spielspaß im Laptop-Design, nur wenig größer als die Ur-Engine.
PC-Engine Duo-R	1993	Verbilligte Duo-Engine im leicht modifizierten, weißen Gehäuse. 39.800 Yen.
LD-ROM 2	1993	39.000-Yen teures Modul, das den Laserdisc-Spieler Pioneer CLD-A100 zur Spielkonsole aufrüstet. LD-ROM-2-bestückte Player sind mit allen PC-Engine-Spielen sowie rund zehn speziellen Laserdisc-Titeln kompatibel. Beigelegtes Joypad in den Unterhaltungselektronik-Farben schwarz und gold.
PC-Engine Duo-RX	1994	Auf 29.800 Yen verbilligte Duo-Engine im leicht modifizierten, weißen Gehäuse und mit überarbeitetem 6-Button-Joypad.

Den CD-Speicherplatz nützen Spielhersteller für witzige Zwischenfilme: Ranma 1/2 von NCS.

Trendsetter Sega eröffnet das Zeitalter der 16-Bit-Konsolen und ist vor allem im Westen erfolgreich. Neben fast 1.000 Spielen gesellen sich Zubehör für jeden Zweck und Geschmack und mehrere Upgrades zum Grundgerät.

Sega Mega Drive

Japan, 1988

Verkaufte Geräte:	30 Millionen
Spiele:	850
Spiele auf:	Modul, CD
Entwicklung bis:	1997
Q & A:	✕✕✕✕✕

Der japanische Videospielhersteller Sega gilt als ewiger Zweiter – technisch auf Zack und mit hervorragenden Automaten- und Konsolen-Titeln, doch ohne den weltweiten Erfolg von Nintendo. Mit dem Start ins 16-Bit-Zeitalter will Sega seinem Konkurrenten den Markt endlich entreißen: Als Nachfolger des Master System wird das Mega Drive 1988 in Japan, zwei Jahre später in Europa ausgeliefert.

Amerikanische und europäische Spieler begrüßen die neue Hardware: Die Konsole ist technisch den erfolgreichen Amiga- und ST-Computern ähnlich, grafisch aber noch besser und dank bekannter Chips ziemlich leicht zu programmieren.

Frühe Optik-Knaller wie Altered Beast sind spielerisch ernüchternd, doch schon bald erscheinen Module, die sowohl die technischen Fähigkeiten der Hardware, als auch das Talent der Sega-Entwickler zeigen: Das Rollenspiel **Phantasy Star II**, die Capcom-Umsetzung **Ghouls'n Ghosts** und – gut ein Jahr nach dem Japan-Start des Mega Drive – das brillante Action-Spiel **Revenge of Shinobi**. Doch während die internen Sega-Teams mit Volldampf entwickeln, halten sich die großen japanischen Fremdhersteller zurück, um es sich nicht mit Nintendo zu verderben. Square, Enix und Konami ignorieren Sega, Capcom vergibt zumindest ein paar Titel in Lizenz, statt selbst für das Mega Drive zu entwickeln.

Das friedliche Delphin-Spiel Ecco programmiert Novotrade (heute Appaloosa) in Ungarn für Sega.

Sega selbst liefert die besten Module: Der Advanced Military Commander unterstützt sogar das Mega-Drive-Modem.

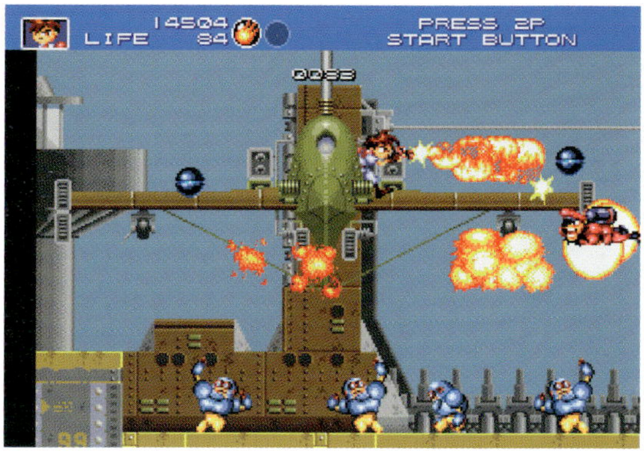

Ein spätes Sprite- und Pixel-Feuerwerk entfacht der japanische Entwickler Treasure 1994 mit seinen Gunstar Heroes.

Im Westen wird das Gerät freundlicher aufgenommen, denn die Software-Hersteller sehnen sich nach einer Alternative zum Lizenz-Diktat von Nintendo. Erst werden Atari-ST- und Amiga-Spiele umgesetzt, dann Originalkonzepte fürs Mega Drive entwickelt. Neben der englischen Firma Virgin, die Sega als Hardware-Vertrieb unterstützt, stellt sich US-Major Electronic Arts sofort auf Segas Seite: Fast alle „EA-Sports"-Serien beginnen auf dem Mega Drive, außerdem werden Computer-Hits wie **Populous**, **Budokan** und **Starflight** umgesetzt, das Action-Adventure **Immortal** sogar grafisch verbessert. Ab 1992 ist das Mega Drive die beliebteste Plattform westlicher Programmierer.

Die Einführung des Super Nintendo kontert Sega mit einem CD-ROM-Update: Das „Mega CD" enthält einen zweiten 68000-Chip, wird unter die Konsole geschoben und verbindet sich mit dieser zur konkurrenzlos starken Hardware. Da jedoch nur ein kleiner Teil der Mega-Drive-Kunden mit CD-ROM aufrüstet, bleibt der Markt für ein ernsthaftes Engagement der Firmen zu klein; kaum ein Entwickler möchte den Massenspeicher und die Power der doppelten CPU nützen. Schon wenige Monate nach dem Debüt (am 12.12.1991 in Japan) gilt das CD-System als Flop, die Modulkonsole Super Nintendo kann den Marktführer NES locker beerben.

Micky Maus ist einer der ersten Lizenz-Helden fürs Mega Drive: Castle of Illusion (1990).

Im Westen kommt Sega seinem Erzkonkurrenten bedrohlich nahe und verkauft unter dem Management von Tom Kalinske bis Ende 1993 allein in den USA zwölf Millionen „Genesis"-Konsolen. Laut dem US-Magazin Wired überholt Segas 45%-Marktanteil Nintendo (44%), in Europa spielen sogar 66% mit Sega. Mit **Sonic the Hedgehog** gibt Sega seinem Gerät ein Maskottchen, das auf viele Spieler moderner und pfiffiger wirkt als Mario. Jetzt schlagen sich auch Acclaim und Konami, zuvor exklusive Nintendo-Partner, auf die Seite von Sega.

„Sega's Plan for World Domination": Wired hebt den blauen Igel aufs Cover und zitiert EA-Manager Bing Gordon: *„Das Genesis erreicht eine ältere Zielgruppe als Nintendo. Das ist der Wachstumsmarkt für die zweite Hälfte der 90er-Jahre."*

Mit dieser Vision behält Gordon recht, doch letztlich bekommt nicht Sega, sondern Sony die prophezeiten älteren Spieler. Nach der Mega-CD-Einführung zerfällt das Sonic-Imperium: Projekte wie die Virtual-Reality-Brille werden gestoppt, das Hardware-Update „32X" scheitert.

In Amerika ist das Mega Drive erfolgreicher als in Japan. Im Bild der US-Held Vectorman von 1995.

In der Kombination aus Mega Drive, Mega CD und 32X arbeiten zwei 16-Bit-CPUs, zwei RISC-Prozessoren und diverse Co-Chips zuammen – theoretisch. Drei Netzgeräte sind nötig, um den Turm zu betreiben. Für Entwickler und Spieler ist das Arrangement viel zu kompliziert.

Sega selbst gräbt der Hardware mit Ankündigung des nicht kompatiblen „Saturn" das Wasser ab, gleichzeitig wartet die Branche auf den 32-Bit-Einstieg von Sony. 1995 bricht der Modul-Markt zusammen, das Sega-Hoch ist auch im Westen beendet.

Das Multimega (links) ist eine tragbare Kombi aus Mega Drive und CD-ROM – nur für den Westen.

Blick in die 3D-Zukunft: Die Polygongrafik von Silpheed kommt von CD, nur die Vehikel werden in Echtzeit berechnet.

Sega Mega Drive, Varianten und Nachfolger

Mega Drive	1988	Segas erste 16-Bit-Konsole wird weltweit im ähnlichen Gehäuse, in den USA als „Genesis" vermarktet. Der Startpreis beträgt in Japan 21.000 Yen, in den USA 189 $, in Deutschland 500 Mark (jeweils mit dem Spiel Altered Beast).
Terradrive	1991	Schwarzer Desktop-PC mit eingebautem Mega Drive (dadurch drei CPUs: 80286, 68000, Z80A), bis 2,5MB RAM, Diskette und Festplatte, zusätzlichem Grafik- und Sound-Speicher, sowie Anschluss an Monitor und TV – ab 148.000 Yen. Angeblich existiert ein europäischer Amstrad-Lizenznachbau.
Mega CD	1991	Das CD-ROM-Laufwerk erweitert das Mega Drive um eine zweite, fast doppelt so schnell getaktete 68000er-CPU. Für das weltweit über zwei Millionen Mal verkaufte Zubehör erscheinen rund 80 Originalspiele und in etwa die gleiche Menge Umsetzungen. Startpreis in Japan: 49.800 Yen.
JVC Wondermega	1992	Die Kombination aus Mega Drive und Mega CD wird ab April von JVC für 82.800 Yen vermarktet. Mit Audio-Bedienelementen, Karaoke- und Midi-Schnittstelle ist das Wondermega eine gut ausgestattete, musikalische Spielkonsole. Das Maskottchen **Wonderdog** entsteht bei der englischen Firma Core, Spiel und Hardware kommen aber nicht nach Europa.
Mega Drive 2	1993	Weltweites Gehäuse-Update und Preissenkung auf 12.800 Yen: Das zweite Mega Drive ist runder und kleiner als der Vorgänger, technisch aber identisch. Auch die Mega-CD-Erweiterung erhält eine neue Hülle und wird ab April 1993 als Mega CD 2 neben und nicht mehr unter das Grundgerät fixiert.
JVC Wondermega 2	1993	Den äußerlich überarbeiteten Wondermega-Nachfolger bringt JVC mit MIDI-Schnittstelle und kabellosem Infrarot-6-Button-Controller ab Juli 1993 für 59.800 Yen in die Geschäfte.
Mega Jet	1994	Die Kombi aus Mega Drive und 6-Button-Controller (Buchse für zweites Joypad vorhanden) wird für den Einsatz an Bord der JAL konzipiert und nur in Japan vermarktet (Startpreis: 15.000 Yen). Zum Handheld fehlt dem Kompaktsystem ein LCD.
Multimega	1994	CD-Laufwerk, Modulschacht und zwei CPUs im Discman-ähnlichen Gehäuse: Die leistungsstärkste und schönste Mega-Drive-Variante gibt es in limitierter Auflage nur im Westen. US-Name: Genesis CDX.
Aiwa CSD-GM1	1994	45.000-Yen-teurer Ghettoblaster mit integriertem Mega Drive. Spielt Module, Mega- und Audio-CDs, sowie CD-G-Scheiben und wird als Karaoke-Maschine nur in Japan vermarktet.
32X	1994	Hardware-Aufsatz mit zwei Hitachi-SH2-RISC-Prozessoren, jeweils 2MBit Haupt- und Videospeicher, sowie neuen Sound- und Grafik-Komponenten. Das 32X (Startpreis: 16.800 Yen) vervielfacht die Mega-Drive-Leistung, wird aber nur von 40 Modulen und CDs unterstützt.
Nomad	1995	Kombination aus Konsole, Joypad und LCD: Die einzige Handheld-Version des Mega Drive wird nur in den USA vermarktet bzw. schon bald nach der Einführung verramscht. Heute ein beliebtes Sammlerstück.
Genesis 3	1998	Als letzte Mega-Drive-Variante vermarktet der amerikanische Distributor Majesco diese sehr kompakte Modul-Konsole zusammen mit einem 6-Button-Joypad.

In schlichtem Grau und mit farblosem Bildschirm erscheint Ende der 80er-Jahre der „Game Boy“: Dank robuster Technik und simpler Bedienung, geringem Batterieverbrauch und weltweiter Software-Unterstützung mausert sich das unauffällige Handheld zur erfolgreichsten Konsole.

Nintendo Game Boy

Japan, 1989

Das russische Tetris und der japanische Game Boy bilden das Handheld-Traumpaar der 90er-Jahre.

Verkaufte Geräte:	120 Millionen
Spiele:	1.200
Spiele auf:	Modul
Entwicklung bis:	2002
Q & A:	

Für den Game Boy erscheinen exklusive Final-Fantasy- und Dragonquest-Spiele.

1999 programmiert „Shining Force"-Team Camelot das GBC-Spiel Mario Golf.

Grafisch pompös sind die letzten Game-Boy-Color-Spiele: Rayman 2 (2000).

Mit der 8-Bit-Konsole NES verhilft Nintendo dem Videospielmarkt zum Comeback, doch der größte Coup gelingt dem Hersteller fünf Jahre später mit dem tragbaren Game Boy: Während Atari und Sega an Farb-Handhelds arbeiten, wagt sich Nintendo mit einem unauffälligen Schwarzweiß-Gerät auf den Markt. Statt mit technischen Gimmicks zu protzen, verlässt sich der Game Boy auf klares Design und wenige Bedienelemente – ein Handheld nicht für Hardcore-Spieler, sondern für alle.

Die Hardware des Game&Watch-Erfinders Gunpei Yokoi erhält optimale Start-Software: Jedem Game Boy liegt ein **Tetris**-Modul und ein Zweispieler-Linkkabel bei – Killer-Applikationen für die Spielszene der frühen 90er-Jahre, die Konkurrenz hat keine Chance. Während die Batteriefressenden, unhandlichen Konkurrenten Lynx und Game Gear sich nur schleppend verkaufen (und von ihren Herstellern bald aufgegeben werden), reist der Game Boy rund um den Globus und wird zum Synonym der Marktführerschaft Nintendos. Neben japanischen Firmen wie Capcom, Konami, Square, Taito und Sony liefern auch westliche Anbieter Software – Originalkonzepte, aber auch Umsetzungen prominenter Computer-Spiele. Erst ab 1995 und mehrere hundert Game-Boy-Module später lässt die Nachfrage nach und die Öffentlichkeit spekuliert über ein neues, diesmal farbiges Handheld von Nintendo. Doch statt den Hardware-Nachfolger zückt Nintendo eine unerwartete Software-Trumpfkarte: Das Rollenspiel **Pocket Monsters**, entwickelt vom bis dahin unbekannten Nintendo-Partner Game Freak.

Suchen, sammeln & lieb haben: Auf dieser jugendfreien Maxime basiert das erstaunlichste Unterhaltungsphänomen der 90er-Jahre. Game Freak bedient sich bewährter Rollenspielmuster (Hitpoints, Erfahrungs-Levels, rundenbasierte Kämpfe), verzichtet jedoch auf typische „Dungeons & Dragons"-Gestalten. Statt Orks, Trolle und Riesenspinnen bringt Game-Freak-Chef Satoshi Tajiri fabelhafte Rassen auf den Bildschirm, Mischformen aus Tier und Manga-Wesen, mal bizarr, mal putzig. Sechs Millionen Mal verkauft sich **Pokémon** allein in Japan, es erscheinen Kalender, Trading Cards, Comics und Zeichentrickfilme, Puppen, Tassen und N64-Versionen, die dem Verkauf des Playstation-Konkurrenten auf die Sprünge helfen.

Durch den Erfolg der **Pokémon**-Spiele und des 1998 veröffentlichten Hardware-Updates Game Boy Color ist plötzlich die ganze Welt wieder am Handheld interessiert. Von Acclaim über Eidos, Infogrames, Ubi Soft und Konami bis zu THQ, Electronic Arts und Mattel produzieren alle Firmen Game-Boy-Titel.

Ab 2000 geht der japanische Game Boy ins Funk-Netz.

Gegen Ende der Laufzeit des Game Boy Color (rechts) kehrt auch Link in Farbe zurück. Oben ein Ausschnitt aus Zelda von 1999.

Donkey Kong Country 2 ist eine späte Umsetzung vom Super Nintendo auf den Game Boy Color.

Neben vielen Neuauflagen und spritzigen Originalentwicklungen überrascht die Qualität der PC- und Playstation-Umsetzungen: Statt Lara, Rayman und Solid Snake mit fantasielosen Schnellschüssen zu Geld zu machen, ertüfteln die Entwickler gewitzte Neuarrangements, die optimal zu Game-Boy-Grafik und -Rechenleistung passen.

Von Bedeutung ist der Game Boy auch für kleinere Firmen und Software-Entwicklungsländer, die durch den geringen Programmieraufwand den Einstieg in die Spiele-Industrie schaffen: U.a. lassen die Majors ihre Game-Boy-Spiele in Spanien, Dänemark, Schweden, Marokko und Malaysia entwickeln. Nicht nur die Konkurrenz, sondern auch Nintendo wird vom Game-Boy-Revival völlig überrascht. Durch **Pokémon** verschiebt sich die Einführung eines Hardware-Nachfolgers. Stattdessen vernetzt Nintendo seinen Dauerbrenner mit dem N64 und liefert ungewöhnliches Zubehör wie Kamera und Drucker.

Erst 2001, zwölf Jahre nach dem Start des Game Boy, enthüllte Nintendo sein langerwartetes 32-Bit-Handheld auf einer Fachmesse in Japan. Trotz neuer Technik ist der „Advance" mit dem Vorgänger kompatibel, so dass auch nach seiner Vorstellung noch normale Game-Boy-Color-Spiele erscheinen. Die letzten von weit über 1.000 8-Bit-Spielen werden 2002 in Japan und im Westen ausgeliefert.

Kleineres Gehäuse und Pokémon (ganz rechts) bringen Mitte der 90er-Jahre wieder Schwung in die Game-Boy-Szene.

Varianten und Nachfolger

Game Boy	1989	Der erste Game Boy wird im schmucklosen weiß-grauen Gehäuse mit Tetris und Link-Kabel ausgeliefert. Später erscheinen rote, gelbe und grüne, weiße, schwarze und halbtransparente Versionen. Auflösung 144x160 Pixel.
Game Boy Pocket	1996	Das Game-Boy-Update im verkleinerten Gehäuse löst die erste Serie ab und erscheint in zahlreichen Farb-Varianten, darunter auch in silber, gold und halbtransparenten „Clear"-Farbtönen. Selten sind Spezialversionen, die Nintendo für Toyota, die Luftlinie ANA oder das Spielemagazin „Famitsu" produziert. Imagineer bringt anlässlich eines N64-Wettbewerbs einen Game Boy in leuchtendem Phosphor.
Game Boy Light	1998	Mit Hintergrund-Beleuchtung fürs LCD: Die seltenste Hardware-Variante erscheint für 6.800 Yen kurz vor dem Color-Debüt nur in Japan. Mit 80x135x29 mm ist sie größer, mit 190 Gramm schwerer als andere Versionen und nur in den Metallic-Farben gold und silber erhältlich. Zwei Batterien betreiben das Gerät zwölf Stunden mit Licht, 20 Stunden im regulären Betrieb.
Game Boy Color	1998	56 Farben statt 4 Graustufen: Der im Vergleich zum Game Boy Pocket deutlich größere und etwas schwerere Game Boy Color färbt alle alten Module, verdaut aber auch spezielle Color-Spiele mit einer Größe von bis zu 32MBit (alte Game-Boy-Spiele: 0,25 bis 4MBit). Dank „Mobile System"-Kabel geht der Game Boy Color in Japan auch ins Handy-Netz.

Mit 16-Bit-Grafik, Stereo-Sound und farbigem Display basteln RJ Mical und Dave Needle eine tragbare Spielkonsole: Die erste Raubkatze von Atari ist technisch fit, aber nicht wirtschaftlich.

Atari Lynx

USA, 1989

Verkaufte Geräte:	n.b.
Spiele:	85
Spiele auf:	Modul
Entwicklung bis:	1993
Q & A:	

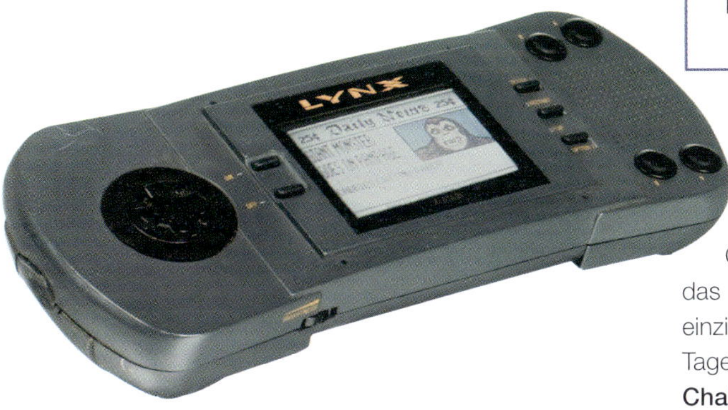

DerGame Boy ist sparsamer, kleiner und leichter als das Lynx – und spielt Tetris.

Epyx ist ein Oldie der Software-Branche: 1978 von Jim Connelley und Jon Freeman als „Automated Simulations" zur Entwicklung von Computer-Rollenspielen gegründet, übernimmt Epyx Anfang der 80er-Jahre Starpath, den Erfinder des VCS-Supercharger. Das Know-How aus dem Konsolen-Sektor führt zu Action-Hits wie Summer Games, Breakdance und Impossible Mission und macht Epyx selbstbewusst. Nach Software will das Unternehmen nun eigene Hardware vermarkten und gerät in Kontakt zu Dave Needle und RJ Mical. Die beiden Hardware-Promis aus dem Amiga-Entwicklungs-Team tüfteln gemeinsam an einem tragbaren Spielgerät.

Epyx nimmt Needle und Mical an Bord, bringt das Projekt „Handy" zur Serienreife und verkauft es 1988 an Atari. Der Name des Geräts wird in Lynx geändert, der Preis auf 200 Dollar gesetzt – doppelt so teuer wie ein Game Boy. Damit ist der interessante Teil der Geschichte erzählt: Wie üblich fehlen Atari die Marketing-Muskeln und das Vertrauen von Händlern und Entwicklern. Ende der 80er-Jahre ist Nintendo auch in Amerika übermächtig. In der Praxis ist der technische Trumpf des Lynx (das Farb-Display) ein Nachteil, denn das Lynx verschlingt damit sechs Batterien in vier Stunden. Nintendo vermied dies durch simple Technik und Schwarz-Weiß-Bildschirm.

Geniale Spielkonzepte oder Fremdhersteller lockt das System nicht, nur Atari liefert bis 1994 Spiele. Das einzig namhafte Lynx-Original stammt aus alten Epyx-Tagen: Chuck Sommervilles putziges Tüftelspiel **Chip's Challenge** wird 1989 Lynx-exklusiv entwickelt. Interessant, aber spielerisch nicht so gehaltvoll sind Spiele mit „ComLynx"-Vernetzung: In **Slime World** tummeln sich bis zu acht Abenteurer, bei **Warbirds** knattern vier Doppeldecker. Unveröffentlicht bleibt eine „Centipede"-Umsetzung, die den Bildschirm hochkant nützt.

Die Atari-Fangemeinde hält das Lynx am Leben: Aus den USA verkauft Harry Dodgson sein „Lynx Othello" und zeigt das unveröffentlichte AD&D-„Eye of the Beholder", in Deutschland programmieren Bastian Schick und Matthias Domin Tools und Demos. Die Firma Songbird bringt sogar neu programmierte Lynx-Module (zu finden unter http://songbird.atari.net).

Tragbare Spielhalle: Für das Lynx setzt Atari 30 Automaten um, z.B. Klax, Rampage, Paperboy und Joust. Im Bild die 3D-Ballerei Xybots von 1987.

Nachfolger

Atari Lynx II	1991	Neues Gehäuse, etwas kleiner und leichter als der Vorgänger. Der Batterieverbrauch wurde gesenkt, während einer Spielpause lässt sich der Bildschirm abschalten. Eine LED blinkt, wenn die Batterien zur Neige gehen, der Kopfhörerausgang ist im Gegensatz zum Vorgänger Stereo-tauglich.

Ein Nerd blickt Dich an: Chip ist das größte Talent in der Lynx-Helden-Garde.

Automaten-Power für Zuhause: Mit dem Neo Geo und dazugehörigen Riesen-Modulen erfüllt SNK den Wunsch aller Action-Spieler. Die Luxus-Konsole bleibt ein Außenseiter, läuft dank treuer Fan-Gemeinde aber bis ins 21. Jahrhundert.

SNK Neo Geo

Japan, 1990

Das Neo Geo ist ein Modulsystem für zahlungskräftige Action-Ästheten. Das Joyboard ist fast so groß wie die Konsole selbst.

Fatal Fury, King of Fighters und Samurai Shodown bilden SNKs Prügelspiel-Familie. Im Bild Hanzo, ein 2D-Sympathieträger mit Waffe und Wolfshund.

Verkaufte Geräte:	1 Million (inkl. CD)
Spiele:	110
Spiele auf:	Modul, CD
Entwicklung bis:	2002
Q & A:	

In den 80er-Jahren sind Spielautomaten das Nonplusultra in Bezug auf Grafik, Sound und Geschwindigkeit. Das Wohnzimmer erreichen Arcade-Knüller aber nur abgespeckt und mit jahrelanger Verspätung. 1990 bricht die japanische Firma SNK die Regel mit dem „Multi Video System" (MVS), einer Spielautomaten-Plattform, die gleichzeitig auch als Konsole für Privatanwender erscheint: Mit einem Preis von 58.000 Yen (außerhalb Japans über 600 Dollar) und bis zu 32.000 Yen pro Modul ist das Neo Geo das teuerste Heim-Videospiel.

Der Schacht für die mächtigen „Megashock"-Module dominiert das flache, ausladende Gehäuse, an das zwei Joyboards angeschlossen werden. Mit Spielhallen-Stick und vier großen Feuerknöpfen sind die Luxus-Controller auf Action-Spiele ausgelegt und werden nicht in den Händen gehalten, sondern auf eine stabile Unterlage gestellt. Das schwarze, golden beschriftete Neo Geo macht einen rundum noblen Eindruck und verzichtet auf überflüssige Design-Elemente. An der Vorderseite findet sich neben Power-Schalter und Controller-Ports ein Kopfhörerausgang mit Lautstärkeregler, sowie ganz rechts ein schmaler Schacht für die neuartige Memory Card. Auf dem flachen Wechselmedium können Spielstände und Highscores gespeichert und zwischen Konsolen und Automaten getauscht werden. Die Memory Card ist ein genialer Einfall, den später Sony aufgreift und auf dem Playstation-Massenmarkt durchsetzt.

Die ersten Neo-Geo-Spiele sind inhaltlich konventionell, aber technisch besser und schneller als Nintendo- und Mega-Drive-Titel. Auf die Ballerei **Nam 1975**, das Sportspektakel **Baseballstars Professional** und den Fantasy-Marsch **Magician Lord** des SNK-Partners Alpha Denshi (ADK) folgen bis Ende 1991 weitere 21 Module mit einem Speicherumfang von bis zu 50MBit – ein Vielfaches der Nintendo- und Sega-Carts. Der „Street Fighter"-Clone **Fatal Fury** begründet den Ruf des Neo Geo als beste Beat'em-Up-Plattform, der Horizontal-Scroller **Last Resort** (1992) gilt mit Top-Optik und starken „R-Type"-Anklängen als eines der spektakulärsten 2D-Ballerspiele für Zuhause.

Memory Card

Mit dem Auftakt zur zweiten Prügelserie **Art of Fighting** durchbricht SNK die 100MBit-Grenze und bereichert das Genre mit zoomenden Helden – je näher die Kontrahenten zusammenrücken, desto größer erscheinen sie auf dem Bildschirm.

Deftige Action zu einem gesalzenen Preis: Die Heimkonsole bleibt ein luxuriöser Außenseiter, den eine loyale Fan-Gemeinde und der Erfolg der Arcade-Variante MVS stützen. Spiele exklusiv fürs Wohnzimmer entstehen nicht, dafür sind die Heim-Module mit den MVS-Fassungen identisch und technisch besser als Umsetzungen für Playstation und andere 32-Bit-Konsolen. Da die Module vier- oder fünfmal so teuer sind wie ein Sony-Spiel, fertigt SNK ab 1994 ein Neo Geo mit CD-Laufwerk statt Modulschacht. Fast alle alten Spiele werden auf das günstige Medium umgesetzt und zum konkurrenzfähigen Preis wiederveröffentlicht. Die CD-Spiele sind mit den Modulen identisch, werden jedoch durch Ladepausen gebremst.

1995 erreicht das Neo Geo den Höhepunkt seiner Beliebtheit. Unter den knapp 20 in diesem Jahr veröffentlichten Spielen finden sich Titel von Hudson, Sunsoft,

Nach Vertikal-Ballereien wie ADKs Alpha Mission 2 von 1991 erscheinen ...

... mehrere Horizontal-Scroller im Stil von R-Type. Bild: Last Resort, 1992.

Rund die Hälfte aller Neo-Geo-Spiele sind Prügel-Updates.

Die Metal-Slug-Serie bringt maximale Sprite-Action auf den Bildschirm. Hier die X-Episode von 1999.

Technos, Takara und Video Systems. Ab 1996 nimmt die Third-Party-Unterstützung ab, doch dank seiner Spielhallen-Verbreitung bleibt das Neo Geo auch nach dem Durchbruch der 3D-Konsolen am Leben. Da das Neo Geo für Polygon-Berechnung nicht geeignet ist, reizen die Hersteller 2D-Grafik, Sprite-Animation und Scrolling Ende der 90er-Jahre aus, wobei neben Ballereien wie Aicoms 305MBit-Koloss **Pulstar** zahlreiche Prügelspiele mit über 200MBit Umfang den Neo-Geo-Schwerpunkt bilden. Seine Beat'em-Up-Kompetenz konzentriert SNK mit dem **„King of Fighters"**-Zyklus, in dem sich die Helden und Schurken aller SNK-Prügelserien treffen.

Für die spielerisch ausgereiften, liebevoll animierten Allstar-Turniere lässt SNK erst 196, dann 250, 362, 460 und gut 680MBit springen, schließlich 892MBit für **King of Fighters 2001**. Viel ROM-Speicher erhält auch **Metal Slug**, eine Serie militaristischer Baller-Jump'n-Runs, die zur wichtigsten SNK-Marke und mit dem dritten Teil auf über 700MBit heranwächst.

Die Kultserien können die Firma SNK nicht retten, die Zeit der 2D-Action ist vorbei. Die Erfolglosigkeit des MVS-Nachfolgers Hyper Neo Geo 64 (64-Bit-RISC-CPU, fast 200MB RAM) und des Handheld-Systems Neo Geo Pocket, sowie die Krise der Automatenindustrie führen zur Übernahme der Firmenreste durch koreanische Investoren. Die Erfolgsmarken werden durch Updates und Umsetzungen weitergeführt, andere SNK-Aktivitäten aber abgewickelt und begraben.

Für Neo-Geo-Feinschmecker sind die CD-Ladezeiten späterer Hardware-Varianten indiskutabel. Man spielt mit Megashock-Modul oder gleich am MVS-Automaten.

Neo Geo, Varianten und Nachfolger

Neo Geo	1990	Das Ur-Modell wird mit einem Joyboard ausgeliefert und war in Japan kurzzeitig auch mit roten Feuerknöpfen erhältlich.
Neo Geo CD	1994	Die verbilligte Hardware-Variante ohne Modulschacht (und Pad statt Joyboard) gibt´s sowohl als Front-, als auch als Top-Lader.
Neo Geo CDZ	1995	Technisch nicht verbesserte Gehäuse-Variante mit Top-Lader-CD-Laufwerk.
Hyper Neo Geo 64	1997	Völlig überarbeiteter 64-Bit-RISC-Nachfolger des Neo Geo/MVS, mit dem 16-Bit-System nicht kompatibel und nicht als Heimkonsole veröffentlicht. Für das technisch starke, aber erfolglose Arcade-System erscheinen sieben Spiele, darunter 3D- und Polygon-Updates zu Samurai Spirits und Fatal Fury.

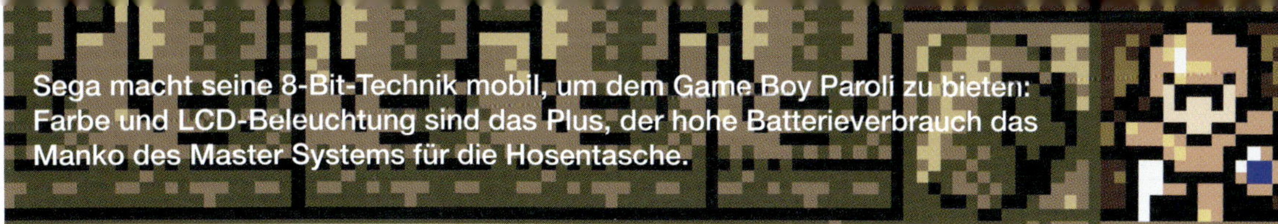

Sega macht seine 8-Bit-Technik mobil, um dem Game Boy Paroli zu bieten: Farbe und LCD-Beleuchtung sind das Plus, der hohe Batterieverbrauch das Manko des Master Systems für die Hosentasche.

Sega Game Gear

Japan, 1990

Verkaufte Geräte:	3 Millionen
Spiele:	300
Spiele auf:	Modul
Entwicklung bis:	1996
Q & A:	✕✕✕

Die zahlreichen Fantasy-Spiele für den Game Gear kommen nur im Ausnahmefall nach Europa: Lunar von 1996.

Sega übertrumpft den Game Boy: Auf beleuchtetem Display stellt das Game Gear 32 Farben dar – die Game-Boy-Optik ist damals noch grau.

Unter dem schwarzen Gehäuse steckt Master-System-Technik. Die Farbanzahl ist erhöht, die Grafikauflösung auf 160x146 Pixel verringert. Zum Pflichtzubehör wird der „Master Gear Converter", der Master-Module auf dem Handheld abspielt. Außerdem verkauft Sega Bildschirm-Lupe, externes Batterie-Pack und einen TV-Tuner mit AV-Eingang: Theoretisch lässt sich das Game Gear als Mobilmonitor für stationäre Sega-Konsolen wie das Dreamcast verwenden.

Neben dem Eingang fürs Netzgerät besitzt das Handheld einen Kopfhörer-Ausgang mit Lautstärke-Regler, einen Klapp-Ständer und eine Buchse für das Link-Kabel zum zweiten Game Gear.

Nachdem Sega erst Oldies wie Space Harrier, Wonderboy und Shinobi liefert, profitiert das Game Gear später vom Mega-Drive-Erfolg und erhält Umsetzungen neuer Marken: Ende 1992 erscheint das erste tragbare Sonic, dann folgen Ecco, Lunar und Shining Force. Auch westliche Lizenznehmer bringen ab 1993 Spiele: Von Acclaim kommen **NBA Jam**, **Terminator 2**, **Robocop** und **Mortal Kombat**, von Electronic Arts **Fifa**- und **John-Madden-Spiele;** der englische Hersteller Codemasters konvertiert seine **Micro Machines.** Game-Gear-exklusiv und vernetzbar sind die beiden **„Sonic Drift"**-3D-Rennspiele, Segas Antwort auf Mario Kart. Zuletzt erscheinen Ende 1996 **G-Sonic** und **Virtua Fighter Mini** – mit 8MBit die beiden größten Game-Gear-Module.

Das Sega Game Gear schluckt sechs Batterien.

Varianten und Nachfolger:

Game Gear	1990	Nach dem dunklen Game Gear für 19.800 Yen erscheinen bis Mitte der 90er-Jahre mehrere Farbvarianten für 13.800 Yen, darunter Rot und Blau, sowie (ab 1995) 15.800-Yen teure „Character Pack"-Bundles, farbige Hardware mit einem Spiel.
Game Gear White	1991	34.800 Yen. Das weiße Game Gear wird in einer auf 10.000 Stück limitierten Auflage zusammen mit einem farblich angepassten TV-Tuner und einer Tragetasche verkauft.
Coca Cola	1994	Seltene Game-Gear-Fassung in den Farben und mit dem Logo von Coca Cola; Sondermodell zur Veröffentlichung des „Coca Cola Kid"-Spiels.
Kids Gear	1996	Letztes Modell mit „Virtua Fighter"-Anime-Lackierung, Grautönen und einer Sonderfarbe sowie blauen Knöpfen. Preis: 14.800 Yen.

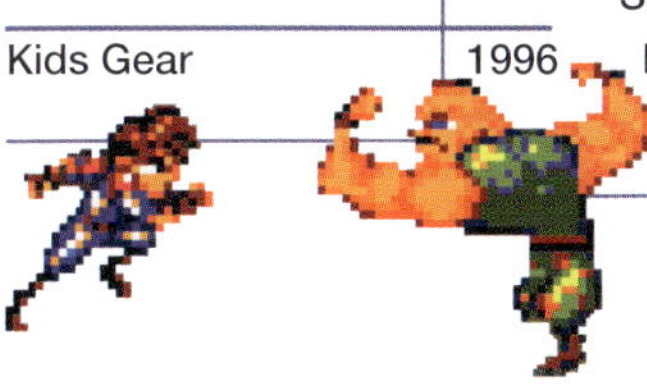

Eine äußerlich brave Konsole setzt den Erfolg des „Nintendo Entertainment System“ fort. Japanische Spieler hat das Super Famicom mit Mario World sofort in der Tasche, im Westen duelliert es sich mit dem Mega Drive von Sega.

Super Nintendo

Japan, 1990

Der grinsende Asteroid weist den Weg zur geheimen Abkürzung in Sektor Y und Z: Starfox (1993).

Als Ende der 80er-Jahre 40 Millionen NES-Konsolen verkauft sind und jede Woche hunderttausend weitere vom Fließband rollen, hat es Nintendo mit der nächsten Hardware-Generation nicht eilig. Während Sega und NEC mit 16-Bit und CD in die Zukunft preschen, plant der Marktführer seinen Plattform-Nachfolger ruhig und bringt das „Super Famicom“ erst Ende 1990 – drei Jahre nach der PC-Engine, 25 Monate nach dem Mega Drive – in die Geschäfte. Bis zum Euro-Start der „Super Nintendo“-Konsole vergeht noch ein gutes Jahr – für alle deutschen Nintendo-Fans endet das 8-Bit-Zeitalter erst im Sommer 1992.

Mit dem Super Famicom wagt Nintendo ein graues Spielzeug. Bunt sind nur Logo und vier Feuerknöpfe.

Die Grafik-Technik „Mode 7“ zoomt und rotiert den Court von NCAA Basketball, 1992 von Sculptured USA entwickelt.

Verkaufte Geräte:	50 Millionen
Spiele:	1.350
Spiele auf:	Modul, Flash
Entwicklung bis:	2000
Q & A:	✕✕✕✕✕

Mit diesem Adapter laufen Game Boy Spiele auf dem Super Nintendo.

Die 16MBit von Street Fighter 2 füllt Capcom mit tierischen Helden, flotten Animationen und Hintergrund-Idylle (1992).

Nintendos ruhiger Plan geht auf: Im Heimatland Japan zieht das Super Famicom sofort am Mega Drive vorbei, mit Konami, Capcom und Square stehen die besten Spielhersteller treu an Nintendos Seite. Wie üblich verlässt sich der Marktführer aber nicht auf fleißige Dritthersteller, sondern liefert die neue Hardware erst aus, als perfekte Starttitel aus eigener Produktion fertig sind: **Super Mario World** als Update des erfolgreichsten Videospiels der 80er-Jahre, den Science-Fiction-Flitzer **F-Zero** als Ausblick in die 3D-Zukunft. Angesichts von Spielbarkeit, Einfallsreichtum und audiovisuellem Feinschliff des neuen Mario-Abenteuers vermuten Insider, nicht **Super Mario World** sei dem Gerät auf den Chip geschneidert, sondern umgekehrt: Die Hardware wurde um Shigeru Miyamotos neues Spiel herum entwickelt.

Äußerlich hebt sich die Konsole durch ihr nüchternes Gehäuse von anderen Spielgeräten ab – sie verzichtet sowohl auf cooles Schwarz, als auch auf grelle Farben. Mit hellem Teint, abgerundeten Kanten und großen Knöpfen erinnert sie mehr an Bang&Olufsen als an Sony. Das Gehäuse wirkt originell und modern, gleichzeitig aber auch robust und kinderfreundlich. Bunt sind nur das Logo und die vier Feuerknöpfe des Joypads, dem Nintendo erstmals zwei „Schultertasten" spendiert, seitliche Schalter für die Zeigefinger.

Technisch ist das Super Nintendo den Konkurrenten Mega Drive und PC-Engine kaum überlegen. Während Sega mit dem 68000er eine reinrassige 16-Bit-CPU einsetzt, verwendet Nintendo einen Nachfolger des Oldie-Chips 6502, einen mit 3,85MHz zurückhaltend getakteten 65816er. Dafür enthält das Super Nintendo die bessere Grafik-Hardware sowie einen starken Soundchip. Während Sega-Melodien heiser düdeln, spielen Nintendo-Titel einen vollen, orchestralen Soundtrack. Entwickelt wurde der Akustik-Chip von einem Sony-Team unter Ken Kutaragi. Später verbessert der Ingenieur den Sound-Chip für die eigene Playstation.

Als Trumpf gegen das Mega Drive erweist sich der Grafik-„Mode 7": Die Rotation, Vergrößer- und Verkleinerung von Spielfeldern erzeugt einen simplen, aber effektiven Raumeindruck. **F-Zero** und **Pilotwings** sind zwei frühe Beispiele für dieses Pseudo-3D (Bitmaps statt Polygone), später begründet **Mario Kart** mit erstklassiger Mode-7-Multiplayer-Action das Genre der Fun-Rennspiele.

Der rudimentären 3D-Fähigkeit greift Nintendo mit Spezial-Chips unter die Arme, die auf Modul versteckt den technischen Abstand zum Mega Drive vergrößern. Bereits in **F-Zero** beschleunigt ein „Digital Signal Processor" (DSP-1) die Bitmap-Zooms und -Rotationen. Später engagiert Nintendo mit dem englischen Entwickler Argonaut einen Pionier der 3D-Computer-Spiele: Das Team um Jez „Starglider" San erfindet für Nintendo

den SuperFX-Chip, einen auf Vektor-Manipulation spezialisierten RISC-Prozessor, der rund 100 Vielecke pro Bild schattiert und bewegt – eine damals unerhörte Zahl. Am FX-Spiel **Starfox** arbeiten Shigeru Miyamoto und Argonaut gemeinsam. Die Kooperation aus japanischer Dramaturgie und englischem 3D-Know-How ist ein Science-Fiction-Meisterwerk, verkauft sich jedoch aufgrund des ungewohnt kantigen Grafikstils vergleichsweise schlecht. Der 3D-Shooter und neun weitere Polygon-Spiele bleiben Außenseiter im von niedlichen Sprites bevölkerten Nintendo-Zirkus.

Andere Super-Nintendo-Erweiterungen kommen gar nicht in den Westen. Durch die „Satellaview"-Erweiterung wird das Super Famicom in Japan 1995 zum Mini-Tower mit Breitband-Downlink. Das Zubehör in Design und Größe des Grundgeräts kommt an den Erweiterungsschacht der Konsolenunterseite, empfängt **Zelda**- und **F-Zero**-Updates vom Satelliten und speichert sie auf 1MBit-Flash-Cards von der Größe eines Game-Boy-Moduls.

Geplant, aber nicht realisiert wird das CD-ROM-Laufwerk – als einziger Konsolen-Hersteller bleibt Nintendo den teuren, aber in vielerlei Beziehung vorteilhaften ROM-Modulen treu. Schritt für Schritt vergrößert Nintendo den Umfang seiner Spiele, bis Capcom für **Street Fighter 2** erstmals ein 16MBit-ROM einsetzen darf. Die Investition ins dicke Modul lohnt sich, die grafisch prächtige Automaten-Umsetzung wird zu einem der größten Super-Nintendo-Erfolge.
16MBit umfasst Squares **Final Fantasy IV**, 24 MBit verschlingt die Fortsetzung von 1994. Für **Mario RPG,** die krönende Verbindung aus Miyamoto-Universum und Final Fantasy lässt 1996 Nintendo 32MBit springen; obwohl sich das Rollenspiel in Japan 1,5 Millionen Mal verkauft, trennen sich danach die Wege von Square und Nintendo.

Die Kong-Familie wird auf SGI-Computern wiedergeboren. Tiere und Hintergrund sind gerendert, nicht gezeichnet.

Westliche Spiele sind in der Regel nicht so originell und gelungen wie die Module von Konami und Capcom, Enix und Square. Mit Film- und TV-Lizenzen ist Acclaim der umsatzstärkste US-Partner, doch nur wenige der Hollywood-Spiele sind spannend wie **Alien 3**, das Probe 1993 für Acclaim entwickelt. In Australien programmiert die Traditionsfirma Beam eine empfehlenswerte **Shadowrun**- sowie eine **Mechwarrior**-Umsetzung, in der man aus allen Rohren auf zoomende Mode-7-Roboter ballert. Nintendos Standbein in der alten Welt ist Rare: Die Anfang der 80er-Jahre gegründete Firma wird mehrheitlich von Nintendo übernommen und debütiert mit **Donkey Kong Country**: Helden und Animationen dieser Affenjagd sind in 3D modelliert und vom Computer berechnet, dann zu normalen 2D-Sprites zusammengestaucht. Die „prerendered" (vorab berechnete) 3D-Grafik ist nicht so flexibel wie die Echtzeit-Animation späterer 32-Bit-Konsolen, sieht aber viel besser aus – die Welt schmunzelt über Gouraud-schattierte Affenbäuche in 8x16 Pixeln.

Kein Fun-Racer ist besser: Mario Kart rechtfertig das Super NES als Zweitkonsole.

Kampf- und Spielszenen aus Final Fantasy VI (1994).

Strategie- und Fantasy-Juwelen wie Fire Emblem von 1994 lokalisiert Nintendo nicht für den Westen.

Die Teenage Ninja Turtles sind eine der wenigen Fremdlizenzen im Katalog des Third-Party-Primus Konami.

Trotz der fast 700 im Westen veröffentlichten Spiele sehen PAL-Spieler nur die Spitze des Eisbergs. In Japan werden zusätzlich mehrere hundert Strategie-, Rollen- und Adventure-Spiele, weiterhin Pachinko- sowie Brettspiel-Simulationen entwickelt. Viele davon werden nicht mehr regulär, sondern nur noch digital als Download über Satellit vertrieben.

Japanische Nintendo-Spieler empfangen ihr Programm von Satelliten. Im BS-X-Adapter steckt oben ein kleines Flash-Modul.

Super Nintendo, Varianten und Nachfolger:

Super Famicom	1990	Das Original-Modell kommt in Japan für 9.800 Yen, in Deutschland zwei Jahre später als Super Nintendo für 300 Mark in den Handel. Die Euro-Variante ist nur durch Umbau oder einen Adapter mit NTSC-Geräten kompatibel.
Sharp Famicom Televi SF-1	1990	Kombination aus 21“-TV-Gerät/Monitor und Super-Famicom, kommt im November 1990 für 128.000 Yen in den Handel. Im Westen wird das ungewöhnliche Gerät auf Messen gesichtet, aber nicht verkauft.
Super NES	1991	Die US-Fassung steckt in einem eckigen Gehäuse mit lila Schieberegler. Das Joypad verzichtet zugunsten blauer Feuerknöpfe auf die vier Signalfarben des japanischen Logos. Auch die Module sind eckig und zu groß für den Modulschacht einer europäischen oder japanischen Konsole.
Super Famicom Jr.	1998	Verkleinerte und auf 7.800 Yen verbilligte Hardware-Neuauflage. Wird nach Japan auch in den USA verkauft.

Die Gegner in F-Zero rotieren und zoomen.

Abschied von 2D-Landschaften und -Helden: 32-Bit-Prozessoren, CD-ROM und Echtzeit-3D befördern Computer- und Videospiele in den nächsten Level.

Im Renderwahnsinn

Wing Commander ist ein 3D-Weltraumballerspiel mit traditionell handgemalter Grafik, das sich in mehreren Episoden zum interaktiven Science-Fiction-Film entwickelt (Origin, 1990).

Ego-Shooter sind anfangs keine 3D-Simulationen, sondern täuschen Höhe und Tiefe nur vor. Erst in Dark Forces von LucasArts gibt es Unterführungen und Brücken.

Die größte Umwälzung in der Computer- und Videospiel-Branche bahnt sich Anfang der 90er-Jahre an: Der Schritt von 8- auf 16-Bit-Hardware war klein verglichen mit dem Sprung ins 32-Bit-Zeitalter. Zwei gegensätzliche Technologien – CD-ROM und 3D-Echtzeitgrafik – schaffen neue Spielwelten und Erlebnisse.

Die CD-ROM ist einfach nur ein Speicher, nicht besonders schnell, nicht beschreibbar, dafür aber preisgünstig und groß: Sie fasst die 400fache Datenmenge einer Diskette und ist damit vor allem den amerikanischen Adventure-Herstellern herzlich willkommen. Anfang der 90er-Jahre liefern Sierra & Co. ihre VGA-Epen auf vier, sechs oder gar acht Disketten in Kiloschwerer Verpackung. Auf die neue CD-ROM passt alles, neben 32-Bit-Sound und Musik erstmals sogar Film in MPEG1-Qualität (Full Motion Video, FMV).

Im Westen produzieren Philips und Commodore die ersten CD-ROM-Konsolen, in Japan NEC und Fuji. Schnell zeigt sich, dass die Software-Hersteller mit der Speichermenge nicht viel anzufangen wissen: Die ver-

Schnell, technisch und flach schattiert: Virtua Racing von Sega (1992).

Ab 1995 wuselt alles in Echtzeit: Command & Conquer, Westwood.

sprochenen Multimedia-Erlebnisse (Lernprogramme und interaktive Comics, Musik-Clips und interaktive Filme) sind müde, die CD-Spiele nicht besser als ihre Disketten- und Modul-Varianten, sondern lediglich mit CD-Musik und Film-Clips aufgepeppt. In Ermangelung geeigneter Konzepte werden die Laserdisc-Experimente der 80er-Jahre auf allen CD-Maschinen neu veröffentlicht.

Zum Bruchteil des Preises eines 2-MByte-Moduls setzt sich die 600-MByte-Scheibe als Spielmedium durch. Nur Nintendo gibt das ROM-Modul nicht auf.

Einen Schub geben die Massenfertigung von RISC-Prozessoren und der Fortschritt der 3D-Animation dem Videospiel. Mit dem Rennspiel-Automaten **Virtua Racing** startet Yu Suzuki 1992 eine neue Spielgeneration. Rennstrecke und alle Fahrzeuge werden nicht klassisch animiert, sondern als 3D-Modelle konstruiert und dann von Segas neuer „Model 1"-Hardware in Echtzeit berechnet. Model 1 bewegt und schattiert 180.000 Polygone in der Sekunde, sieht damit zwar abstrakter aus als konventionelle Sprite- und Bitmap-Spiele, ist in der Bewegung aber äußerst realistisch.

Ein Jahr später beweist Yu Suzuki mit **Virtua Fighter**, dass auch die Animation menschlicher Körper mit wenigen Polygonen möglich ist. In Zusammenarbeit mit dem amerikanischen Rüstungs-Konzern Lockhead-Martin wird die 3D-Technologie zum Model 2 weiterentwickelt, das mit zwei 32-Bit-RISC-Prozessorn mehrere hunderttausend Polygone bewegt, schattiert und nun auch mit detaillierten Bitmap-Texturen verkleidet.

Zum Leidwesen aller Sega- und Nintendo-Fans schreibt Sid Meier (links in Toga) nur Computer-Spiele: Civilization

Neben Namco realisiert auch Sony das Potenzial der 3D-Grafik und spendiert der geplanten Spielkonsole Playstation u.a. eine „Geometry Transfer Engine" (GTE). Als die Playstation 1994 mit einer Umsetzung des Namco-3D-Rennspiels **Ridge Racer** erscheint, endet das Zeitalter putziger 2D-Sprites – ab jetzt dreht sich alles um Vektoren und Polygone, Textur- und Perspektiven-Korrektur.

Myst und **Virtua Fighter** markieren zwei Pole der 3D-Entwicklung: **Myst** berechnet seine Traumlandschaften vorab, mit Effekten, die im Echtzeitspiel erst zehn Jahre später möglich werden, und legt sie als Digi-Gemälde und -Filme auf CD ab. Das Spiel braucht Speicher, nicht Rechen-Power. Bei **Virtua Fighter** von Sega oder **X-Wing** von LucasArts ist das Verhältnis umgekehrt. Die 3D-Spiele berechnen ihre Handlung und pfeifen auf CD-Speicherplatz.

Unbeweglich, verträumt, fein texturiert und Gouraud-geshaded: Myst für Mac-CD-ROM (Broderbund, 1993).

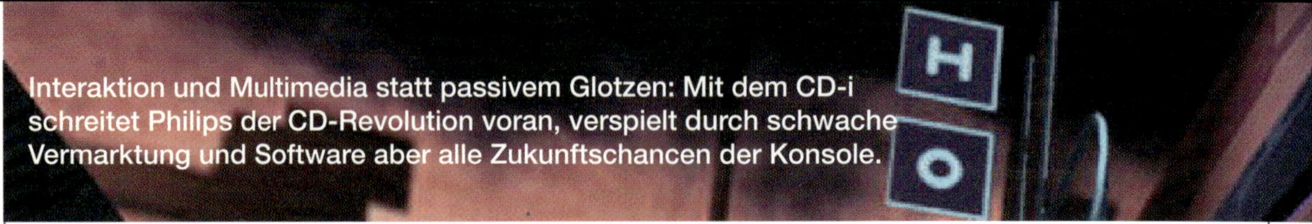

Interaktion und Multimedia statt passivem Glotzen: Mit dem CD-i schreitet Philips der CD-Revolution voran, verspielt durch schwache Vermarktung und Software aber alle Zukunftschancen der Konsole.

Philips CD-i

Holland, 1991

Als der holländische Elektronik-Konzern Philips 1979 den ersten CD-Spieler vorstellt, beginnt die Ära digitaler Unterhaltung. Zusammen mit Sony definiert Philips in den folgenden Jahren die Spezifikationen von CD-ROM, Video-CD und diversen Nebenformaten, die in „Books" niedergeschrieben werden. Als Kombination der Standards erfinden die Pioniere 1988 schließlich „CD interactive", kurz CD-i.

Verkaufte Geräte:	1 Million
Spiele:	90
Spiele auf:	CD
Entwicklung bis:	1999
Q & A:	✖✖

Die CD-i wird von Sony und Philips im Green Book definiert und greift auf Red Book (Audio-CD) und Yellow Book (CD-ROM) zurück: Die Abspielgeräte sind nicht nur mit CD-i-Scheiben, sondern auch mit Musik-, Bild- und Photo-CDs kompatibel.

Über 500MB für Video und Ton in CD-Qualität: In der Computer- und Videospielbranche sorgt die CDi-Ankündigung für Wirbel. Doch bis Philips schließlich Geräte verkauft, ist der Vorsprung der Niederländer schon geschwunden. NEC und Fuji, Commodore und Sega konkurrieren mit eigenen CD-ROM-Formaten.

Die folgenden Jahre verbringt Philips mit der Positionierung des Multimedia-Players, der je nach Anlass als Edutainment-Maschine für die Familie, Spielkonsole oder Filmgerät beworben wird. Für letzteres benötigt CD-i ein „Digital Movie"-Cartridge: Das unerlässliche Zubehör für den rückwärtigen Erweiterungsschacht macht das Gerät mit Video-CDs (MPEG1,Vorläufer der DVD) kompatibel.

Für Spieler ist das CD-i eine Enttäuschung: Der geplante Schulterschluss mit Nintendo scheitert, Lizenzen wie **Zelda** werden zu Kleinkinderspielen verwurstelt. Umgesetzt werden auch Laserdisc-Oldies aus der Spielhalle: Dank MPEG1 spielt das CD-i fast authentische Heimversionen von **Dragon's Lair** und **Space Ace**.

Trotz der historisch interessanten Remakes fehlt dem Spielangebot die klare Linie. Als Mitte der 90er-Jahre ambitionierte CD-Projekte wie **The 7th Guest**, **Voyeur** und **Burn: Cycle** im Programm auftauchen, haben Spieler längst das Interesse an der Konsole verloren.

Abschreckend ist die Kombination aus Joypad und Infrarot-Fernbedienung, die dem CD-i beiliegt. Später wird der unpräzise Controller durch das „Touchpad" ausgetauscht – ein Vier-Button-Pad mit aufschraubbarem Mini-Stick. Als alternative Steuergeräte sind Pistole, Maus, Trackball und „Roller Controller" für Kinder erhältlich.

Murks auf CD: Beide Zelda-Spiele von Philips sind rückständig.

Aufwändige MPEG1-Abenteuer wie The 7th Guest erscheinen erst gegen …

… Ende der CD-i-Laufzeit, ebenso wie Namcos Pac-Attack.

Philips hält überraschend lange an der erfolglosen Hardware fest und präsentiert noch Ende 1995 neue Varianten wie ein TV mit integriertem CD-i, eine CD-i-Komponente im Mini-Tower-Fomat und eine PC-Steckkarte. Als letzten Versuch, die Hardware in die Zukunft zu retten, liefert Philips 1996 in England und den Benelux-Staaten ein CD-i-Modem (14.4 Kbps) aus. 1999 wird die Produktion der nur noch im Profisektor (Verkauf, Training) eingesetzten Hardware gestoppt.

Interaktiver Anime auf dem CD-i: Escape from Cyber-City

Varianten und Nachfolger

Erste Serie: ab 1991

CD-i 910	Erster CD-i-Spieler für den Massenmarkt, in England ab 1992 als CD-i 205 vermarktet. Startpreis rund 1.000, später 800 $.
CD-i 210	Nachfolger des CD-i 205. Intern identisch, aber mit leicht modifiziertem Gehäuse: Kleinere Front-Lade, weniger Bedienungselemente.
CD-i 220	Auf Philips „Matchline"-Serie angepasste Luxus-Version des CD-i 210: Mehr Bedienelemente, bessere FTD-Anzeige und Tür vor der CD-Frontlade. Spätere Modelle besitzen einen digitalen Audio-Ausgang.
CD-i 310	Tragbar und mit seitlichem 3.5"-Disketten-Laufwerk, aber noch ohne Display. Nur mit der Dockstation 9124 DV-Cartridge kompatibel.
CD-i 360	Tragbares CD-i mit integriertem, aufklappbarem LCD. Nur mit der Dockstation 9124 DV-Cartridge-kompatibel.
CD-i 350	Low-Cost-Nachfolger des tragbaren CD-i 360 mit Sharp- statt Philips-LCD, 740x240 statt 756x556 Pixel Auflösung. Nur mit der Dockstation 9124 DV-Cartridge kompatibel.
Sony IVO-V10	Sehr seltener, tragbarer „Intelligent Discman" von Sony, nicht mit dem DV-Cartridge kompatibel. Sowohl mit als auch ohne LCD erhältlich; der Nachfolger IVO-V11 löst Kompatibilitätsprobleme mit anderen CD-i-Geräten.

Zweite Serie: ab 1994

CD-i 370	Das portable CD-i wird nicht mehr von Marantz, sondern von Goldstar gefertigt und von der koreanischen Firma als GPI 1200, ohne das 5.6"-LCD als GPI 1000 vermarktet, besitzt 32K NV-RAM, S-Video-Ausgang und seriellen Port. Die neue 68241-CPU beinhaltet den MPEG-Decoder, das Gerät ist kompakter als andere CD-i-Handhelds. Display-Auflösung: 720x234 Pixel.
CD-i 450	Spielkonsolen-ähnliche Billigvariante im grauen Gehäuse ohne FTD-Anzeige und Infrarot-Empfänger. Die DV-Erweiterung wird links neben der CD-Toplade in die Oberseite eingelassen. Goldstar vermarktet ähnliche Modelle als GDI 750 und GDI 1000, außerdem existiert eine OEM-Variante von Vobis.
CD-i 470	CD-i-Komponente für 26cm-Mini-Hifi-Systeme, je nach Serie mit oder ohne DV-Decoder. Für den kommerziellen Einsatz und für Schulen auch als CD-i 490 mit serienmäßigem MPEG1-Decoder und 32KB NV-RAM, sowie als Grundig CD-i 110E.
CD-i 740	Luxus-Variante des CD-i im schwarzen LD-Player-Look mit Metallic-Standfüßen. RS232- und zwei Controller-Ports, sowie einem digitalen Audio-Ausgang für das „Sony/Philips Digital Interface Format", kurz S/PDIF.
CD-i 660	Tragbares CD-i mit ausklappbarem 4"-LCD. Neben RS232-Schnittstelle zwei Controller-Ports.
Philips FW 380i	Seltener Audio-Mini-Tower (Verstärker, Tuner, Kassettendeck, Boxen) mit integrierter CD-i- und Digital-Video-Komponente. Mit Kabel- statt Infrarot-Controller.
Philips 21TCD-i 30/ CD-i 130	TV mit integriertem CD-i-Player und MPEG1-Decoder: Das Laufwerk steckt hinter einer Klappe an der Oberseite des Geräts.
Sowie	mehrere Profi-Geräte für Ausbildung und Entwicklung mit integriertem Disketten-Laufwerk, mehr Arbeitsspeicher und neuen Schnittstellen. Letzte Profimodelle sind das CD-i 660 (mit eingebautem DV-Decoder) und CD-i 670 mit Ansteuerung eines DVD-Spielers und ZIP-Disk-Unterstützung.

Mit 64-Bit-Chip und 3D-Grafik versucht der amerikanische Konsolenpionier Atari sein letztes Comeback. Doch trotz eingeschworener Fan-Gemeinde bleibt das Modulsystem Jaguar ein Außenseiter auf dem von japanischen Firmen dominierten Markt.

Atari Jaguar

USA, 1993

Die letzte Hardware von Atari verlässt sich auf Spiele aus der alten Welt. Das englische Cybermorph liegt der Konsole bei.

Nach mehrfachem Firmenumbau und einer Serie von Hardware-Misserfolgen hat Atari Ende der 90-Jahre seine Bedeutung komplett verspielt. Atari steht kurz vor dem Ende, als Firmenchef Jack Tramiel amerikanisches und europäisches Know-How für ein letztes Comeback bündelt. Die Modulkonsole Jaguar wird von IBM gebaut und basiert auf einem Konzept der englischen Entwickler Martin Brennan und John Mathieson (Flare Technologies), die schon 1986 ein Multiprozessor-Spielgerät ertüfteln, ihre Hardware aber erst mit Atari verwirklichen.

Wie frühere Geräte Ataris besitzt auch der Jaguar eine eigenwillige Architektur, in der nicht die CPU (68000 von Motorola), sondern zwei Spezial-Chips die erste Geige spielen. „Tom" kümmert sich mit drei Prozessoren um 3D, Sprites sowie Effekte und enthält eine mit 26,6MHz getaktete 32-Bit-GPU (26,6MIPS), einen 64-Bit-„Object Processor" und einen 64-Bit-Blitter, der die 3D-Darstellung durch Gouraud-Shading und Z-Buffer verbessert. Der zweite Custom-Chip „Jerry" fasst Sound- und I/O-Funktionen zusammen und enthält einen DSP mit ähnlicher Architektur und Leistung wie die GPU.

Die komplexe Hardware ist stärker als Super NES und Mega Drive und mit 250 Dollar (inkl. **Cybermorph**-Modul) billig. Auch das Datum der Jaguar-Auslieferung ist günstig gewählt – 16-Bit ist am Ende, Industrie und Spieler warten auf die „Next Generation". Trotzdem scheitert Atari: Der Firma fehlen Marketing-Muskeln und japanische Dritthersteller – Konami, Namco & Co. zeigen am Jaguar kein Interesse. Auch westliche Entwickler reizen die Jaguar-Architektur nicht aus, sondern halten Aufwand und Risiko möglichst gering. Die meisten Spiele werden ohne Verbesserung von Amiga und Mega Drive auf die 68000-CPU konvertiert, die Jaguar-Fähigkeiten bleiben ungenutzt.

Die 3D-Brille der englischen Firma Virtuality wird von Atari angekündigt, aber nicht produziert.

Das Joypad ist fast genauso groß wie die Jaguar-Konsole, auf die Atari später ein CD-Laufwerk packt.

Danach dauert es lange, bis weitere nennenswerte Original-spiele erscheinen, Rayman aus Frankreich und ...

... das taktische Mech-Kampfspiel Iron Soldier des deutschen Atari-Veteranen Mark Rosocha.

Ataris seitenlangen Software-Versprechen entspringt letztendlich ein mickriges Spielangebot mit wenigen Highlights. Neben Umsetzungen erscheinen mit dem phantasievollen Hüpfspiel **Rayman**, der Mech-Schlacht **Iron Soldier** und Jeff Minters **Tempest 2000** zumindest drei grafisch und spielerisch hervorragende Module, die über die Atari-Gemeinde hinaus bekannt werden.

Andere Jaguar-Spiele wie z.b. **Alien vs. Predator** sind gegenüber Playstation-Titeln nicht konkurrenzfähig, die 3D-Rennspiele **Atari Karts**, **Chequered Flag** und **Club Drive** angesichts eines Ridge Racer lachhaft.

Zu spät wird dem Jaguar ein externes CD-ROM-Laufwerk aufgesetzt. Die Hardware-Erweiterung soll zum Schulterschluss mit den Mitbewerbern führen, doch statt der erhofften CD-Lawine erscheinen angestaubte Umsetzungen wie **Dragon's Lair** und **Myst**.

Andere Zubehör-Versprechen löst Atari nicht oder nur noch regional ein, z.B. die „Cat Box", die bis zu 32 Jaguar-Konsolen vernetzt, von Spielen aber nicht unterstützt wird.

Verkaufte Geräte:	n.b.
Spiele:	61
Spiele auf:	Modul, CD
Entwicklung bis:	1997
Q & A:	

Mit CD-ROM und der Aussicht auf einen weltweiten Standard versucht Electronic-Arts-Gründer Trip Hawkins den Zusammenschluss von Spiel- und Medienindustrie. Statt selber Hardware zu bauen, tritt seine neue Firma 3DO als Lizenzgeber auf.

3DO Interactive Multiplayer

USA, 1993

1990 ist Electronic Arts der größte Spielhersteller im Westen, Gründer Trip Hawkins wird als Visionär gefeiert. EA produziert sowohl Computer-, als auch Konsolen-Software, bis mit dem Mega Drive plötzlich ein Markt zusammenbricht. Um künftige Plattform-Risiken zu vermeiden, steckt sich Hawkins ein ehrgeiziges Ziel: Mit dem neuen Medium CD-ROM will er eine Universalplattform für Spiele und Multimedia schaffen und damit das Diktat japanischer Firmen brechen.

Zur Entwicklung der Hardware räumt Hawkins den EA-Chefsessel, gründet 3DO und hat bald illustre Geldgeber an der Angel: Neben EA investieren der Elektronikgigant Matsushita, US-Konzern AT&T und die Medien-Gruppen Time Warner sowie MCA in das Konzept eines „Interactive Multiplayers". Realisiert wird die Plattform von der New Technology Group (NTG), die später in 3DO aufgeht und mit den Amiga-Erfindern Dave Needle und RJ Mical von zwei bekannten Hardware-Designern geführt wird. Das 3DO bietet einen Vorgeschmack auf die Konsolen von Sega und Sony: Den 32-Bit-CPU des RISC-Spezialisten ARM unterstützen zwei Grafikprozessoren, die Sprite-ähnliche „Cel"-Effekte erlauben und laut Hersteller 64 Millionen Pixel pro Sekunde berechnen.

US-Entwickler Crystal Dynamics liefert die Start-Titel und später ein sprechendes Maskottchen fürs 3DO: Gex (1995).

Die Fließkomma- und Polygon-Power der späteren Konkurrenten Playstation und Saturn besitzt der Multiplayer nicht, aber bereits die meisten anderen Features. Das 3DO unterstützt Grafik- und Sound-Dekompression, Warps, Transparenz, Ausleuchtung, Anti-Aliasing und Texture Mapping. Neben Spiele-CDs laufen auch Audio-Scheiben und Photo-CDs auf der Konsole.

Mit dem FZ-1 veröffentlicht die Matsushita-Tochter Panasonic im Oktober 1993 den ersten Multiplayer, ein schwarzes Gerät mit halbrunden Säulen und edler CD-Frontlade.

Verkaufte Geräte:	1,5 Millionen
Spiele:	170
Spiele auf:	CD
Entwicklung bis:	1996
Q & A:	✖✖✖

EA spendiert dem 3DO die besten Spiele: Nach einem Fifa der nächsten ...

... Generation auch den ersten Teil der „Need for Speed"-Rennspielserie.

Feldzug mit Wagner, Grieg und Rimsky-Korsakov in Dolby Surround: Return Fire

Power- und Eject-Schalter sind neben dem Laufwerk eingelassen, eine rote LED zeigt den Betriebszustand. Bis auf den seitlichen Schacht für das verspätete MPEG-Cartridge befinden sich alle Anschlüsse an der Rückseite: Drei Cinch-Buchsen, S-Video-Ausgang und ein zweiter Erweiterungs-Port.

Im Gegensatz zu anderen Konsolen besitzt das 3DO nur eine Joypad-Buchse, weitere Controller werden miteinander verkettet. Das USB-ähnliche Konzept schreckt Entwickler ab: Multiplayer-Spiele bleibt Mangelware. Das Gerät kränkelt auch am hohem Preis (dreimal so teuer wie eine Nintendo-Konsole), unklarer Positionierung und schwacher Software. Die mit dem neuen Speichermedium CD unerfahrenen Hersteller konvertieren alte Interactive-Movie-Experimente (**Dragon's Lair**, **Nigh Trap**) und Amiga-Spiele (**Battlechess**, **Out of this World**), statt die Hardware mit Originalen auszureizen. Lediglich EA engagiert sich, liefert ab Frühjahr 1994 fabelhafte Sportspiele und bleibt der Hardware bis zuletzt treu – mit einer hervorragenden Umsetzung der Weltraumoper **Wing Commander 3**, mit **Road Rash** und dem ersten **Need for Speed**-Rennspiel.

Zu spät kommen die 3DOs von Goldstar und Sanyo, sowie das verbilligte Panasonic FZ 10. Das letzte Vertrauen nimmt 3DO den Kunden mit der Ankündigung des Nachfolgers „Bulldog": Der 1995 gezeigt Prototyp mit PowerPC-CPU, Cache, MMU und FPU, zehn Coprozessoren und 64-Bit-Bus geht nie in Serie. 1995 wird die 3DO-Produktion gestoppt, die Bulldog-Technik an Panasonic verkauft.

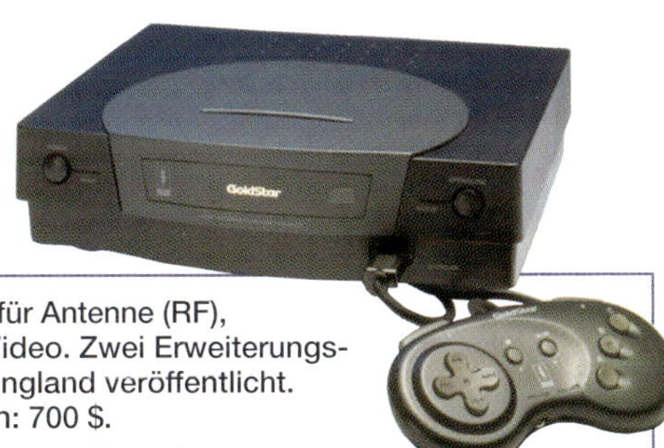

Noch vor Panasonic in Europa: Goldstar 32

Varianten und Nachfolger

Panasonic FZ-1 3DO	1993	Urmodell mit Front-CD-Lift, Ausgänge für Antenne (RF), Composite Video, Stereo-Ton und S-Video. Zwei Erweiterungs-Ports. In Nordamerika, Japan und in England veröffentlicht. Startpreis mit Rennspiel Crash'n Burn: 700 $.
Sanyo Try 3DO	1994	Für 54.800 Yen nur in Japan veröffentlichter Lizenzbau. Flacheres Gehäuse, Abdeckung über dem Controller-Port.
Goldstar System 32	1994	Lizenz-Nachbau im neuen Gehäuse, mit Front-Lader und verändertem AV-Expansion-Port. Erscheint für 399 $ in den USA, in Deutschland dann sogar einen Monat vor der Panasonic-Hardware. Ein Nachfolger im vereinfachten Top-Lader-Gehäuse (GDO 203P) wird vorgestellt, aber nicht ausgeliefert.
Panasonic FZ-10 3DO	1994	3DO-Nachfolger im neuen Gehäuse, mit reduziertem Chip-Satz und billigerer Top-Lade statt CD-Lift. Schlanker und preisgünstiger als das wuchtige Ur-Modell. Das Betriebssystem ist um einen Spielstand-Manager fürs interne Save-RAM erweitert. Ab 1995 in Europa.
Creative Labs 3DO Blaster	1995	ISA-Steckkarte für den PC mit RGB-Ausgang (zur VGA-Karte). Enthält bis auf das Double-Speed-CD-ROM alle Komponenten der Konsole (inkl. 32KB Save-RAM), wird mit einem Joypad verkauft. Funktioniert nur mit dem Creative-CD-Laufwerk.

Mit der gesammelten Kompetenz aus Spielhalle und Mega-Drive-Abteilung startet Sega ins Kopf-an-Kopf-Rennen mit Sony. Trotz guter Technik und vieler Spiele muss sich der Saturn dem Newcomer Sony beugen.

Sega Saturn

Japan, 1994

Mitte der 90er-Jahre läuft es nicht mehr gut für Sega. Die Nummer zwei auf dem Videospielmarkt weiß nicht, wie sie den Mega-Drive-Erfolg fortsetzen soll. Teure Erweiterungen wie Mega-CD und 32X verunsichern Spieler und Entwickler, gleichzeitig verpuffen Segas ehrgeizige Online- und Kabel-Pläne rund um das Mega Drive.

Erst die Vorstellung des Sega Saturn im November 1994 schafft Klarheit: Das Mega Drive ist tot und wird durch eine CD-Konsole abgelöst, die mit keiner Mega-Drive-Erweiterung kompatibel ist. Das Herz der Konsole bilden zwei SH4-Chips: Die beiden CPUs sind frühe 32-Bit-RISC-Prozessoren der SuperH-Serie von Hitachi, deren Nachfolger später in WinCE-Handhelds und im Dreamcast stecken. Auch alte Mega-Drive- und 32X-Bausteine sind auf der Saturn-Platine, die mit zwei CPUs, zwei Video-Chips und Yamaha-Synthesizer gut bestückt, aber auch ziemlich kompliziert aufgebaut ist.

Der Saturn ist einen Monat vor der Playstation im Handel, verspielt den Vorsprung aber mit **Virtua Fighter**: Der Starttitel ist schnell, gut und 3D, aber nicht mit Texturen verkleidet. Im Dezember rauscht Ridge Racer an den kantigen Helden vorbei, 1995 erscheint Toshinden mit schattierten Helden und transparenten Gewändern – die Playstation-Grafik wirkt eine Generation weiter.

Sega macht seinen 3D-Lapsus wett (spätere 3D-Spiele sind ebenfalls texturiert), doch der Ruf bleibt: Saturn ist ein 2D-Gerät, wer 3D möchte, muss sich die Playstation kaufen. Richtig ist, dass die Saturn-Palette das Beste aus beiden Welten zusammenfasst – realistische Polygon-Schlachten ebenso wie klassisch handgemalte 2D-Abenteuer. Was fehlt sind die großen Namen und Helden von Nintendo, Sony und deren Drittherstellern. Der Saturn ist die letzte Bastion für kleine, unabhängige Firmen, die in Japan zur Hochform auflaufen.

In Japan ist der Saturn grau, im Westen schwarz.

Verkaufte Geräte:	10 Millionen
Spiele:	1.200
Spiele auf:	CD
Entwicklung bis:	2000
Q & A:	XXXX)

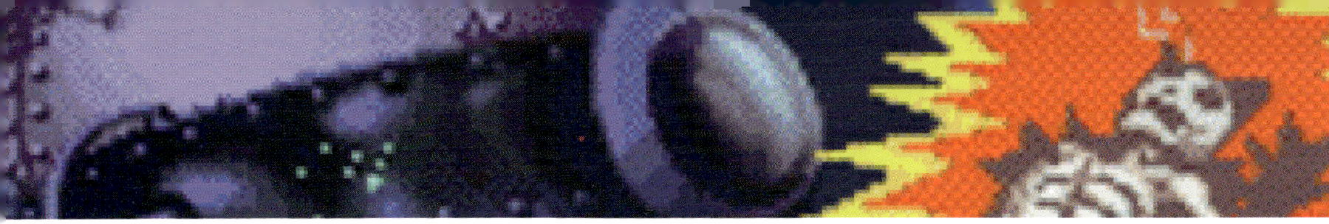

Erst mit späteren Updates kleidet Sega seine Virtua Fighter in Texturen.

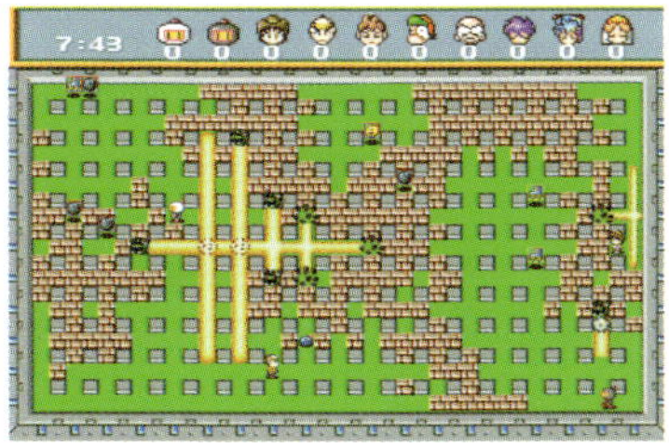

Mit zwei Multitaps: Ein Bomberman für zehn gibt's nur für den Sega Saturn.

Aus dem Sega-Studio hinter Panzer Dragoon wird später Smilebit.

Dort werden über fünfeinhalb Millionen Geräte verkauft, doppelt so viele wie im Westen. Neben exklusiven Entwicklern wie Red (**Sakura Taisen**), Game Arts (**Lunar the Silverstar, Gun Griffon**), Technos (**Thunderforce**) und NCS (**Langrisser**) festigen Beat'em-Ups von SNK und Capcom die Fan-Basis. Speziell für 2D-Prügelspiele wird in Japan eine ROM-Erweiterung, 1996 dann ein RAM-Cartridge ausgeliefert, mit deren Unterstützung Spielhallen-Hits wie **King of Fighters** besser aussehen und flüssiger laufen als auf der Playstation. Andere Automaten kommen 1 zu 1: Von 1994 bis 1998 entwickeln Sega, Tecmo, Sunsoft und Raizing 24 Spiele für das STV-Board: Diese Spielhallen-Platine ist mit dem Heim-Saturn fast identisch.

Im Westen interessiert das den Massenmarkt nicht. Hier startet Sony einen Marketing- und Preiskrieg, in dem Sega sofort die Puste ausgeht. Die wenigen Sega-treuen Studios wenden sich ab, Core entwickelt z.B. **Tomb Raider** ab dem zweiten Teil nur noch für Playstation. Amerikanische Software-Häuser konvertieren noch vereinzelt für den Saturn – oder ignorieren ihn.

Dass es für den Saturn ambitionierteres Zubehör gibt als für andere 90er-Jahre-Konsolen, hilft keinen Deut weiter: Die Positionierung als Multimedia-Konsole durch MPEG1-Modul und Photo-CD-Software scheitert ebenso wie zwei Jahre später die Internet-Offensive. Nur wenige japanische Netzwerk-Spiele (darunter **Habitat II**) unterstützen Modem und Tastatur.

Bis 2000 halten japanische 2D- und Beat'em-Up-Fans den Saturn am Leben. In diesem Jahr erscheint als letztes Spiel Capcoms Automatenumsetzung **Final Fight Revenge**.

Das transparente Skeleton-Gehäuse gewährt Blick auf die Saturn-Innereien.

Varianten und Nachfolger

Sega Saturn	1994	Das graue Original kommt kurz vor der Playstation für 44.800 Yen in den Handel und wird nach mehreren Preissenkungen 2000 von einer milchig-weißen 20.000-Yen-Neuauflage abgelöst. Im Westen ist das Saturn-Gehäuse schwarz.
V-Saturn	1994	Die Lizenz-Ausgabe im leicht veränderten Gehäuse bringt JVC in Japan für 44.800 Yen in den Handel, aber nicht nach Europa.
Hi-Saturn	1995	Die Hitachi-Version im leicht veränderten Gehäuse kostet 64.800 Yen und ist sowohl Foto- als auch Video-CD- kompatibel. In Japan wird sie u.a. als Info-Terminal und – mit 4-Inch-Monitor für 150.000 Yen – als KFZ-Navigations-System eingesetzt.
Skeleton Saturn	1998	Mit 20.000 Yen preisgünstige Variante in limitierter Auflage (30.000 Stück): Das Gehäuse ist grau getönt, halbtransparent und gibt den Blick auf die technischen Innereien frei.
Saturn Derbysta	1999	Auch die letzte Saturn-Variante steckt im halbtransparenten Gehäuse, ist im Farbton aber bläulich und mit Logo des Pferderennspiels „Derby Stallion" bedruckt. 20.000 Yen, nur in Japan.

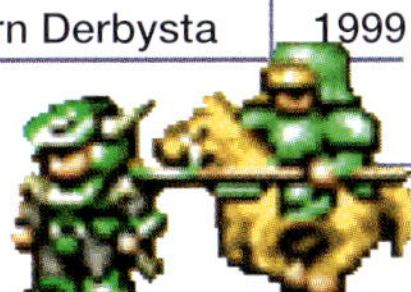

Vom Videospiel-Nobody zur Nummer 1: Mit 3D-Power und Unterstützung der weltbesten Entwickler übernimmt Sony Mitte der 90er-Jahre den Konsolenmarkt. Nach ruhigem Start wird die Playstation zum erfolgreichsten Videospiel.

Sony Playstation

Japan, 1994

Die Marktführerschaft von Nintendo scheint zementiert, als Sony 1993 seinen Einstieg ins Konsolen-Business bekannt gibt. Wie andere Firmen glaubt auch der Walkman-Erfinder, dass die Zeit reif ist für einen Wechsel der Hardware-Generation. Sega bastelt am Saturn, Panasonic beginnt mit der 3DO-Produktion, NEC enthüllt einen 32-Bit-Nachfolger zur PC-Engine. Alle Firmen setzen auf CD. Für die Hardware des Konsolen-Debütanten Sony sehen die meisten Insider kaum Platz auf dem umkämpften Markt.

Mit der Ridge-Racer-Serie lernen Spieler rasend schnelles Driften (1998).

Nur die erste Playstation-Serie besitzt alle Anschlüsse. Mit jeder Revision wird hinten abgespeckt.

Verkaufte Geräte:	95 Millionen
Spiele:	3.000
Spiele auf:	CD
Entwicklung bis:	2003
Q & A:	✖✖✖✖✖

Fantasy-Abenteuer in der 2D-Gruft: Castlevania X (1997).

Die Pocket Station gibt es nur in Japan.

Mit neuem Lizenzmodell wirbt Sony Computer Entertainment (SCE) namhafte Spielentwickler, als erstes Namco. Der Automatenhersteller und „Pac-Man"-Erfinder teilt Sonys Glaube an die 3D-Zukunft und begleitet die Hardware-Einführung mit einer tadellosen **„Ridge Racer"**-Umsetzung, bevor ihm im Frühjahr 1995 mit dem Prügelspiel **Tekken** der erste Playstation-Millionen-Seller gelingt. Die Entscheidung im Kampf der Konsolen fällt, als der **„Final Fantasy"**-Hersteller Square plötzlich auf Sonys Seite springt: Statt für Sega oder Nintendo entwickelt die Firma die nächsten Rollenspielepisoden Playstation-exklusiv – und wirbt damit allein in Japan eine Million neuer Kunden.

13 Monate später steht die Playstation in den japanischen Geschäften und mit ihr das sensationelle **Ridge Racer** von Namco. Der Start-Titel unterstreicht das Talent der Sony-Hardware: 3D-Animation in Echtzeit. Die berechneten und realistisch schattierten Polygon-Welten heben sich von Nintendos „handgemalter" 2D-Optik ab und sorgen für ein neues Spielerlebnis. Anfang 1995 (kurz nach dem Start im Westen) sind drei Millionen Playstations verkauft, Nachfrage steigend. Bis Nintendo eine eigene 3D-Maschine zur Serienreife bringt, hat Sony den Markt längst in der Tasche.

Ironischerweise entsteht die Playstation aus einer Zusammenarbeit mit Nintendo. Sony-Ingenieur Ken Kutaragi liefert 1990 einen starken Sound-Chip für das Super Nintendo, konzeptioniert danach ein Nintendo-CD-ROM sowie eine kompatible Konsole mit Modul- und CD-Schacht. Als Nintendo seinen Partner Sony vergrault und die gemeinsamen Pläne begraben sind, entwickelt Kutaragi ein eigenes CD-Spielgerät – nicht für, sondern in Konkurrenz zu Nintendo.

Inspirieren lässt sich Kutaragis Team von den Mitbewerbern: Die Joypads sind eine sinnvolle Weiterentwicklung des klassischen Super-NES-Controllers, die Idee eines austauschbaren Mini-Speichers (Memory Card) leiht sich Sony vom Neo-Geo-Hersteller SNK. Nach Vorstellung des Nintendo-64-Controllers bringt auch Sony ein Dual-Shock-Pad mit Rumble-Funktion und Analog-Stick.

Für den Durchmarsch im Westen übernimmt SCE den englischen Entwickler Psygnosis (Lemmings), ein spektakulärer Coup, der die Szene erschüttert. Nachdem Psygnosis mit dem Euro-Starttitel **wipEout** – Highspeed-Science-Fiction zu Techno-Soundtrack – einen Kult auslöst und der Erfolg im Westen feststeht, investiert SCE in weitere Studios. 1999 wird SCE zur eigenständigen „Gruppe" befördert, die ohne Umweg über Sony Music an die Konzernleitung berichtet. Chef der selbständigen SCE ist Ken Kutaragi.

Mit dunkler Net-Yaroze-Konsole, Verkabelung und Software lockt Sony Hobby-Programmierer.

Für Sony hext Final Fantasy in 3D.

Die schöne Lara Croft bindet Sony mit Exklusiv-Verträgen.

Seine Strategie, die Playstation als Spielgerät und nicht als Multimedia-Alleskönner wie 3DO oder Saturn zu vermarkten, erweist sich als erfolgreich: Video- oder Foto-CDs spielt seine Konsole nicht, Sony liefert weder Modem noch Wechselspeicher. Statt in anliegende Bereiche zu expandieren, optimiert und verbilligt SCE die Hardware. Die Ablösung des Standard-Joypads durch analoge Dual-Shock-Controller und die Einführung der Super-Memory-Card „Pocket Station“ sind die Highlights in Sonys spärlicher Zubehörpalette.

Für den Erfolg sorgt Qualität und Quantität der Software. Nachdem Nintendo durch sein Nein zur CD viele Entwickler verliert, wird die Playstation zur Wiege für neue Genres und Helden. Mit **Resident Evil** verbreitet Capcom 1996 den Survival-Horror, Konamis **Metal Gear Solid** bringt „Stealth“ ins Spiel, Sony setzt bei Autosimulationen mit **Gran Turismo** einen neuen Maßstab. Die besten westlichen Playstation-Spiele kommen aus England: Auf Cores **Tomb Raider** folgen weitere Hit-Serien wie **Driver**, **GTA** und **Colin McRae Rally**.

Das zusätzliche Klapp-LCD ist der Clou an Sonys winziger PSone.

Sony Playstation, Varianten und Nachfolger

Playstation	1994	Die 1000er-Serie wird für 39.800 Yen, das 3000er-Update ab Juli 1995 für 29.800 Yen verkauft. Anlässlich der „Tekken 2“-Veröffentlichung kommt die SCPH-3500 mit zwei Pads und einer Memory Card für 29.800 Yen als „Fighting Box“.
Playstation (5000er-Serie)	1996	Intern optimierter Nachfolger ohne S-Video-Ausgang. Der Preis wird auf 19.800 Yen (in Deutschland auf 299 Mark) gesenkt. Zum Betrieb der Namco GunCon benötigt man einen speziellen AV-Adapter (SCPH-1160).
Net Yaroze	1997	Die schwarze Playstation ist mit PC-Schnittstelle und Software programmierbar und wird von Sony direkt verkauft. Im Gegensatz zu anderen Varianten spielt sie NTSC- und PAL-CDs (aber keine selbstgebrannten Scheiben).
Playstation, weiße	1997	Diese seltene Variante für den asiatischen Export-Markt enthält einen MPEG1-Decoder und ist dadurch mit Video-CDs kompatibel.
Playstation (7000er-Serie)	1998	Der intern aufgeräumten, verbilligten Playstation fehlen S-Video- und Composite-AV-Buchsen, dafür liegt ihr zum Startpreis von 18.000 Yen erstmals ein Dual-Shock-Pad bei. In den USA sinkt der Preis auf 129 $, hier auf 249 Mark.
Playstation (9000er-Serie)	1999	Der letzten Variante im alten Gehäuse fehlt auch der breite Erweiterungsschacht. Von den rückwärtigen Buchsen sind nur Multi-AV und Link-Schnittstelle geblieben.
PSone	2000	Neues, verkleinertes Gehäuse, minimale Schnittstellen und 250-Mark-Preis: Als einzige Variante besitzt die PSone keine Link-Buchse. Dafür erscheint ein einklappbarer LCD-Monitor für die Kleinkonsole.

Mit der ungewöhnlichsten Konsole der 90er-Jahre bringt Nintendo Virtual Reality ins Kinderzimmer. Das 3D-System beendet die Karriere des Hardware-Genies Gunpei Yokoi und nimmt Nintendo den Nimbus der Unfehlbarkeit.

Nintendo Virtual Boy

Japan, 1995

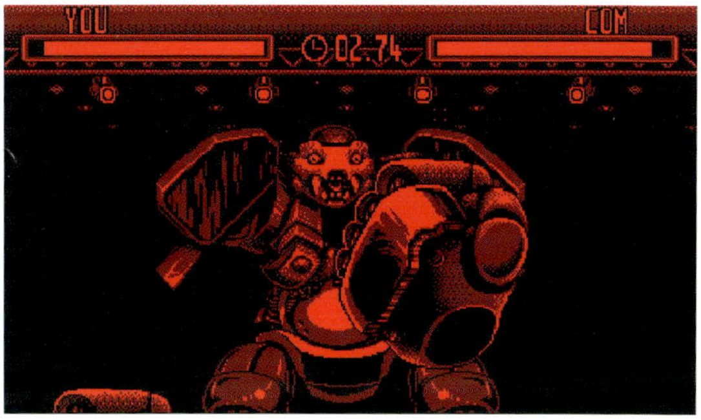

Frontaler Faustschlag: Langes Virtual-Boy-Spielen sorgt für Kopf- und Nackenschmerzen (Teleroboxer, 1995).

Verkaufte Geräte:	1 Million
Spiele:	22
Spiele auf:	Modul
Entwicklung bis:	1995
Q & A:	

3D-Grafik, die dem Betrachter räumlich vor Augen steht, ist das uneingelöste Versprechen der Unterhaltungsindustrie. In den 90er-Jahren ist „Virtual Reality" in aller Munde, Bilder von klobigen Brillen geistern durch die Medien. Auch die Konsolenhersteller nehmen die Forschung wieder auf, um stereoskopische Grafik für jeden Spieler erschwinglich zu machen.

Marktführer Nintendo gibt einer Konsole mit Stereografik den Vorzug über CD-Hardware. Mit amerikanischer LED-Technik und 32-Bit-Chip von NEC entsteht unter der Leitung des Game-Boy-Erfinders Gunpei Yokoi ein doppeltes Display – eins für jedes Auge. Yokoi ist Spezialist für mobiles Spielzeug und neuartige Konsolen, doch sein letztes Nintendo-Design steht unter einem schlechten Stern: Aus Kostengründen wird auf Farbdarstellung verzichtet (alle Spiele erscheinen rot auf schwarz), aufgrund von Sicherheitsbedenken und Gewicht lässt sich der Virtual Boy nicht frei tragen. Im Gegensatz zu anderen 3D-Brillen ist das Gerät eine unbewegliche Tabletop-Konsole auf Stelzen.

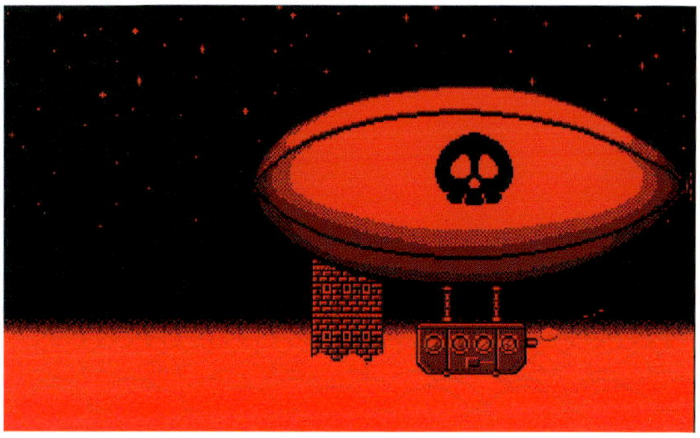

Den Räumlichkeitseffekt erzeugt Nintendo durch versetzte Bilder für beide Augen und durch Parallax-Scolling.

Der 3D-Eindruck der stationären Brille ist gut, doch lange Sitzungen strapazieren Augen, Nacken und Rücken. Bereits vor der Veröffentlichung erntet das System Kritik und Spott. Als das Gerät im Sommer 1995 erscheint, sind die Verkäufe katastrophal. Angesichts der geplanten Einführung des N64 zeigt Nintendo keine Geduld mit seiner Cyber-Hardware. Auf der Nintendo-eigenen Shoshinkai-Show im Herbst 1995 wird das Gerät nur noch auf kleiner Fläche gezeigt. Nach einer Handvoll Spiele widmen weder Nintendo, noch die Fremdhersteller Atlus, Kemco und Hudson dem Gerät weitere Software. Der Europa-Start wird erst verschoben, dann ganz abgesagt. Als der Virtual Boy ein Jahr später für unter 100 Dollar verramscht wird, hat Gunpey Yokoi seinen langjährigen Arbeitgeber bereits verlassen.

Mit einer Modulkonsole setzt sich Nintendo zwischen die Hardware-Generationen: Um den Jahrtausendwechsel bleibt dem verspäteten N64 nur ein ehrenvoller zweiter Platz hinter dem neuen Marktführer Sony.

Nintendo 64

Japan, 1996

Die Einführung der Playstation trifft den Marktführer Nintendo hart: Plötzlich wirkt 2D-Grafik antiquiert, die Welt spielt mit Polygonen, Texturen und Echtzeit-Schatten. Während Sony seine ersten zehn Millionen Konsolen absetzt, verspätet sich Nintendos eigene 3D-Hardware „Project Reality" bis in den Sommer 1996. Nach Amerika kommt das Nintendo 64 im September, in Europa erscheint es März 1997. Im Westen ist die Konsole beliebt, holt den Sony-Vorsprung jedoch nie auf.

Umstritten ist Nintendos Festhalten am ROM-Modul als Speichermedium: Während Playstation-Spiele auf CDs verkauft werden, bürdet Nintendo seinen Partnern eine kopiersichere, aber teure Technik auf. Da Module in der Regel nur 8 oder 16MB fassen, verliert Nintendo Fremdhersteller, die mehr Speicherplatz brauchen, z.B. die Rollenspielmacher Square und Enix. Nintendo verweist darauf, dass Module dem Spieler Ladezeiten ersparen, kann die CD-Revolution aber nicht stoppen. Den Entwicklern bleibt wenig Speicher für Texturen und Musik, Kompressionsverfahren reizen den Platz bis aufs letzte Bit aus.

Das N64 ist eine Zusammenarbeit mit Silicon Graphics (SGI), damals Marktführer und Motor der 3D-Branche. SGIs 4300i-CPU und der speziell für Nintendo entwickelte Coprozessor „Reality Immersion Engine" wirbeln als Multimedia-Doppelherz 32-Bit-Pixel (16,7 Millionen Farben und ein Alpha-Kanal) über den Bildschirm, legen Texturen perspektivisch korrekt über alle Polygone und beseitigen Grafik-Klumpen und Treppeneffekt durch tri-lineares Mip-Mapping und Anti-Aliasing. Auch durch den Z-Buffer ist das N64 technisch fortschrittlicher als die Playstation mit der Vorläufer-CPU R3000. Mit Rambus-DRAM verwendet Nintendo außerdem einen flotten Speicher-Chip, der die PC-Szene erst fünf Jahre später erreicht – Nintendo sorgt dafür, dass High-Tech aus Film und VR erschwinglich wird. Mit Preisen von 25.000 Yen bzw. 250 Dollar startet das N64 billiger als die CD-Konsolen von Sony und Sega.

Das hervorragende 3D-Debüt **Mario 64** ist der Starttitel der Konsole und begründet das Genre der 360°-Abenteuer. In den USA legt Acclaim mit **Turok** einen Ego-Shooter vor, der sich in den folgenden Jahren zur Serie ausweitet. Spielerisch und technisch noch besser sind die Module der englischen Nintendo-Tochter Rare, die mit der James-Bond-Umsetzung

Verkaufte Geräte:	35 Millionen
Spiele:	400
Spiele auf:	Modul, 64DD
Entwicklung bis:	2001
Q & A:	★★★½

Das N64 kommt mit vier Joypad-Buchsen und weltweit gleichem Gehäuse. Unter die kleine Klappe steckt man ein RAM-Pack.

Die Spiele japanischer und westlicher Nintendo-Studios sind die besten N64-Titel: 1997 spiegelt sich Starfox im Wasser einer fremden Welt, 1998 wirbelt 1080° viel Pulverschnee auf. Nur Rares Pechvogel Conker (2001) hat mit Sauwetter zu kämpfen.

Golden Eye ein hartes Action-Spiel für Erwachsene entwickelt. Zwischen 1996 und 2001 beehrt Rare das N64 mit hervorragenden Jump'n Runs (**Banjoo-Kazooie, Conker's Bad Fur Day**), Renn- und Ballerspielen (**Diddy Kong Racing, Jet Force Gemini, Perfect Dark**), doch kein Titel erreicht die Wirkung und den Kultstatus des 007-Shooters.

1998 erweitert Nintendo den Arbeitsspeicher der Konsole auf 8MB: Das „Expansion Pack" wird in einen dafür vorgesehenen Modulschacht geschoben, ist kleiner und unkomplizierter als Segas glückloser 32X-Adapter und lässt sich besser vermarkten. Neben Spielen, die das zusätzliche RAM für eine 640x480-Pixel-Grafik nützen (**Turok 2, Rogue Squadron**), erscheinen Titel, die nur mit der Erweiterung laufen, z.B. **Majora's Mask**, die Fortsetzung zum Miyamoto-Geniestreich und Sieben-Millionen-Seller **Legend of Zelda: Ocarina of Time**. Rares **Donkey Kong 64** wird 1999 gleich mit RAM-Pack gebundelt.

Während sich das N64 im Westen etabliert, bleibt es in der Heimat Japan ein Nischengerät, dem nur Nintendo-eigene Spiele in die Charts verhelfen. Technisch progressiv, aber halbherzig durchgeführt ist Nintendos Versuch, das Gerät durch einen Wechselspeicher nachzurüsten: Das 64DD-Laufwerk wird Anfang 2000 zusammen mit Maus, Modem und Internet-Browser ausgeliefert und speichert 256MB Daten auf Zip-ähnlichen Medien. Die Rundum-Lösung ermöglicht größere Spiele, Editoren und Kreativprogramme wie „Mario Artist", schläft aufgrund geringer N64-Verbreitung jedoch schnell ein. Geplante Projekte wie „Zelda 64" erscheinen nicht auf 64DD-Disk, sondern auf ROM-Modul, im Westen wird das 64DD-Set nicht vermarktet.

Amibitioniert aber erfolglos ist die japanische Erweiterung 64DD, hier mit einer ‚Smoke Black"-Konsole.

Varianten und Nachfolger

Diverse Gehäusevarianten	bis 2001	Auf allen drei Märkten (Japan, USA, Europa) vermarktet Nintendo das N64 erst in neutralem Braun, dann in farbigen und halbtransparenten Gehäusen, sowie als Bundle z.B. mit Super Mario 64 oder als „Pokémon Stadium Battleset" mit zwei Controllern, Transfer Pak, Spiel, Buch und einer Trading Card (146 $). Fünf halbtransparente Varianten (lila, grün, orange, blau und rot) und „Smoke Black" werden ab 2000 mit einem Controller für 100 $ verkauft. Das letzte N64 ändert neben der Farbe auch die Form: In das „Pikachu Edition"-Gehäuse sind Pokéball und der Pokémon-Held plastisch eingelassen, Pikachus linker Fuß wird zur Reset-Taste.

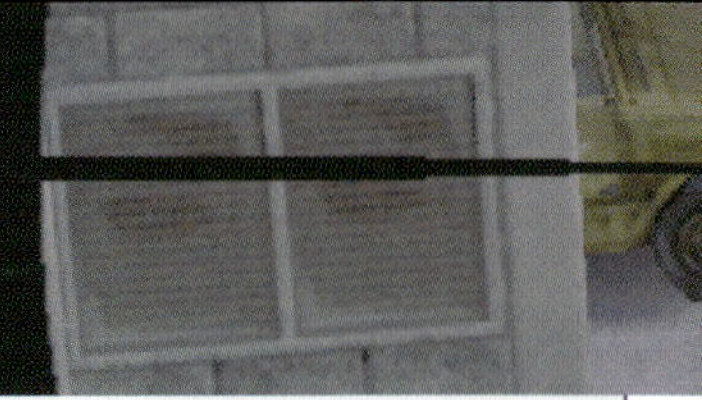

Überall Spiele, Spiele über alles: Mit grenzenloser Vernetzung, Mobilität und DVD als universellem Speichermedium startet das Hobby ins 21. Jahrhundert.

Das 21. Jahrhundert: Im Netz der Spiele

Mitte der 90er-Jahre ist die Internet-Hysterie auf ihrem Höhepunkt: Alles vernetzt sich, surft und chattet. Während sich die Netzversprechen von Sega und Nintendo erst im nächsten Jahrtausend erfüllen, stehen PC-Spieler an der Spitze der Entwicklung – egal ob lokal (LAN) oder weltweit im Internet.

Die Veteranen der US-Rollenspielszene läuten das neue Computer-Spiel-Zeitalter ein: Aus dem akademischen Multi User Dungeon werden „Massively Multiplayer Online"-Rollenspiele (MMORPGs), in denen sich Tausende Spieler tummeln. Als „Ultima"-Erfinder Richard Garriott seinen fiktiven Kontinent Britannia 1997 ins Netz holt, gründet er eine Parallelwelt mit eigenen Gesetzen und Sozialgefüge: Die Spieler kämpfen, handeln und flirten, selbst Hochzeiten werden in **Ultima Online** gefeiert. Ein Teil der Entwickler schafft später mit **Everquest** ein ähnlich erfolgreiches MMORPG für Sony Music.

Den zweiten Impuls erhält das vernetzte Spiel durch „Ego-Shooter", Ballerspiele die den Helden auf seinen Waffenarm reduzieren. Bereits frühe Ballereien wie das in Deutschland indizierte Doom enthalten Multiplayer-Modi, die acht, 16 oder mehr Kämpfer in die Arena holen. Auf Doom basiert **Half-Life** von 1998. Obwohl das Action-Adventure durch seinen dramatischen Solo-Modus berühmt (und in Deutschland in einer entschärften Fassung verkauft) wird, gibt es der Multiplayer-Szene den entscheidenden Schub. Erst entsteht eine Deathmatch-Modifikation, dann veröffentlicht der amerikanische Fan Minh Le ein „Half-Life"-Mod, das Polizisten in taktische Gefechte gegen Terroristen verwickelt. **Counterstrike** wird Mitte 1999 zum kostenlosen Download freigegeben und ist heute eines der bekanntesten und berüchtigtsten Spiele. Gespielt werden Ego-Shooter, aber auch Renn- und Strategiespiele im WWW und auf LAN-Partys, für die Spieler ihre Rechner kilometerweit schleppen.

Ego-Shooter funktionieren im Internet und auf lokalen Netzpartys mit vier bis viertausend Spielern (Bild: LAN-Party Wartaweil-Session 2000). Wer's nicht spielt, fragt sich: Wehrsport oder digitales Cowboy und Indianer?

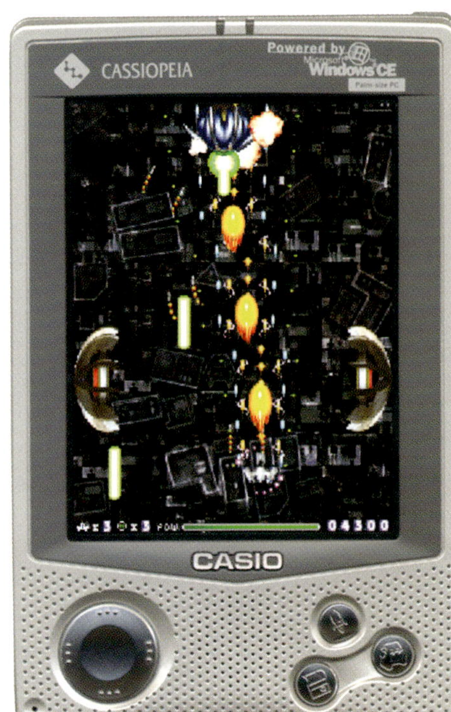

Noch kräftiger als der Game Boy Advance, aber auch viel teurer: Für Handheld-Rechner mit Palm- oder Pocket-PC-Betriebssystem gibt es rund 100 professionelle Spiele, darunter schnelle Weltraum-Shooter, aber auch Sim City (siehe rechte Seite oben).

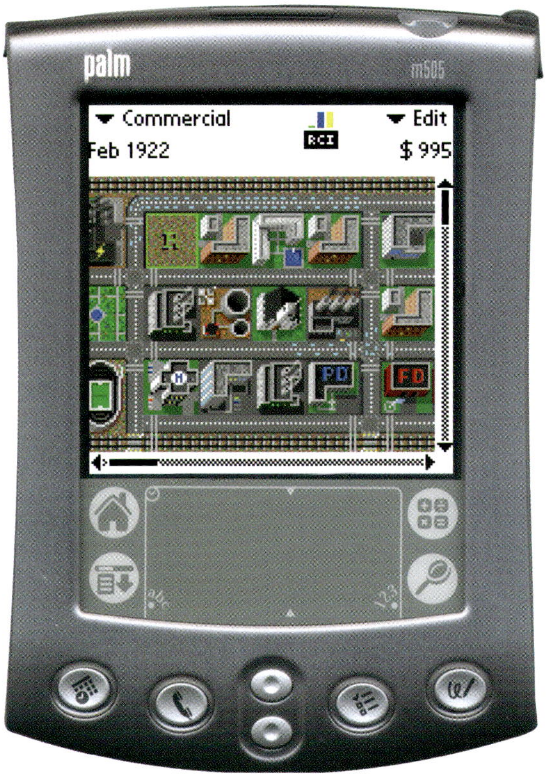

In Japan schätzt man alles eine Nummer kleiner: Mit dem Handy-Datendienst iMode löst der japanische NTT-Konzern innerhalb von zwei Jahren AOL als größten Internet-Provider ab. Trotz westlicher Vermarktungsversuche bleibt iMode ein japanisches Phänomen, wobei die erste Generation – „Browserphones" mit monochromem Grafik-Display – ab 2001 von farbigen Java-Handys abgelöst wird. Die populärsten iMode-Anwendungen? Nicht Info-Dienste, sondern Spiele.

Frühe iMode-Spiele (1999) sind Mail- und HTML-basierte Abenteuer und soziale Simulationen. Dagegen werden die neuen Java-Spiele aus dem Netz heruntergeladen und bleiben dann im Speicher. Namco, Konami und Taito, Sega, Capcom und Hudson: Alle japanischen Spielefirmen engagieren sich für iMode und seit 2001 für J-Phone, die Japan-Tochter von Vodafone. Da Java-Telefone technisch in etwa auf dem Niveau eines 8-Bit-Computers rechnen, sind klassische Spielemarken im 21. Jahrhundert plötzlich wieder gefragt. Das Mobil-Revival alter Action-Automaten wie Scramble und Pac-Man beweist: Gute Spiele sterben nie.

Telefon oder Spielkonsole? Die zweite iMode-Generation (iAppli) verwandelt Handys in kleine Computer mit CPU, Farbgrafik und Mehrkanal-Sound. Auf europäischen Java-Handys lassen sich geschrumpfte Klassiker von Capcom, Hudson oder Namco laden.

Sega startet seine letzte Hardware-Offensive: Mit RISC-CPU und 3D-Beschleuniger, Modem und 1,2GB-CD ist das Dreamcast Ende der 90er-Jahre technisch ohne Konkurrenz – aber nicht stark genug für die Marketing-Maschinen von Sony, Microsoft und Nintendo.

Sega Dreamcast

Japan, 1998

Strategie-Rollenspiele erscheinen nur in Japan: 100 Swords von Smilebit (2001).

Anfang der 90er-Jahre steht der Name Sega für Spielspaß mit technischem Kick, das Mega Drive gilt als trendgerechte Alternative zu Nintendo-Spielzeug. Doch Sega stolpert auf den Weg vom 16-Bit- ins CD-Zeitalter: Als nach wirren Mega-Drive-Updates 1994 die neue Konsole Saturn erscheint, ist das Vertrauen vieler Fans verloren. Die technisch ähnliche Playstation wird zur ersten Wahl der Spieler, Sega von der Nummer 2 auf den dritten Platz im Konsolenzirkus abgedrängt.

Die Ende 1998 veröffentlichte Super-Konsole Dreamcast ist Segas letzter Versuch zu den Marktführern aufzuschließen. Mit optimalem Timing (18 bzw. 36 Monate vor Playstation 2 und Nintendo Gamecube) und zum Preis von unter 400 Mark ist sie die kraftvollste Spielkonsole, technisch einem 3D-beschleunigtem PC ebenbürtig und trotz WinCE-Betriebsystem auf schnelle Action optimiert. Ähnlich wie in Playstation 2 und PC teilt sich ein Chip-Duo die Arbeit: Als CPU verwendet Sega den SH-4-Chip des langjährigen Partners Hitachi, als Grafikprozessor kommt NECs PowerVR-Technik zum Einsatz. Letztgenannte wurde ursprünglich als 3D-Beschleuniger für

Chips von NEC, Hitachi und Yamaha, Microsoft-Betriebsystem: Japanisches Dreamcast mit rotem Logo.

Verkaufte Geräte:	10 Millionen
Spiele:	400
Spiele auf:	GD
Entwicklung bis:	2002
Q & A:	✖✖✖✖

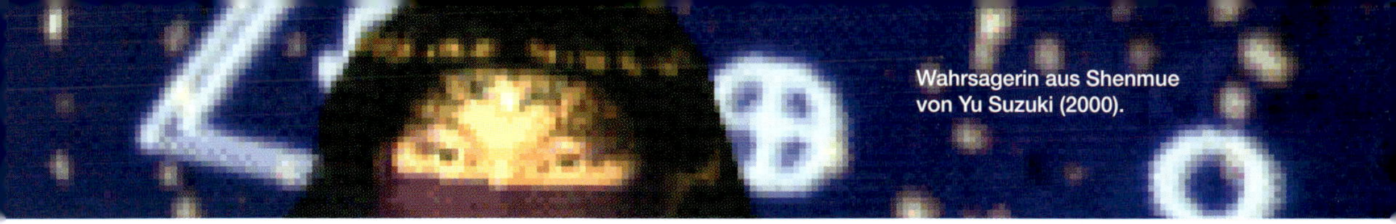

Wahrsagerin aus Shenmue von Yu Suzuki (2000).

Das Dreamcast ist die erste Konsole mit der Power zeitgenössischer Automaten: Nach Virtua Fighter 3 …

… setzt auch Capcom seine 3D-Prügelspiele um. Soul Calibur von 1998 erscheint ein Jahr später auf dem Dreamcast.

PC eingesetzt, von diesem Markt aber Ende der 90er-Jahre durch 3Dfx, sowie nVidia verdrängt und dann speziell für Sega zu PowerVR 2 weiterentwickelt. Neu ist auch das Dreamcast-Speichermedium: Statt CD-ROMs dreht das Dreamcast sogenannte GD-Scheiben mit einer Speicherkapazität von gut einem 1 Gigabyte.

Die durch Sony etablierte Memory Card bekommt von Sega ein Update: Das „Virtual Memory Unit“ (VMU) besitzt ein 48x32-Pixel-LCD, Mini-Steuerkreuz, Sleep-, Mode- und zwei Feuer-Buttons. Die Schnittstelle ist so angelegt, dass sich das VMU nicht nur ins Joypad schieben (eine Aussparung hält das LCD frei), sondern auch mit einem zweiten VMU zum Datenaustausch koppeln lässt. Noch vor dem Dreamcast wird ein grünes VMU mit **Godzilla**-Spielchen ausgeliefert. Die Memory Card als Mini-Handheld – mit der „Pocket Station“ greift Sony diese Idee später auf.

Als erste Spielkonsole besitzt das Dreamcast serienmäßig ein Modem, mit dem japanische, amerikanische und europäische Spieler die Dreamarena erreichen, dem Online-Spielplatz von Sega. Anfangs sorgt dort das unkomplizierte Multiplayer-Gerangel **Chu Chu Rocket** für Laune, 2000 startet Sega mit **Phantasy Star Online** das erste Netzwerk-Rollenspiel für eine Konsole. Während Sony und Nintendo im Bezug aufs Internet nur heiße Luft verbreiten, ist Sega mit dem Dreamcast längst drin.

Auch Offline erhält das Dreamcast vorzügliche Software. Besser als Automaten-Umsetzungen wie **Soul Calibur** und **Crazy Taxi** sind auch die Playstation-2-Spiele nicht, die ab März 2000 in Japan erscheinen. Bis Anfang 2002 wächst die Dreamcast-Spielothek auf über 300 Titel, davon die Hälfte von Sega und Firmenschwester CRI.

Mit Auszeichnungen überhäuft werden Sega-Originale wie **Jet Set Radio** mit seinen abstrakt schattierten Rollerblade-Helden, das Retro-Chic-Tanzspiel **Space Channel 5** und das Vierspieler-Gekloppe **Virtua Tennis**; daneben erscheinen auch bekannte Sony- und Nintendo-Spiele wie **Rayman 2** (Ubisoft), **V-Rally 2** (Infogrames), **Tomb Raider** und **Soul Reaver** (Eidos), sowie **Tony Hawks** (Activision) für das Dreamcast.

Der Sega-Automat Crazy Taxi brettert 2000 von der Spielhalle aufs Dreamcast.

Den Vorteil von starken Spiele und Online-Anbindung kann der Krisen-geschüttelte Sega-Konzern nicht nützen: Angesichts der neuen Geräte von Sony, Microsoft und Nintendo lassen andere Firmen, allen voran die großen japanischen Dritthersteller, die Konsole fallen. Weltweit zehn Millionen verkaufte Geräte scheinen den Entwickler als Absatzmarkt zu mickrig. Bis zum endgültigen Aus gehört die Szene wieder den kleinen Sega-Partnern. Einige halten dem Dreamcast auch nach Segas Rückzug aus dem Hardware-Geschäft Anfang 2001 noch die Treue, z.B. Treasure, die Ende 2002 ihren Vertikal-Shooter **Ikaruga** ausliefern.

Pong-Update fürs 21.Jahrhundert: Virtua Tennis (2000)

Faktisch trudelt das Dreamcast ab 1999 seinem Ende entgegen, Hardware-Versprechen wie DVD- und ZIP-Wechselspeicher werden nicht mehr erfüllt. Sega wandelt sich vom Hardware-Hersteller zur reinen Software-Firma und setzt seine erprobten Marken und Spiele auf die Konsolen der Mitbewerber um. Seit 2001 leuchtet dem Spieler auf Playstation 2, Gamecube und Xbox das blaue Sega-Logo entgegen – der ungewöhnliche Anblick bedeutet das Ende einer Ära. Jetzt dürfen alle mit Sonic flitzen und in **Phantasy Star Online** Artefakte sammeln.

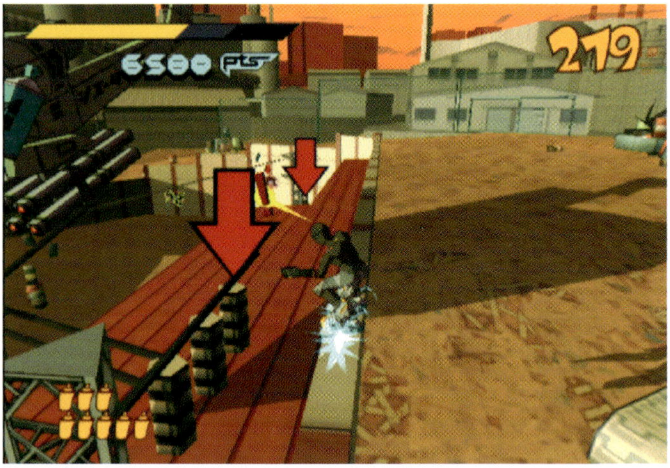

Gollum auf Düsen-Blades, Tony Hawk's auf Drogen: Cel Shading nennt sich der neue Look von Jet Set Radio, den viele Playstation-2-Spiele kopieren.

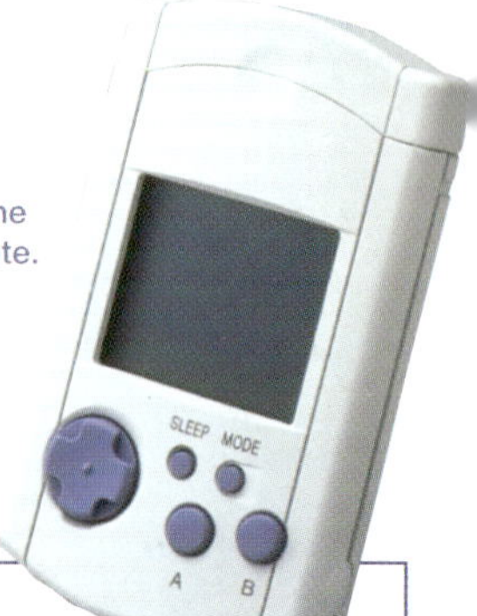

Vor der weißen VMU-Memory Card erscheint in Japan eine grüne Godzilla-Variante.

Sega Dreamcast, Varianten und Nachfolger

Model Seaman	1999	Limitiertes Dreamcast im halbtransparenten Gehäuse mit Seaman-Logo; ab Dezember im roten Gehäuse als „Xmas Package" für 34.800 Yen.
Hello Kitty DC Set	1999	Halbtransparentes Gehäuse, zwei Farbvarianten: „Skeleton Pink" und „Skeleton Blue". 34.800 Yen.
DC Code: Veronica	2000	Dunkel getöntes, halbtransparentes Gehäuse und STARS-Logo, zwei Varianten: „Limited Box S.T.A.R.S." (blau) und „Limited Box: Claire" (dunkles pink), beide 34.800 Yen.
Farbvarianten ab	2000	Preissenkung auf 21.000 Yen: Super Black Model (Juli 2000), Metallic Silver, Bubble Pink und Bubble Blue (alle März 2001).
CX-1	2000	iMac-ähnliche Kombi aus rundlichem TV-Monitor mit blauem Gehäuse, abgesetzter Tastatur, Digi-Kamera und Joypad – zum stolzen Preis von 88.888 Yen.
DC R7	2001	Die letzte und mit 9.900 Yen preisgünstigste Dreamcast-Konsole wird im September 2001 ausgeliefert, schwarz mit gelben R7-Logo.

Mit ihrer letzten Hardware-Erfindung nascht die Automaten-Firma SNK vom Game-Boy-Kuchen. Erst kommt der Taschenspieler mit Schwarz-Weiß-, kurz darauf mit Farb-Bildschirm.

Neo Geo Pocket

Japan, 1999

Verkaufte Geräte:	1,2 Millionen
Spiele:	80
Spiele auf:	Modul
Entwicklung bis:	2001
Q & A:	✕✕›

Ein technischer Meilenstein wie die Automatenkonsole von 1989 ist der Namensvetter nicht, sondern eine mit 122x74x24 mm angenehm kleine Mobilkonsole mit Schwarz-Weiß-Bildschirm, 16-Bit-CPU und Z80-Coprozessor. Bis auf Namen und Helden der Spiele besteht keine Gemeinsamkeit oder gar Kompatibilität zum TV-Neo-Geo. Dafür bastelt SNK eine Schnittstelle zum Sega Dreamcast, über die zwei **„King of Fighters"**-Spiele, sowie **Capcom vs. SNK** Charakter-Eigenschaften und Freischalt-Codes tauschen.

Wie es der Zufall will, erscheint nur wenig Monate nach dem Neo Geo Pocket der Wonderswan, die technisch ähnliche Handheld-Konsole von Bandai. Diese ist etwas schicker und verkauft sich dank Bandai-Marketing und -Software prompt doppelt so gut wie der SNK-Winzling. Bereits nach einem halben Jahr löst SNK das Handheld durch das abwärtskompatible Neo Geo Pocket Color ab, doch auch mit neuem Farbbildschirm ist das Vertrauen der Dritthersteller nicht zu gewinnen. Das Spielangebot bleibt spärlich, neben SNK entwickeln nur Winzfirmen wie Yumekobo oder Sacnoth für die Mobilkonsole.

Mit letzter Kraft wagt SNK den Schritt in den Westen, erwirbt die angestaubten Lizenzen für **Sonic** und **Ogre Battle**, muss dann aber endgültig aufgeben. 2001 wird die Firma zerschlagen, die SNK-Reste wandern in koreanischen Besitz.

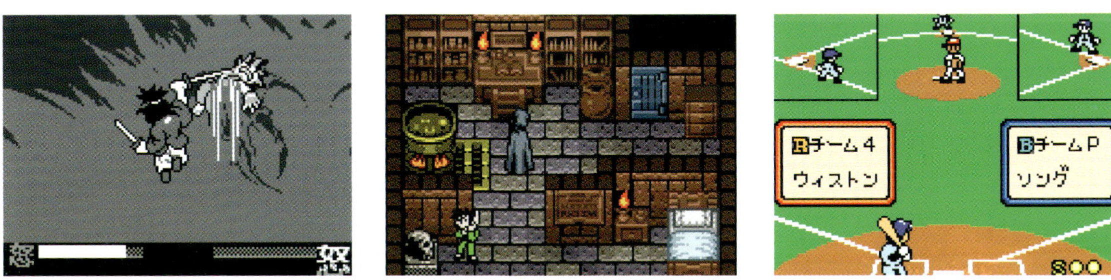

Putzige Helden: Nach farblosem Start bringt SNK ab 1999 nur noch Color-Titel. Mitte: Action-Adventure Dark Arms, rechts: Baseball Stadium.

Varianten und Nachfolger

Neo Geo Pocket	1998	Die erste Variante gibt´s in acht Gehäusevarianten (darunter „Crystal White", Metallic und Tarn-Look), sowie einer limitierten, halbtransparenten Samurai-Spirits-Fassung. Das Gerät spielt neun schwarz-weiß Titel sowie 40 der 70 Color-Module. Startpreis ist 7.800 Yen, die letzten Geräte werden für unter 900 Yen verramscht.
Neo Geo Pocket Color	1999	Das Update mit Farb-Display erscheint für 8.900 Yen in sechs, z.T. vom Vorgänger übernommenen Gehäusevarianten und wird im gleichen Jahr auch in den USA und in England vermarktet. Abwärtskompatibel zum monochromen Vorgänger.

Statt Nintendo produziert Bandai die letzte Hardware des legendären Game-Boy-Erfinders Gunpei Yokoi. Das schlanke 16-Bit-Handheld erscheint 1999 in Japan – 18 Monate nach dem tragischen Tod ihres Erfinders.

Bandai Wonderswan

Japan, 1999

Verkaufte Geräte:	3,5 Millionen
Spiele:	200
Spiele auf:	Modul
Entwicklung bis:	läuft noch
Q & A:	✖✖✖

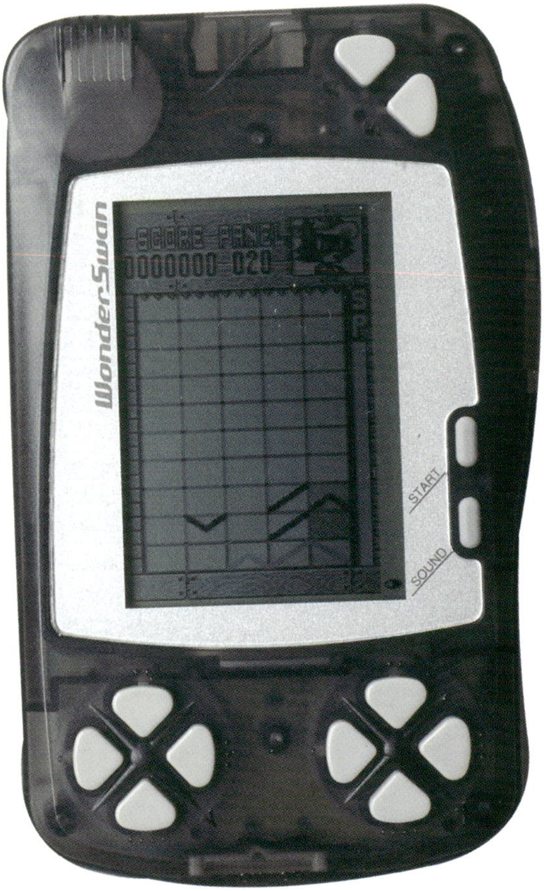

Für Denkspiele wie den Start-Titel Gunpey hält man den Wonderswan hochkant.

Das Square-Team hinter dem Steamgear-Strategiespiel Blue Wing Blitz schrieb davor Final Fantasy Tactics (Playstation).

Atari Lynx und Sega Game Gear sind gegen den Game Boy gescheitert, mehrere Jahre lang wagt sich kein Mitbewerber auf den Markt für Mobilkonsolen. Erst 1996 sickern Gerüchte über einen Konkurrenten der Firma Bandai an die Öffentlichkeit. Der Spielzeugriese, bekannt durch Gundam, Power Rangers und Tamagotchi, plant ein Handheld, das wie der Game Boy mit stromsparendem Schwarzweiß-LCD arbeitet, vernetzbar und – dank 16-Bit-CPU – leistungsfähiger ist als der Verkaufsschlager von Nintendo. Im März 1999 kommt das Gerät mit dem sonderbaren Namen in Japan auf den Markt.

Der Wonderswan ist noch flacher und kleiner als der Game Boy und wirkt in sieben Farbvarianten eleganter. Statt eines Steuerkreuzes besitzt er zwei mal vier Richtungstasten links neben dem Display: Je nach Spiel hält man das Gerät hochkant wie den Game Boy oder waagrecht wie das im gleichen Zeitraum vorgestellte Neo Geo Pocket.

Das pfiffige Design und die 16-Bit-CPU stammen nicht von einem internen Bandai-Team, sondern von der kleinen Firma Koto, 1994 von Gunpei Yokoi gegründet. Davor ist Yokoi Chefentwickler von Nintendo und beschert der Firma eine Serie von Erfolgen: Mechanisches Spielzeug in den 70er-Jahren, den Rubic-Cube-Clone „Teufelstonne", die „Donkey Kong"-Hardware, Game&Watch-Handhelds, schließlich den Game Boy. Die gut 30jährige Zusammenarbeit endet mit dem Virtual Boy – Yokois ambitionierter Flop kostet ihn die Gunst des Firmenpatriarchen Hiroshi Yamauchi. Ein Jahr nach dem Neustart mit Koto und 18 Monate vor dem Wonderswan-Debüt stirbt Yokoi im Alter von 56 Jahren bei einem Verkehrsunfall.

An den Spielzeug-Erfinder erinnert der Wonderswan-Starttitel **Gunpey**, Bandais Antwort auf „Tetris“. Das Tüftelspiel ist das beste Modul der ersten Wonderswan-Jahre und wird Game-Boy-mäßig hochkant gespielt. Die meisten anderen Module sind Umsetzungen bekannter Serien, **Densha De Go**, **Puyo Puyo** und **Nobunaga's Ambition**, sowie Bandais eigene Marken **Gundam**, **Robo Wars** und **Digimon**. Zum Partner wird der Rollenspielexperte Square, der 1999 **Chocobo No Dungeon** an Bandai lizenziert und die Einführung des Nachfolgers Wonderswan Color mit **Final Fantasy** unterstützt. Das Rollenspiel-Remake wird als wichtigstes Verkaufsargument mit dem Farb-Wonderswan im schicken Karton gebundelt. Später setzt Square weitere Episoden um und programmiert neue Strategie- und Rollenspiele für den Wonderswan. Auch Namco und Sony liefern nun Spiele.

Dank der Unterstützung verkauft sich der Wonderswan doppelt so gut wie der Zeitgenosse Neo Geo Pocket. Während sich SNK an Action-Profis richtet, zielt Bandai mit sympathischem Marketing auf junge Trendsetter und Mädchen. Frisch und originell sind die Erweiterungen: Nach dem Angel-Zubehör „Wonder Sonar“ präsentiert Bandai 2000 den „Wonderborg“-Roboterbausatz.

Ab 1999 setzt Square alle eigenen Marken für Bandai um, neben Final Fantasy und SaGa auch Maskottchen Chocobo.

Sein Programm empfängt der Borg als Infrarot-Signal, die Umwelt erfasst das krabbelnde oder rollende Spielzeug mit Lichtsensoren und mechanischen Fühlern.

Über ein Link-Kabel lassen sich zwei Wonderswans vernetzen, weitere Schnittstellen liefert Bandai als Zubehör: Der „Wondergate“-Adapter ist ein 9600-Baud-Modem fürs Handy-Netz, der neben Browser und Mail-Funktionen den Download neuer Spielhelden und Szenarios ermöglicht. Ebenfalls seitlich angestöpselt wird die Playstation-Schnittstelle „Wonderwave“, die infrarot mit Sonys Pocket Station kommuniziert. Vorgestellt werden außerdem Adapter für die Speichermedien SD- und Multimedia-Card, sowie „WonderWitch“, eine PC-Schnittstelle für Hobby-Programmierer.

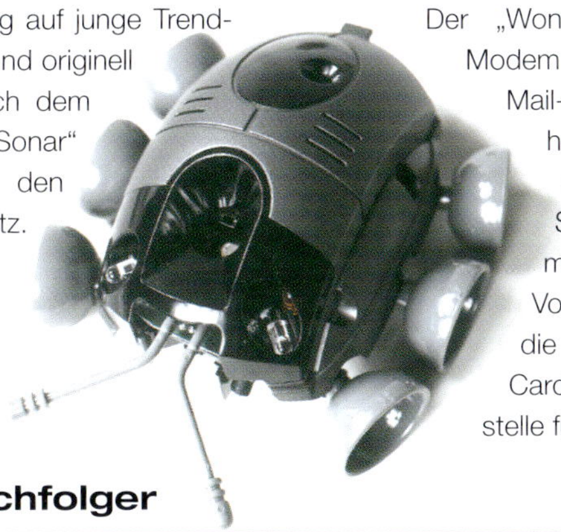

Der Wonderborg empfängt sein Programm als Download vom Handheld.

Varianten und Nachfolger

Wonderswan	1999	Die erste Generation gibt es für 4.800 Yen in drei massiven Farben (metallisch blau, metallisch silber und perlweiß), sowie vier halbtransparenten „Skeleton“-Varianten (Pastell-Töne und schwarz). Später folgen „Sommer“-Modelle (blau, grün und gelb), sechs Gehäuse-Varianten im Digimon- und MSVS-Look, sowie mit **Chocobo** und **Tore Panda Gunpey** gebundelt. Wonderswans in Gold und im Military-Tarnanstrich werden nur auf Events ausgegeben und kommen nicht in den Handel.
Wonderswan Color	2000	Technisch verbesserter, abwärtskompatibler Hardware-Nachfolger mit vergrößertem Farb-Display. Zum Start (6.800 Yen) in fünf Gehäusevarianten (Pearl Blue und Pearl Pink, sowie halbtransparent Crystal Black, Blue und Orange) erhältlich, später sechs weitere Farb- und Bundle-Varianten.
Wonderswan Crystal	2001	Etwas teurerer Nachfolger mit größerem, dezent modifiziertem Gehäuse und verbessertem 2,8"-TFT-Bildschirm. Erst mit blau-violettem und weinrotem Gehäuse erhältlich, dann in acht weiteren Farbvarianten, darunter halbtransparent und metallic.

Verbessertes Display, höherer Preis: Wonderswan Crystal.

Sony gelingt, woran Atari, Sega und Nintendo scheitern: Mit DVD-Laufwerk, schnellen 3D-Chips und Kompatibilität zur ersten Playstation löst der Marktführer seine alte Generation reibungslos ab.

Sony Playstation 2

Japan, 2000

Survival-Horror im japanischen Spätmittelalter: Onimusha von Capcom

Schlank, schwarz und für eine Spielkonsole ziemlich teuer tritt am Ende des Symboljahres 2000 der Nachfolger für die meistverkaufte TV-Konsole an. Sony stemmt damit den größten Kraftakt in seiner Firmengeschichte und veröffentlicht das Gerät innerhalb von neun Monaten weltweit, im März in Japan, im Oktober in den USA und ab 24. November in Europa. Im Vergleich zur ersten Playstation pumpt Sony diesmal die dreifache Gerätemenge in den Handel und verkauft im ersten Jahr 20 Millionen Konsolen. Die Rechnung geht auf: Der Hardware-Nachfolger verteidigt Sonys Marktführerschaft, kein System erhält mehr Unterstützung durch Entwickler Handel und Spieler.

Den happigen Startpreis von rund 450 Euro begründet Sony mit dem Doppelnutzen der Konsole: Die Playstation 2 ist kein reines Spielzeug, sondern gleichzeitig ein DVD-Film-Player. Erst folgen ältere Spieler der Argumentation und erwerben die Playstation 2 trotz umständlicher DVD-Bedienung und dem Fehlen eines RGB-Ausgangs (den sich Sony aus Kopierschutzgründen spart), nach mehreren Preissenkungen folgt der Massenmarkt. Videospieler erhalten über die Multi-AV-Buchse ihr RGB-Signal, außerdem eine Firewire- („iLink") und zwei USB-Schnittstellen. So kann man die optischen IntelliMäuse von Microsoft an die Sony-Konsole stöpseln, nicht jedoch an eine Xbox – verkehrte Welt. Am Erfolg der Playstation 2 zweifelt keiner, wie der Vorgänger wird sie von allen großen Spielherstellern unterstützt, so von Activision, EA und THQ, Infogrames, Interplay und Ubi Soft, Sega, Capcom und Konami. Selbst notorische Konsolen-Muffel wie die Sierra-Erben Vivendi Universal bringen DVDs. Von der rasant wachsenden Auswahl profitiert der Spieler. Microsoft und Nintendo holen den Software-Vorsprung nicht mehr ein.

Verkaufte Geräte:	45 Millionen
Spiele:	800
Spiele auf:	CD, DVD
Entwicklung bis:	läuft noch
Q & A:	✕✕✕✕✕

Exotischer Bahnhof in Final Fantasy X. Das Mega-Abenteuer von Square lässt die Grenze zwischen Computer-Film und Echtzeit-Action verfließen.

Mit ausbalancierter Fahrphysik, großem Fuhrpark und Rollenspielmechanik bleibt Gran Turismo A-Spec trotz Verspätung über Jahre hinweg das beste Rennspiel.

Die Hardware bleibt über Jahre konkurrenzfähig. Die CPU mit dem schönen Namen Emotion Engine wird als „superskalarer Multimedia-Prozessor" zusammen mit Toshiba entwickelt und enthält neben dem 128-Bit-RISC-Kern zwei Vector Units (Fließkomma-Akkumulatoren, FMACS), 10 DMA-Kanäle und MPEG2-Decoder. Ein zusätzlicher „Graphics Synthesizer" setzt die Rechenleistung in 3D-Optik um und greift mit 48 Gigabyte pro Sekunde auf den integrierten Videospeicher zu. Der ist allerdings mit 4MB knapp bemessen, was der Playstation 2 das Misstrauen westlicher Programmierer einbringt.

Unterm Strich ist die gesamte Architektur aber leistungsfähig genug, um Partikeleffekte und Transparenz mit 600 Bildern/Sekunde darzustellen und gleichzeitig Kinematik- und Physikmodelle in Echtzeit durchzurechnen. Clou der Playstation 2 ist ihr technisch ganz harmloser I/O-Chip: Der MIPS3000-Verwandte ist quasi die erste Playstation im Mini-Format und schafft die Kompatibilität zu mehreren tausend Spiele-CDs für die alte Hardware. Der Doppelnutzen – Verwaltung der Controller-, Memory-Card-, USB- und iLink-Schnittstellen auf der einen, Playstation-Emulation auf der anderen Seite – ist die schlaueste Design-Idee der Sony-Entwickler.

Neben den Datenschnittstellen besitzt die Playstation 2 einen optischen Audioausgang (Lichtleiter), der Raumklang digital an externe Verstärker weiter gibt. Die größte Schnittstelle ist der rückwärtige Expansion Port, durch den Sony den PCMCIA-Slot der ersten Serie ersetzt. Der Port wird ausschließlich für die Erweiterung der Konsole zum Online-Terminal genützt und dazu 2002 mit Festplatte und Modem verbunden. Erstes Online-Spiele für die Playstation 2 sind **Final Fantasy XI**, im Westen **Tony Hawk's 3** und der Ego-Shooter **Socom**.

Varianten und Nachfolger

Playstation 2	2000	Nur die erste Serie wird mit PCMCIA-Schnittstelle verkauft, spätere Modelle (darunter alle US- und Euro-Geräte) haben stattdessen einen Erweiterungs-Port. Das Gehäuse ist schwarz und kann hochkant platziert werden – eine gängige Praxis schon bei der alten Playstation.
European Automobile Color Collection	2001	Die Spezialausgabe für Autofreunde liefert Sony zur Feier von 20 Millionen verkauften Konsolen in den Metallic-Lackfarben Weiß, Rot, Gelb, Blau und Silber. Der Preis beträgt 50.000 Yen, die Stückzahl ist auf 2.000 limitiert, je 666 für Japan, Europa und USA.
Ocean Blue, Zen Black	2002	30.000-Yen-Bundle aus Konsole, Standfüßen und Controller in halbtransparenten Farben, sowie einer DVD-Fernbedienung. SCPH-37000L erscheint im Juli in blau („Ocean Blue"), SCPH-37000B am 1. August in matt dunkel („Zen Black").

Zurück in die Zukunft: Der Game Boy Advance löst keine Handheld-Revolution aus, sondern bereitet 16-Bit-Spielen und -Helden ein mobiles Revival.

Game Boy Advance

Japan, 2001

Ein mutiger Geniestreich wie der 1989 veröffentlichte Game Boy ist der Advance-Nachfolger nicht. Äußerlich erinnert das Nintendo-Handheld fürs 21. Jahrhundert an Game Gear und Neo Geo Pocket, besitzt das bewährte Steuerkreuz aller früheren Nintendo-Geräte, Schultertasten und zwei Feuerknöpfe rechts neben dem Display. Es ist nicht das kleinste, sondern das größte und schwerste Handheld auf dem Markt. Trotzdem zweifelt niemand am Durchmarsch der Mobil-Konsole.

Der Game Boy Advance erscheint in sechs Gehäusevarianten: Schwarz, Weiß, Violett, Orange, Milky Pink und Milky Blau. Ende 2002 kommen zwei Metallic-Gehäuse, Silber und Gold.

Verkaufte Geräte:	25 Millionen
Spiele:	400
Spiele auf:	Modul
Entwicklung bis:	läuft noch
Q & A:	✖✖✖✖›

Golden Sun ist ein episches Rollenspiel, das die „Shining Force"-Macher Camelot für Nintendo entwickeln.

Polygon-Prügelspiele wie Tekken werden in 2D umgesetzt, der Spielspaß bleibt erhalten.

Statt das Rad neu zu erfinden, rüstet Nintendo auf: 32 Bit-RISC-CPU, Farbgrafik in 244x160 Pixeln (der Vorgänger hatte 144x160) und simple 3D-Effekte durch Bitmap-Skalierung und Rotation heben das Handheld auf Super-Nintendo-Niveau. Das erleichtert die Spielentwicklung: Nintendo selbst setzt die 90er-Jahre-Klassiker **F-Zero, Mario-Kart** und **Super Mario** auf den Advance um, auch die Dritthersteller liefern Updates bekannter 16-Bit-Spiele: Rayman, Earthworm Jim und Sonic, Street Fighter, Mega Man und die „Breath of Fire"-Rollenspieltruppe. Witzig sind die Versuche, 32-Bit- und Polygon-Helden aufs Mini-Display anzupassen, aus Japan kommen 2D-Versionen von **Tekken Advance** und **Klonoa**. Das europäische **V-Rally 3** beweist, dass der Advance auch echte 3D-Grafik beherrscht.

Leider zu selten genützt wird Nintendos „Multi Boot"-Vernetzung, mit der bis zu vier Spieler gleichzeitig auf ein Modul zugreifen. **Bomberman** von 2000 unterstützt das Feature, ebenso wie **Mario Kart Advance, Colin McRae Rally 2.0** und der **Advance Wars**-Strategiefeldzug. Doch die meisten Spiele sind zwar Link-, aber nicht Multiboot-fähig: Für das **„Ecks vs. Sever"**-Deathmatch braucht jeder Spieler ein eigenes Modul.

Über ein Spezialkabel lässt sich der Advance mit dem Gamecube koppeln und dient dann als intelligenter Controller und persönlicher Status-Bildschirm. Als erstes nützt **Sonic** das Feature zur Zucht niedlicher Cao-Wesen. Auch das jüngste **Legend of Zelda** tauscht Daten zwischen der mobilen und der stationären Fassung.

Zwei bis vier Handheld-Generäle liefern sich im „Advance Wars"-Netz hochtechnisierte Rundenschlachten. Auch solo hervorragend.

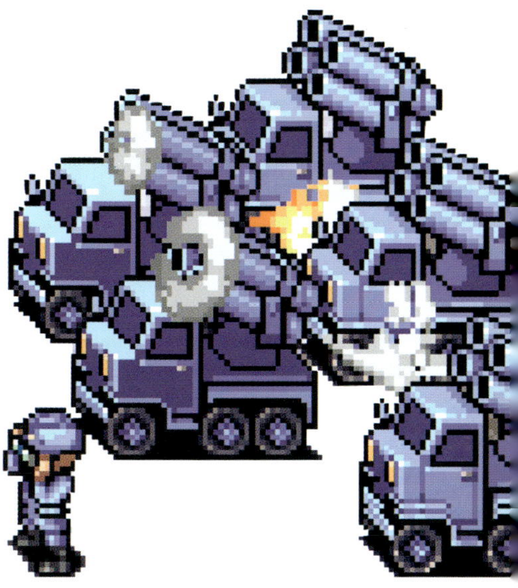

Vier Kilo High-Tech: Die erste Spielkonsole von Microsoft übertrumpft Sony und Nintendo mit technischer Leistung, LAN-Schnittstelle und gewaltiger Gehäusedimension.

Microsoft Xbox

USA, 2001

In den 80er-Jahren erobert Microsoft die Büros und drängt andere Betriebsysteme in die Nische, 1995 startet der Konzern mit DirectX seine Unterhaltungs-Offensive. Davor sind Windows-PC nur nebenbei Spielmaschinen, die Programmierer fluchen über Treiber- und Kompatibilitäts-Probleme. Das ursprünglich als Game-SDK vorgestellte DirectX vereinheitlicht und verbessert die Entwicklung von Windows-Spielen. Zum wichtigsten Element der erstmals in Win95-eingesetzten Technologie wird die Direct3D-Komponente.

Microsoft etabliert DirectX als Spielplattform, wird auf dem Zubehör- und Controller-Markt aktiv (IntelliMouse, Sidewinder) und investiert in namhafte Spielefirmen: Access, Digital Anvil, Ensemble (Age of Empires), FASA (Mechwarrior) und Bungie, davor der erfolgreichste Spielentwickler für den Macintosh. Fünf Jahre nachdem DirectX auf der amerikanischen „Game Developer's Conference" debütierte, enthüllt Bill Gates auf dieser Veranstaltung die erste Microsoft-Spielkonsole: Die Xbox basiert auf PC-Komponenten und DirectX 8, ist im Gegensatz zum Windows-Rechner aber für Spiele optimiert. Von der Playstation und der angekündigten Nintendo-Konsole hebt sich die Hardware durch Festplatte und Netz-Schnittstelle ab. Ende 2001 kommt das Gerät in den USA, Anfang 2002 in Japan und Europa in den Handel.

Technisch ist die Xbox stärker als die 2000 ausgelieferte Playstation 2 und der Nintendo-Zeitgenosse Gamecube: Als CPU verwendet Microsoft einen mit 733MHz getakteten Pentium-III-Chip, als Grafikbeschleuniger die jüngste Geforce-Generation. Mit 64MB RAM und 10GB-Harddisk enthält die Xbox mehr Speicher als die Japaner. Gegen Aufpreis aktivieren Xbox-Besitzer den DVD-Player und verwandeln ihre Konsole damit in ein Filmgerät.

Abschreckend ist die Größe des Geräts, die an Ataris unglückliche 5200-Konsole erinnert. Während japanische Hersteller fanatisch miniaturisieren, trampelt

Mit Festplatte, Modem und vier Joypad-Ports ist die Xbox gut ausgestattet. Der DVD-Movie-Player wird mit Erwerb der Fernbedienung freigeschaltet.

Verkaufte Geräte:	n.b.
Spiele:	200
Spiele auf:	DVD
Entwicklung bis:	läuft noch
Q & A:	XXX)

Feuriger Start: Allein oder im Team durchkämmen Marines den Planeten Halo.

Mit True Fantasy Live Online holt Microsoft Japan die Rollenspieler ins Netz.

Das dritte House of the Dead entwickelt Sega parallel für Spielhalle und Xbox.

Microsoft wie Godzilla in die Videospielszene. Das Gehäuse ist stabil aber gewölbt, und taugt nicht als Unterlage für andere Elektronik-Komponenten; die Monsterkonsole will frei platziert sein. Auch das Joypad ist riesig, Microsoft liefert später eine kleinere Variante.

Mit den Start-Titeln zeigt die Xbox ihre Muskeln. Das Tecmo-Prügelspiel **Dead or Alive 3** ist audiovisuell, der Ego-Shooter **Halo** auch spielerisch ein Hammer. Als Alternative zum Netz-Match ist ein Koop-Modus eingebaut, bei dem sich zwei Marines gemeinsam durch die Ringwelt kämpfen. Nach Microsoft ist Sega der fleißigste Spiellieferant, der Dreamcast-Projekte wie **Jet Set Radio Future** und **Gun Valkyrie** auf die Xbox umleitet.

Der Hardware-Start in Europa ist ein Debakel. Mit 480 Euro ist das PAL-Gerät 70% teurer als die US-Variante und kostet mehr als jedes andere Spielgerät (Geforce und Pentium-PC mal ausgenommen). Microsoft reagiert auf die enttäuschenden Verkäufe und senkt den Preis mehrmals auf schließlich 250 Euro im Herbst 2002.

Auch in Japan kommt die Xbox trotz aggressivem Marketing und Spielen von Sega, Konami und Capcom nicht auf die Beine: Den zwei- bis sechstausend Geräten, die dort wöchentlich abgesetzt werden, steht ein vierfacher Gamecube- und zehnfacher Playstation-2-Verkauf gegenüber. Nur im Highend-Bereich trumpft die Xbox auf. Ein Jahr nach der Veröffentlichung werden Spiele mit 5.1-Dolby-Digital-Soundtrack und HDTV-Grafik ausgeliefert: Das zusätzliche „Component AV Pack" gibt die doppelte Zeilenzahl („progressive scan") und damit ein maximal aufgelöstes Bild an Digi-Fernseher, Plasma-Monitor und Projektor weiter (allerdings nur für Spiele, nicht für Film-DVDs). Spiele, die für mehrere Konsolen erscheinen, klingen und wirken in der Regel auf der Xbox am Besten – das richtige Heimkino vorausgesetzt.

Auch bei der Vernetzung ist Microsoft voraus: Die 10/100-Schnittstelle ist serienmäßig, ins Internet startet die Konsole am 15. November 2002 mit „Xbox Live". Zum Startpaket des Online-Dienstes gehört u.a. der „Communicator", Kopfhörer und Mikro zur Kommunikation mit anderen Spielern – und ab 2003 zum Gespräch mit der japanischen Cyber-Schönheit **N.U.D.E.**

Variante

Special Edition	2002	Nach dem schwarzen Original bringt Microsoft Japan 50.000 Exemplare einer limitierten Xbox mit halbtransparentem, grünem Gehäuse in den Handel. Das Gerät wird mit neuem Small-Joypad, sowie mit HDTV- und Dolby-Digital-Kabel und einem nummerierten Schlüsselanhänger mit Bill-Gates-Signatur verkauft.

Der Xbox im grünen Transparenzgehäuse liegen die besten AV-Kabel und ein Bill-Gates-Anhänger bei.

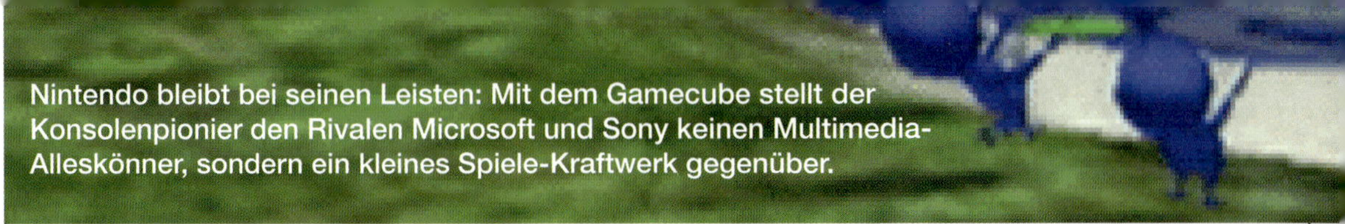

Nintendo bleibt bei seinen Leisten: Mit dem Gamecube stellt der Konsolenpionier den Rivalen Microsoft und Sony keinen Multimedia-Alleskönner, sondern ein kleines Spiele-Kraftwerk gegenüber.

Nintendo Gamecube

Japan, 2001

Nach fünf Jahren Sony-Dominanz wird es 2001 spannend auf dem Konsolenmarkt – die beiden erfolgreichsten Software-Firmen locken mit neuen Spielgeräten. Microsoft ist ein Newcomer in der Szene, Nintendo hingegen ein alter Hase. Nach NES, Super Nintendo und N64 wendet sich der Pionier von bewährten, aber teuren ROM-Modulen ab und liefert Spiele auf optischer Scheibe. Kurz nach der Xbox kommt der Gamecube in die Geschäfte, eine hübsche Kompaktkonsole mit Tragegriff.

Um die anderen Konsolen zu unterbieten, spart Nintendo an allen Ecken und Enden: Toplader-Laufwerk statt motorisierter Frontlade, keine Ethernet- oder Firewire-Schnittstelle, kein Modem, kein Dolby Digital. Laut Nintendos Software-Genie Shigeru Miyamoto strebt der Hersteller „das Image einer transportablen und leicht zu bedienenden Spielmaschine“ an. DVD-Filme oder Musik-CDs schluckt der Gamecube im Gegensatz zu Xbox und Playstation 2 nicht – die Nintendo-Hardware ist kein Multimedia-Allrounder. Vier Controller-Eingänge ermöglichen Mehrspieler-Sessions, außerdem gibt es an der Rückseite eine zweite AV-Buchse: Der digitale Ausgang verbindet den Würfel mit Raumklang- und HDTV-Equipment, liefert Progressive-Scan-Bild und Pro-Logic-II-Soundtrack.

Technisch spielt der Gamecube mit seinen Zeitgenossen in der gleichen Liga. Dem kräftigen Tandem aus PowerPC-CPU „Gekko“ und Multimedia-Prozessor „Flipper“ stehen 40MB RAM zur Verfügung. Zwischenspeicher sowie ein schnelles Bus-Systeme verhindern Stau und sorgen für einen flotten Daten-Transfer: Die interne Bandbreite des Gamecube beträgt je nach Komponente bis zu 12,8GB pro Sekunde – schneller als ein hochgerüsteter Spiele-PC. Eine Stärke der Nintendo-Hardware ist die Textur-Kompression: „Flipper“ staucht Grafikdaten in Echtzeit zusammen – der Playstation 2 fehlt so ein Videospeicher-Optimierer. Hinter der leistungsfähigen Hardware steckt Know-How aus der PC-Industrie. IBM hilft bei der Entwicklung der „Gekko“-CPU, den Grafik- und Sound-Chip „Flipper“ liefert 3D-Spezialist ATI, bekannt

Verkaufte Geräte:	8 Millionen
Spiele:	150
Spiele auf:	Mini-DVD
Entwicklung:	läuft noch
Q & A:	✕✕✕

Lila ist eine von zwei in Europa ausgelieferten Gehäusefarben; die andere ist schwarz.

Sega liefert Spiele für System- und Online-Start des Gamecube, doch die ...

... meisten Spiele kommen von Nintendo. Eternal Darkness gruselt Erwachsene ...

... die Smash Brothers unterhalten eine vierköpfige Familie (beide 2002).

für seine „Rage"-Beschleuniger. Matsushita produziert das Speichermedium: Die 8 cm kleine 1,5GB-Scheibe taugt als physischer Kopierschutz und lädt flotter als normale DVDs. Westlichen Nintendo-Strategen erscheint sie zu mickrig: Während in Japan alle Spiele in Miniverpackung erscheinen, stecken PAL-Scheiben in großer DVD-Hülle.

Die Spielhersteller begrüßen Nintendos Modul-Abkehr und die leichte Programmierbarkeit der Konsole. US- und Euro-Firmen arbeiten schon im Vorfeld an neuen Spielen, fast alle Playstation-Helden (**Rayman**, **Tony Hawk's**, **XtremeG**) kommen auf den Gamecube. Im Heimatland Japan, in dem die Playstation-2-Verkäufe Nintendo im Verhältnis 3:1 übertrumpfen, sind die Firmen vorsichtiger. Der 90er-Jahre-Partner Konami liefert in den ersten zwölf Monaten keine Originalentwicklung, ebenso zurückhaltend ist Namco. Dafür leuchtet dem Spieler bereits beim Starttitel **Super Monkey Ball** ein Sega-Logo entgegen – nach dem Rückzug aus dem Hardware-Geschäft programmiert der einstige Konkurrent jetzt für Nintendo. Capcom setzt seine Horror-Serie optisch verbessert auf den Gamecube um und bringt mit **Resident Evil Zero** einen Nintendo-exklusiven Prolog. Als Sensation wird Squares Rückkehr zu Nintendo gewertet: Nach acht Jahren der Playstation-Exklusivität gibt es 2003 ein neues **Final Fantasy** für dem Gamecube.

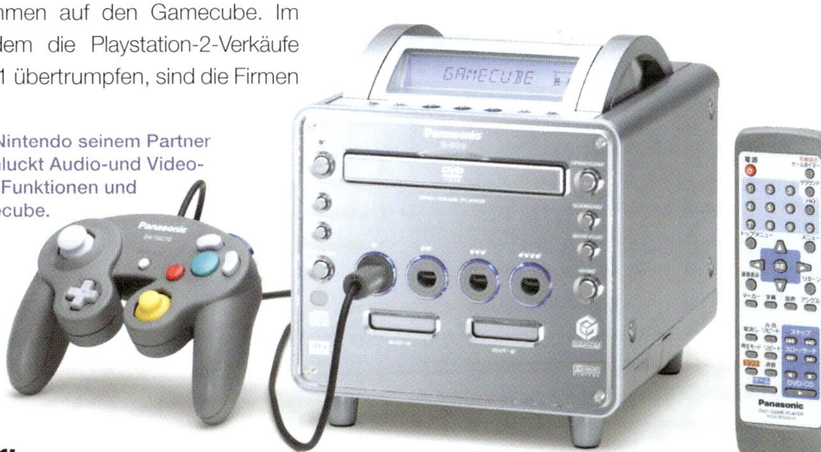

Den Videomarkt überlässt Nintendo seinem Partner Panasonic. Dessen „Q" schluckt Audio-und Video-Scheiben und besitzt mehr Funktionen und Schnittstellen als der Gamecube.

Varianten und Nachfolger:

Nintendo Gamecube	2001	Vor dem Debüt wird der Gamecube in fünf Gehäusevarianten präsentiert, bis Ende 2002 jedoch nur in lila, schwarz und – in Japan – orange ausgeliefert. Neben vier Joypad-Ports und drei Erweiterungsschächten besitzt er eine analoge sowie erstmals eine digitale AV-Schnittstellen für den Anschluss an Projektor, Plasma-Panel oder HDTV. Ein Modem wird zum „Phantasy Star Online"-Start ausgeliefert.
Panasonic Q	2001	Die Kombi aus Spielkonsole und DVD-Videospieler wird nur in Japan vermarktet und ist mit 35.000 Yen fast doppelt so teuer wie ein normaler Cube. Das Gehäuse ist vergrößert, besitzt ein LCD und neue Bedienelemente sowie erweiterte Schnittstellen. Dem Metallic-Gerät liegen ein graues Panasonic-Joypad und eine Fernbedienung bei.

Acorn Archimedes

GB, 1988 | Spiele: 100 | Q&A: ✕✕› | Spiele auf: Diskette | Entwicklung bis: 1995

Die Acorn-Computer auf Basis einer 32-Bit-RISC-CPU von ARM sind leistungsfähiger als Atari ST oder Amiga und positionieren sich zwischen Heim-Computer und Workstation, ohne den Erfolg des Schul-Computers BBC B zu wiederholen. Nur für technisch ehrgeizige Programmierer mit BBC-Background bleibt das Gerät über mehrere Jahre die erste Wahl, u.a. nützen David Braben und Nick Pelling die 3D-Power des Archimedes. Bestes Originalspiel ist das Polygon-„Defender" **Zarch** von David Braben, später als „Virus" auf schwächere Geräte umgesetzt. Wichtigster der ausschließlich englischen Dritthersteller ist Krisalis: Die Firma produziert bis 1995 Umsetzungen prominenter 16-Bit-Spiele, darunter **Lemmings, Sim City** und **Speedball**.

Acorn BBC B

GB, 1982 | Spiele: 300 | Q&A: ✕✕✕ | Spiele auf: Kassette, Diskette | Entwicklung bis: 1989

Englischer Volks- und Schul-Computer, 1982 als Nachfolger des Acorn Atom eingeführt und während der 80er-Jahre eine beliebte Spielmaschine. Mit solider Schreibmaschinen-Tastatur und stabilem Gehäuse etabliert sich der BBC B als seriöse Alternative zu C 64 und Spectrum. Auch der höhere Preis empfiehlt den 32KByte-Rechner einer anderen Zielgruppe, den ernsthaften Usern. Die 16K-Variante BBC A kostet nur 200 Pfund, ist für die meisten Anwendungen und Spiele aber zu schwach. Nur der BBC B besitzt eine Joystick-Buchse, außerdem serielle und Druckerschnittstellen und einen „User Port". Standardmedium für Spiele ist die 1200bps-Datasette. Die zuverlässige und im Gegensatz zum Electron gut aufrüstbare Hardware ist bei englischen Entwickler beliebt: 1983 reizt David Braben mit **Elite** die 3D-Fähigkeiten des BBC-Computers aus und erschafft mit der legendären Weltraumoper das spielerisch glücklichste Genre-Experiment der 80er-Jahre.

Robert Schmidt schreibt auf seiner „BBC Lives!"-Seite: „*Was dem BBC B fehlte, waren Sprites, in dieser Beziehung gerieten einige BBC-Spiele schwächer als ihre Konkurrenten. (...) Die Schwerpunktverlagerung führt zu innovativen, mathematisch starken Erfolgstiteln, die [danach] auf fast alle Heim-Computer umgesetzt werden.*" Neben **Elite** nennt er Geoff Crammonds **Sentinel, Thrust**, sowie die Simulationen **Aviator** und **Revs**. Der BBC B wird durch den BBC B+, schließlich durch den BBC B Master mit 128 KB abgelöst. Letzter 8-Bitter von Acorn ist der BBC B Master Compact mit integrierter Floppy. Danach überspringt Acorn eine CPU-Generation und präsentiert 1988 den 32-Bit-Heimcomputer Archimedes.

Acorn Electron

GB, 1983 | Spiele: 100 | Q&A: ✕✕ | Spiele auf: Kassette, Diskette | Entwicklung bis: 1986

Auf 1 MHz herabgetaktete Version des englischen BBC B-Computers, im August 1983 für 199 Pfund eingeführt. Trotz abgespeckter Grafik- und Soundfähigkeit, fehlender Erweiterungsschächte und Funktionstasten etabliert sich der Electron in England als billige Alternative für Hobbyisten und Spieler. Ab Ende 1983 erscheinen zu BBC-Spielen meist auch technisch schwächere Electron-Versionen.

Commodore C 16, C 116

n.b., 1984 | Spiele: n.b. | Q&A: | Spiele auf: Kassette, Diskette | Entwicklung bis: 1988

Dem komischen Zwitter aus VC 20 und Büro-Computer mit serienmäßig 16K RAM und dunklem Brotkasten-Gehäuse fehlen die Sound- und Grafik-Chips des C 64. Als C 116 später in Plus/4-ähnlichem, aber kleinerem Gehäuse, mit Gummi- statt Schreibmaschinen-Tastatur. Beide 16-K-Computer werden nur in Europa veröffentlicht.

Commodore Maxmachine

Japan, 1982 | Spiele: 15 | Q&A: | Spiele auf: Modul | Entwicklung bis: 1983

Japanische VC 20-Variante mit SID-Chip, 2,5 KByte RAM und abgespeckten Schnittstellen. Im November 1982 für 34.800 Yen eingeführt, vor allem vom Entwicklungshaus HAL mit Originalentwicklungen unterstützt. In Europa kurzzeitig als Ultimax und Vic-10 beworben.

Commodore Plus/4

n.b., 1984 | Spiele: n.b. | Spiele-Q&A: | Spiele auf: Kassette, Diskette | Entwicklung bis: 1988

Profi-Variante des C 16 mit modernerem, schwarzem Gehäuse, weißer Tastatur mit vier abgesetzten Cursor-Pfeilen, 64K RAM und integrierter Anwendungs-Software. Der Startpreis in Deutschland beträgt 1.300 Mark. Alle Rechner dieser Hardware-Familie besitzen eine auf 121 Töne erweiterte Farbpalette, aber weder die Sprites noch den SID-Chip des C 64 und sind auch nicht mit C-64-Joystick und -Datasette kompatibel. Vorläufer des Plus/4 ist der C 264.

Commodore Pet

USA, 1977 Spiele: n.b. | Q&A: | Spiele auf: Kassette | Entwicklung bis: 1982

Zusammen mit dem TRS-80 und dem Apple II erschafft der „Personal Electronic Transactor“ den Markt der Personal-Computer. Die CBM-Computer werden nicht als Bausätze, sondern als Komplettsysteme zum Preis von unter 1.000 Dollar an Computer-Enthusiasten verkauft und über die IEEE-488-Schnittstelle erweitert. Neben Privatanwendern und Unternehmen erwerben viele Schulen Pet-Computer. Obwohl die Rechner weder Grafik noch Farben darstellen und keinen Sound besitzen, tummeln sich auf ihnen Spiele, neben Clones bekannter Automaten auch die Debütwerke von Jon Freeman und Jim Connelly (**Temple of Apshai, Starfleet Orion**, 1979) und Mike Singleton.

Commodore gibt die Bezeichnung Pet nach dem ersten Modell auf, doch die nette Abkürzung hält sich in der User-Gemeinde: Merkmal aller Pet-Computer ist das helle Gehäuse, das Computer, Monochrom-Monitor und Tastatur zur Einheit zusammenfasst. Alle Pets verwenden als CPU den MOS-6502-Chip. Das erste Modell (2001 mit 4K, später 8K) besitzt wegen eingebauter Datasette eine (zu) kleine Tastatur („Mickey Mouse“-Tasten). Ab der 3001-Serie werden alle Rechner mit solider Tastatur und externem Massenspeicher, Datasette, später Doppel-Floppy CBM 8250 und Festplatte ausgeliefert. Nach Varianten wie dem 4032 mit 12“-Monitor ist das letztes Modell der „Super-Pet“ MMF 9000 mit 96K RAM, zwei CPUs und zwei Betriebsystemen. Der hübscheste Rechner der Serie ist der späte 8032SK im futuristisch geschwungenen Gehäuse, mit absetzbarer Tastatur und drehbarem Monitor.

DEC PDP

USA, 1959 | Spiele: 300 | Q&A: ✖✖ | Entwicklung bis: 1982

Als erster kommerziell erhältlicher Rechner mit Tastatur und grafischem Display kommt der „Programmed Data Processor" (PDP) des US-Herstellers DEC ab 1959 an Forschungsinstituten zum Einsatz und wird dort von Wissenschaftlern und Studenten sofort als Spielmaschine „missbraucht". Auf einer DEC PDP-1 läuft 1961 die Urversion von **Space War**, dem ersten Computer-Spiel – dadurch sichert sich DEC einen Platz in der Geschichte der interaktiven Unterhaltung. 1971 bauen die beiden Stanford-Studenten Bill Pitts und Hugh Tuck einen **Space Wars**-Automaten auf PDP-Basis, der auf dem Campus bis 1979 in Betrieb bleibt.
Bis sich Heim- und Personal-Computer durchsetzen und PDP-Power auf Schreibmaschinen-Größe schrumpft, beeinflusst die Hardware noch mehrmals die Entwicklung des Computer-Spiels. Ende der 70er-Jahre ertüftelt William Crowther seine Höhlensimulation **Advent** auf einem PDP-10, 1980 öffnet der englische Wissenschaftler und „Advent"-Fan Roy Trubshaw auf der gleichen Plattform seinen **Multi User Dungeon** als **MUD** Vorläufer aller Online-Rollenspiele. Weitere PDP-Meilensteine sind Richard Greenblatts **MacHack**-Schach von 1967 (PDP-6), Ken Thompsons PDP-7-Umsetzung **Space Travel** (die angeblich zur Erfindung von Unix führte), sowie Walter Brights **Empire** von 1978. Gegen 1980 wird die PDP-Familie in den USA von VAX-Rechnern abgelöst, bleibt in anderen Teilen der Welt aber noch im Einsatz. So entwickelt Alexei Pajitnov 1985 auf dem russischen PDP-11-Nachbau Electronica sein Tüftelspiel **Tetris**.

Fujitsu FM-7, FM-77

Japan, 1982, 1984 | Spiele: 700 | Q&A: ✖✖✖ | Spiele auf: Kassette, Diskette | Entwicklung bis: 1989

Der japanische Personal- und Heim-Computer FM-7 ist der kompatible Hobby-Nachfolger des Büro-Computers FM-8, den Fujitsu Mai 1981 in Japan ausliefert. Er und seine Varianten besitzen zwei CPUs, hochauflösende Grafik (640x200 Pixel in acht Farben) und einen programmierbaren Soundgenerator (PSG). In dieser Ausstattung werden FM-7-Computer zur nach der PC-88-Serie erfolgreichsten japanischen 8-Bit-Plattform, für die u.a. Technosoft, Koei und Hudson, Enix, Falcom sowie Square auf Kassette und Floppy-Disk produzieren. Eine bekannte FM-7-Originalentwicklung ist die Wirtschaftssimulation **A-Train** (1985) von Artdink. Der abwärtskompatible Nachfolger FM-77 besitzt neben 64K Arbeitsspeicher 48K Video-RAM und wird auf Wunsch mit zwei Laufwerken für Sonys neue 3,5"-Diskette ausgeliefert. Er kostet anfangs 228.800 Yen, sein Nachfolger FM-77AV (Oktober 1985) rund 170.000 Yen. Das AV steht für verbesserte Grafik (4096-Farbmodus, mindestens 96K Video-RAM) und FM-Sound. Letztes Modell der Serie ist der 40SX von 1988 mit serienmäßig zweimal 192 K RAM, vier Grafikmodi und max. 262.144 Farben.

Fujitsu FM Towns

Japan, 1989 | Spiele: n.b. | Q&A: ✖✖✖✖ | Spiele auf: CD, Diskette | Entwicklung bis: 1996

Der Multimedia-Nachfolger der FM-77-Computerserie von Fujitsu ist dank CD-ROM-Laufwerk und True-Color-Farbpalette Anfang der 90er-Jahre der mächtigste und begehrteste Spiele-PC Japans. Die Standardauflösung beträgt 640x480 in 256 Farben. Der FM Towns bleibt neben den marktbeherrschenden PC-98-Rechnern von NEC in einer Nische, wird in Japan aber mehrere Jahre von Herstellern unterstützt. Ein prominentes Originalspiel ist **A-Train III** von 1990, eine einflussreiche Konvertierung **Habitat** – Fujitsu-Forscher entwickeln die Online-Gemeinschaft von LucasArts für den japanischen Markt weiter. Die einzige westliche Software-Firma, die für den FM Towns entwickelt, ist Psygnosis, die u.a. ihr **Shadow of the Beast** aufmöbelt und die FMV-Ballereien **Microscosm** und **Novastorm** auf FM-Towns-CD in Japan (erst)ausliefert.

Der Marty ist die technisch mächtige, aber erfolglose Konsolenvariante des FM-Towns (siehe Seite 124).

Mattel Aquarius

USA, 1983 | Spiele: 30 | Q&A: ✕› | Spiele auf: Kassette, Modul | Entwicklung bis: 1984

Auf Intellivision-II-Basis entwickelter Billig-Computer mit 4K RAM, Gummitastatur und Basic. Für Spieler ist der gleichzeitig ausgelieferte Mini Expander das wichtigste Zubehör; er erweitert den Aquarius um zwei Joypads (Drehscheibe, sechs Tasten), zwei Modulschächte und den Sound-Chip der Intellivision-Konsole. Als weiteres Zubehör für Mattels schwach vermarkteten Computer-Ausrutscher erscheinen außerdem Datasette, Speicherweiterung und Modem für den Cartridge-Schacht.

NEC PC 8001, 8801

Japan, 1979, 1981 | Spiele: 500 | Q&A: ✕✕✕✕ | Spiele auf: Kassette, Diskette | Entwicklung bis: 1991

8-Bit-Personal- und Heim-Computer-Serie von NEC, mit einer vier bis 14 MHz getakteten NEC-CPU ausgestattet. Der im August 1979 für 128.000 Yen eingeführte PC-8001 besitzt 16K Arbeitsspeicher, alle Nachfolger sind mit mindestens 64K sowie zusätzlichem Video-RAM ausgestattet. Kurz vor dem Ende der Produktionszeit verbessert NEC die Grafik durch einen neuen 640x400-Pixel-Modus in acht Farben aus einer Palette von 4096 (PC-88VA3, 1988) bzw. einer Palette von 512 Farben (PC-88MC 2, 1989). Anfang der 80er-Jahre ist der PC-8801-Rechner die stärkste Spiele-Plattform auf dem japanischen Markt, u.a. entstehen auf ihm die Rollenspiele **Hydlide, Black Onyx** (beide 1984), **Valis** (1986), **Dragonslayer, Xanadu** und **Ys** von Falcom, sowie der Langrisser-Vorläufer **Emblem of Gaia** (NCS, 1987). Ende der 80er-Jahre wird die inzwischen technisch zurückgebliebene PC-88-Serie von der 16-Bit-Familie PC-98 verdrängt.

NEC PC-98

Japan, 1982 | Spiele: 1.000 | Q&A: ✕✕✕✕› | Spiele auf: Diskette | Entwicklung bis: 1997

Das Gegenstück zu westlichen DOS-Rechnern ist der erste 16-Bit- und der bis in die 90er-Jahre erfolgreichste Spiele-PC Japans. Ähnlich wie westliche IBM-Kompatible wird die Plattform kontinuierlich weiterentwickelt, so dass ungezählte Varianten existieren. Ab dem PC-9801VM tauscht NEC die Intel-CPU (8086 mit 5MHz) gegen den kompatiblen, mit 8 MHz getakteten Eigenbau V30 aus. Ab Anfang 1990 stecken in den 98er-Rechnern die Intel-CPUs 386, 486, Pentium und ihre Varianten (z.B. 386SX im PC-9801DS von 1991).
Die im Westen unbekannte PC-Familie ist Geburtstätte vieler heute noch beliebter Serien: 1983 schreibt Technosoft die erste **Thunderforce**-Ballerei für den PC-98, zwei Jahre später debütieren die Strategiespiele **Daisenryaku** (Systemsoft) und **Nobunaga's Ambition** (Koei) auf der NEC-Plattform. Auch prominente Fantasy-Rollenspiele (**Ys 2**, 1988, **Dragonknight**, 1989, **Princess Maker**, 1991) und Simulationen (**Derby Stallion, Winning Post**) werden auf Videospielkonsolen fortgesetzt. Mitte der 90er-Jahre lösen Windows-Rechner die PC-98-Serie ab.

Sanyo Laser 2001

Japan, 1984 | Spiele: n.b. | Q&A: ✕✕ | Spiele auf: Modul, Kassette, Diskette | Entwicklung bis: n.b.

Erfolgloser Heim-Computer-Verwandter des Creativision, mit den Modulen dieser Spielkonsole kompatibel. Der Basic-Rechner mit 6502A-CPU besitzt eine professionelle Schreibmaschinen-Tastatur und eine Druckerschnittstelle, sowie Datasetten und Disketten als beschreibbare Medien.

Sharp X68000

Japan, 1986 | Spiele: 200 | Q&A: ✖✖✖✖ | Spiele auf: Diskette | Entwicklung bis: 1994

Nur in Japan vermarkteter Nachfolger der MZ- und X1-Computer-Serien von Sharp. Das schwarze Gerät mit zwei schlanken Mini-Tower-Gehäusen ist auf Multimedia ausgerichtet und dem westlichen Commodore Amiga ähnlich, aber technisch überlegen. Startpreis: 36.800 Yen. Der erste 32-Bit-Rechner von Sharp ist wegen seiner Grafik (Alpha-Kanal, vier Grafikmodi bis 768x512 Pixel) und dem Yamaha-Soundchip als Action-Maschine beliebt. Von 128 Sprites kann der X68000 32 auf einer Zeile darstellen, die Objekte und Hintergründe skalieren sowie rotieren und dadurch getreue Umsetzungen populärer Action-Automaten wie **Afterburner** und **Out Run** abspielen. Neben diesen Sega-Hits werden auch Titel von Konami, SNK und Capcom kompetent auf den X68000 konvertiert. Bekannte X68000-Originalentwicklungen sind Konamis Castlevania-Episode **Akuma Joo Dracula** sowie die Ballerspiele **Phalanx** und **Thunderforce 2**. Als letztes X68000-Spiel erscheint Anfang 1995 die Neo-Geo-Umsetzung **Viewpoint**.

Sinclair QL

GB, 1984 | Spiele: 30 | Q&A: ✖› | Spiele auf: Microdrive | Entwicklung bis: 1986

Professioneller Nachfolger des Sinclair Spectrum auf Basis einer 8-Bit-Variante der 68000-CPU (68008 mit 8 MHz). Der QL besitzt serienmäßig 128K RAM, Grafikauflösungen von 256x256 Pixel in acht und 512x256 in vier Farben, zwei RS232- sowie RGB-, Joystick- und Netzschnittstellen, aber keinen spezialisierten Soundchip.

Dem äußerlich eleganten, kleinen QL werden Verschiebungen, technische Probleme und sein Speichermedium zum Verhängnis, denn das 100K-„Microdrive" setzt sich nicht einmal in seiner Heimat gegen die Diskette durch; in den USA und in Japan wird der QL nicht vermarktet. Von Umsetzungen abgesehen bleiben das Games-Workshop-Strategiespiel **D-Day** und das Adventure **The Pawn** die einzigen Spiele für den glücklosen 68000-Pionier, dem auch die junge Firma Psygnosis Unterstützung zusagt, dann aber schnell entzieht und auf Amiga und Atari ST umschwenkt. Der QL wird nach 60.000 verkauften Einheiten im Herbst 1985 im Preis halbiert (auf 200 Pfund), wenig später eingestellt.

Sord, Takara M5

Japan, 1982 | Spiele: 50 | Q&A: ✖✖ | Spiele auf: Kassette, Modul | Entwicklung bis: 1983

Ende 1982 in Japan eingeführter Spiel-Computer mit Gummi-Tastatur und Z-80A-CPU (3,6 MHz). Trotz mickrigem 3K-RAM sind die beiden Varianten Sord M5 (49.800 Yen) und Takara „Game PC" (59.800 Yen) mit Modulschacht, guter Grafik (16 Farben, 32 Sprites) und 3-Kanal-Sound kurzzeitig erfolgreiche Spielgeräte. Zwei Joypads mit Richtungsscheibe sind beigelegt, rund 25 Spiele erscheinen als Modul – darunter Automatenumsetzungen wie **Dig Dug, Pac-Man, Moon Patrol, Pooyan** und **Super Cobra**. Als Zubehör werden Drucker, Datenrekorder, Joysticks und ein Diskettenlaufwerk vermarktet. Den M5 löst Anfang 1984 der preisgünstige „M5 Junior" (29.800 Yen inkl. Joystick) und der große Bruder M5 Pro (39.800 Yen) ab. In Europa ist er ab 1983 erhältlich, aber teurer als Commodore-, Sinclair- und Atari-Computer, mit nur 3K RAM untermotorisiert und erfolglos.

Spectravideo SVI-318, SVI-328

USA,1982 | Spiele: 50 | Q&A: ✖✖ | Spiele auf: Kassette, Modul | Entwicklung bis: n.b.

Spiel- und Heim-Computer mit Hartgummi-Tastatur, technischer Verwandter und Vorläufer der MSX-Rechner von Spectravideo – die Hardware ist fast identisch, aber nicht kompatibel. Markant ist der rechts neben der Tastatur eingelassene rote Joystick, der dem Nachfolger SVI-328 (64K Arbeitsspeicher, 16K VRAM, ausgewachsene Schreibmaschinen-Tastatur, zwei Controller-Ports) fehlt.

Tandy TRS-80

USA,1977 | Spiele: 100 | Q&A: ✕✕ | Spiele auf: Kassette, Diskette | Entwicklung bis: n.b.

Amerikanische Heim-Computer-Serie, vom Tandy-Manager Don French und dem Hardware-Bastler Steve Leininger konzipiert und 1977 vorgestellt. Das anfangs 600 Dollar teure, später als „Model 1“ bekannte Gerät teilt sich mit dem Commodore Pet und dem Apple 2 den Ruf „erster Heim-Computer der Welt“ und enthält anfangs nur 4K, später 16K RAM, extern auf 48K erweiterbar. Laut www.trs-80.com werden bis zur Einstellung der Model-1-Produktion (Ende 1981) über 200.000 Einheiten verkauft; in Europa erscheint das Model 1 als „Video Genie“. Als frühe, im Westen erfolgreiche Heim-Computer-Serie ist der TRS-80 trotz technischer Schwäche die Geburtsstätte prominenter Spiele wie **Temple of Apshai** (Epyx, 1979), dem Debüt des Brøderbund-Gründers Doug Carlston (**Galactic Empire**, 1979) und den Textabenteuern von Scott Adams, beginnend mit **Adventureland** (1979). Von letzterem inspiriert, schreibt in Europa Brian Howarth ab 1980 seine **Mysterious Adventures** für den Tandy.

Texas Instruments TI99/4a

USA,1980 | Spiele: 80 | Q&A: ✕✕ | Spiele auf: Kassette, Modul | Entwicklung bis: 1984

Kompetenter aber erfolgloser Heim-Computer, noch zwei Jahre vor C 64, Sinclair Spectrum & Co. im Handel. Das flache Gerät mit solider Tastatur und Metallic-Lackierung besitzt einen Modulschacht, ist von 16 auf 48 K RAM erweiterbar und wird mit einem Sprachadapter nachgerüstet, den mit **Parsec** das beste TI99/4a-Spiel unterstützt. Bis zum Texas-Instruments-Rückzug vom Heim-Computer-Markt (1984) wird der Rechner in den USA und Europa rund 2,5 Millionen Mal verkauft.

Tomy Pyu-Ta

Japan, 1982 | Spiele: 28 | Q&A: ✕✕ | Spiele auf: Modul | Entwicklung bis: 1984

1982 eingeführter Spiel-Computer mit 16-Bit-CPU TI 9995, RGB-Ausgang und Basic-Betriebssystem, zum Preis von 59.800 Yen eines der teuersten Spielgeräte. Unter den knapp 30 ausgelieferten Modulen befinden sich offiziell lizenzierte Automatenumsetzungen von Konami (**Scramble, Frogger** und **Gattan Cotton**) sowie Universal (**Mr. Do!**). Das Vektorgrafik-Spiel **Rescue Copter** sowie das scrollende Disney-Jump'n-Run **Mickey Athletic Land** sind die beiden interessantesten Titel. Zum Massenmarkt-Preis von 19.800 Yen erscheint 1983 die um die Tastatur abgespeckte Variante „Pyu-Ta Jr.“, die im Westen als Tomy Tutor eingeführt wird. Eine Profifassung ist das Mk. II mit vollwertiger Schreibmaschinen-Tastatur. Die Tomy-Pa-Controller sind Pads mit Steuerscheibe und zwei Tasten in den Gehäusefarben des Computers, weiß und blau.

Spiel- & Multimedia-Konsolen

Bally Astrocade

USA ,1976 | Spiele: 50 | Q&A: | Spiele auf: Kassette, Modul | Entwicklung bis: 1983

Frühe programmierbare Konsole des amerikanischen Arcade-Riesen Bally mit drei eingebauten Spielen, Rechner und Mini-Tastatur, 1978 durch ein Basic-Modul zum Heim-Computer aufgerüstet. Das technisch überlegene System auf Basis einer Z80-CPU bleibt durch seinen im Vergleich zum Atari VCS hohen Startpreis (299 Dollar) und die schwache Vermarktung ein Außenseiter. Nach Modulen von Bally wie **Wizard of Wor** erscheinen ab 1980 nur noch Kassetten-spiele semi-professioneller Programmierer, für die dem Gerät 1982 ein verbessertes BASIC beigelegt wird. Die kantige, zweistufige Konsole gibt es in zwei Varianten: Eine limitierte Version im weißen Gehäuse sowie das Standard-System im Holz-Look. Ungewöhnlich sind die Controller, die Stick, Paddle und Trigger zur Einheit zusammenfassen.

Bandai Pippin

USA/Japan, 1997 | Spiele: 30 | Q&A: | Spiele auf: CD | Entwicklung bis: 1999

Später, hoffnungsloser Versuch von Apple und Bandai, den Multimedia-Markt zu erschließen. Die Spezifikationen werden auf Basis von MacOS und Power-PC-CPU von Apple entwickelt, theoretisch an alle, in der Praxis aber nur an Bandai lizenziert. Die Pippin-Konsole des japanischen Spielzeugriesen erscheint verspätet 1997, wird jedoch nicht konsequent vermarktet – zwischen Edutainment- und Internet-Versprechen erkennt der Kunde keinen konkreten Nutzen für die leistungsfähige (PowerPC-CPU, 5MB RAM, RGB- und SVideo-Schnittstellen), aber teure Hardware. Bis zur Einstellung der Produktion werden weltweit 30.000 Geräte und eine Handvoll Spiele (darunter eine „**Dragoball Z**"-Umsetzung) verkauft. 1998 wird die Pippin-Abteilung liquidiert. Den Hardware-Flop macht Bandai wenig später mit Tamagotchi wett.

Bandai Playdia

Japan, 1994 | Spiele: n.b. | Q&A: | Spiele auf: CD | Entwicklung bis: 1995

CD-ROM-Konsole für Kinder, vom japanischen Spielzeug- und Anime-Konzern Bandai nur in Japan veröffentlicht. Das bunte Gehäuse enthält eine Aussparung für den herausnehmbaren Infrarot-Controller, das einzige bekannte Zubehör für den erfolglosen Exoten. Bis zur Produktionseinstellung wird das System nur von Bandai mit CDs unter-stützt, ausschließlich Umsetzungen bekannter Manga- und Anime-Marken. Ursprünglicher Preis: 24.800 Yen.

Casio PV-1000

Japan, 1983 | Spiele: 15 | Q&A: | Spiele auf: Modul | Entwicklung bis: 1984

Japanische Videospielkonsole, im Oktober 1983 zeitgleich mit der Heim-Computer-Fassung PV-2000 ausgeliefert. Das PV-1000 kostet anfangs 14.800 Yen, die Tastatur- und BASIC-Variante das doppelte. Auf Modul erscheinen u.a. die Namco- und Konami-Spiele **Pooyan, Amidar, Dig Dug** und **Super Cobra**. Ebenso wie das Super Cassettevision von Epoch wird auch dieses System 1984 durch das Nintendo Famicom vom Markt gefegt.

Daewo (Zemina) Zemmix

Korea, 1989 | Spiele: n.b. | Q&A: n.b. | Spiele auf: Modul | Entwicklung bis: n.b.

Die koreanische MSX-Spielkonsole wird in mehreren Varianten ausgeliefert: Das CPC-50 steckt in einem rundlichen Gehäuse in Blau und Gelb, Weiß und Rosa oder Hellblau/Rosa und ist mit 128K-ROM-Modulen kompatibel. Das CPC-51 sieht etwas futuristischer aus und wird in Rot, Schwarz und Weiß verkauft. Das CPC-61 basiert auf dem MSX2-Standard und steckt in einem eckigen Gehäuse, ebenfalls in mehreren Farbvariationen. In Europa werden weder die Konsolen, noch das Zubehör (Tastatur, Speichererweiterung, Joysticks) vermarktet.

Epoch Cassettevision

Japan, 1981 | Spiele: 12 | Q&A: ✖ | Spiele auf: Modul | Entwicklung bis: 1982

Erste „programmierbare" Konsole Japans im Juni 1981 für 13.500 Yen veröffentlicht. Mit einer 4-Bit-CPU von NEC spielt das Gerät ungefähr auf Interton-VC4000-Niveau. Zwei Paddles sind in die Konsole integriert und nicht herausnehmbar.

Epoch Super Cassettevision

Japan, 1983 | Spiele: 30 | Q&A: ✖› | Spiele auf: Modul | Entwicklung bis: 1984

Der 8-Bit-Nachfolger des Cassettevision kostet 15.000 Yen, besitzt serienmäßig einen RGB-Ausgang, zwei Joysticks und eine numerische Tastatur neben dem Modulschacht. Für das Super Cassettevision erscheinen prominente Computer- und Automatenumsetzungen (**Miner 2049er, Boulder Dash, Mappy, Pole Position 2**) sowie die Anime-Titel **Lupin III, Dragonball** und **Doraemon**. Historisch interessant ist das Action-Rollenspiel **Dragonslayer** mit Batterie-gepuffertem Speicher.

Fairchild Channel F

USA, 1976 | Spiele: 28 | Q&A: ✖ | Spiele auf: Modul | Entwicklung bis: n.b.

Erste „programmierbare" Spielkonsole der Welt – leider schnell auch das schlechteste Gerät auf dem Markt. Die ungewöhnlichen Controller (Stick mit beweglichem Oberteil) werden hinter eine Klappe in das Gerät gepackt und sind erst in der Anfang der 80er-Jahre veröffentlichten 100-Dollar-Neuauflage abnehmbar. Die meisten Fairchild-Module werden von Nordmende und Saba auch in Europa veröffentlicht. Letztgenannte Firma fertigt den deutschen Lizenznachbau „Videoplay".

Fujitsu FM Towns Marty

Japan, 1994 | Spiele: n.b. | Q&A: ✖✖✖ | Spiele auf: CD, Diskette | Entwicklung bis: 1995

Leistungsfähige, kommerziell aber erfolglose Konsolen-Variante des FM-Towns-PC von Fuji. Das Gerät wird Anfang 1994 eingeführt und nur in Japan vermarktet, basiert auf einer 386/16MHz-CPU (die zweite Serie auf einer 486er-CPU) und besitzt als einzige CD-ROM-Konsole ein 3.5"-Floppy-Laufwerk, sowie einen Card-Slot an der rechten Seite des Gehäuses. Als stärkste Spiele-Hardware des Jahres wird das Gerät für den englischen Hersteller Psygnosis zur Zielplattform des innovativen 3D-Experiments **Novastorm**. Daneben erscheint eine Handvoll guter Umsetzungen bekannter Spät-80er-Jahre-Automaten, darunter Namcos berüchtigtes **Splatterhouse**. Durch seine Verwandtschaft zu Towns-Rechnern erhält der Marty auch zahlreiche PC-Spiele, wird aber kaum für eine Originalentwicklung genützt. Jetzt ist die Toplader-Konsole in grau-blauem (erste Auflage) und weißem Gehäuse ein begehrtes Sammlerstück internationaler Videospiel-Fans.

NEC FX

Japan, 1994 | Spiele: 90 | Q&A: ✖✖ | Spiele auf: CD | Entwicklung bis: 1998

NECs halbherziger Versuch dem japanischen Phänomen PC-Engine ein zeitgemäßes 32-Bit-Update zu spendieren: Aus dem 3D-Kraftwerk („Iron Man") wird im Lauf der Entwicklung eine Multimedia-Maschine mit MotionJPEG-Unterstützung, die trotz ihrer Video-Fähigkeit bereits im Jahr der Einführung veraltert wirkt. Die CD-Konsole im Mini-Tower-Design wird nur in Japan vermarktet und dort rund 400.000 Mal verkauft. Unter den knapp 100 Spielen finden sich viele bekannte Adventures, Strategie- und Rollenspiele (**Langrisser FX, Graduation, Lunatic Dawn, Angelique**) und sogar eine Umsetzung des amerikanischen Multimedia-Abenteuers **Return to Zork**.

VT Creativision

Hongkong, 1982 | Spiele: 11 | Q&A: ✖❯ | Spiele auf: Modul | Entwicklung bis: n.b.

1982 in Japan eingeführter Intellivision- und Arcadia-Konkurrent auf Basis einer 6502A-CPU. Zum Startpreis von 54.800 Yen ist das Creativision das teuerste 8-Bit-Spielgerät; in Deutschland will Sanyo für den Spiel-Computer 1984 knapp 500 Mark. Zwei Pads werden ins Gehäuse eingelegt und ergänzen sich dort zur alphanumerischen Tastatur. Externes Zubehör wie eine größere Hartgummi-Tastatur, Kassettenrekorder und Disketten-Laufwerk verwandeln die Konsole in einen Basic-Computer. Mit Zubehör und Joysticks für andere Computer ist das Creativision nicht kompatibel. Neben der Erweiterbarkeit ist die Ausstattung ein Verkaufsargument: Mit einer Grafikauflösung von 256x192 Bildpunkten in 16 Farben und maximal 32K Arbeitsspeicher ist das Creativision technisch konkurrenzfähig. Für den Exoten erscheinen aber nur elf Spielmodule, darunter keine Lizenz- oder Third-Party-Entwicklung.

Mini-Tower für Spieler: Der langerwartete Nachfolger zur PC-Engine entpuppt sich 1994 als Multimedia-Konsole, die keiner so recht haben möchte. Hinter der Klappe über den beiden Joypad-Ports befindet sich einer von insgesamt drei Erweiterungsschächten, an der Rückseite ein zweiter, sowie S-Video-, AV- und StereoCinch-Ausgang.

Entex Adventure Vision

USA, 1982 | Spiele: 4 | Q&A: | Spiele auf: Modul | Entwicklung bis: 1982

Ungewöhnliche Tabletop-Konsole mit LED-Bildschirm, der eine Auflösung von 40x150 roten Bildpunkten auf schwarzem Hintergrund darstellt, integriertem Mini-Joystick und zwei mal vier Feuertasten – für Rechts- und Linkshänder. Zum Adventure Vision erscheinen vier Module, neben dem Asteroids-Clone **Space Force** und einer offiziellen **Defender**-Umsetzung auch **Super Cobra** und **Turtles** von Konami. Das Gerät auf Basis einer Intel-8048-CPU gilt Sammlern als Heiliger Gral, für den man fast das Zehnfache seines 70-Dollar-Neupreises hinblättert.

Gamepark GP32

Korea, 2002 | Spiele: 20 | Q&A: | Spiele auf: Card | Entwicklung läuft noch

Mit ARM-CPU und 320x240-Pixel-Farbbildschirm, Handy- und PC-Schnittstelle ist das koreanische Handheld dem Game Boy technisch überlegen. Bis zu vier Handhelds kommunizieren über Infrarot, als Speichermedium verwendet das GP32 handelsübliche SmartMedia-Karten. Über die USB-Schnittstelle ist das GP32 leicht programmierbar, wird von japanischen oder westlichen Drittherstellern aber nicht beachtet. Nur koreanische Firmen liefern Action- und Rollenspiele, Puzzles und Adventures. Zwei AA-Batterien versorgen das Handheld rund zwölf Stunden mit Strom. In Korea existieren zwei Gehäusevarianten, weiß und dunkel.

Nintendo Pokémon Mini

Japan, 2001 | Spiele: 10 | Q&A: | Spiele auf: Modul | Entwicklung bis: 2002

Winz-Handheld mit 48x31-Pixel-LCD, Nintendo-typischem Steuerkreuz und zwei Feuerknöpfen, eingebautem Stoßsensor und Rumble-Feature, Uhr, Infrarot-Verbindung und Batterie-gepuffertem Speicher. Die mit 74x58x32 mm kleinste und mit 70g leichteste Modulkonsole dient ausschließlich einfachen Denk- und Geschicklichkeitsspielen im Pokémon-Outfit: Bis Ende 2002 sind in Japan **Pokémon Puzzle Collection, Pokémon Pinball Mini, Pokémon Party Mini** und sechs weitere Module für den Winzling erschienen.

Supervision

n.b., 1991 | Spiele: 20 | Q&A: | Spiele auf: Modul | Entwicklung bis: n.b.

Billig-Handheld mit beweglichem Bildschirm, von Quickshot, Watara, Hartung und anderen Zubehör- und Spielzeugunternehmen gefertigt und vermarktet. Der Exot basiert auf einer M65C02-8-Bit-CPU, die mit 4 MHz getaktet ist und besitzt mit 160 x 160 Pixeln in vier Graustufen eine etwas höhere Auflösung als der Game Boy. Trotzdem erreicht keines der Supervision-Spiele die grafische oder spielerische Qualität eines Nintendo-Moduls. Wie der Game Boy besitzt das Supervision ein Steuerkreuz, zwei Feuerknöpfe, Select- und Start-Taste, einen eingebauten Lautsprecher, Kopfhörer-Ausgang und Lautstärkeregler, sowie eine Zwei-Spieler-Link-Schnittstelle.

Tiger Game.Com

USA, 1997 | Spiele: 20 | Q&A: | Spiele auf: Modul | Entwicklung bis: 1999

Amerikanisches LCD-Handheld mit zwei Modulschächten, simplen Organizer-Funktionen und Internet-Anbindung über ein zusätzliches Modem. Das unpopulärste Spielgerät der späten 90er-Jahre: Während Dritthersteller das Gerät ignorieren, erwirbt Tiger namhafte Lizenzen (**Williams Arcade Classics, Sonic Jam, Duke Nukem**), unterstützt das Gerät davon abgesehen aber kaum. Die Neuvermarktung eines kleineren Geräts mit nur noch einem Modulschacht und Umsetzungen von Metal Gear Solid und Resident Evil verpufft 1999.

8-Bit- und Basic-Heim-Computer

Hersteller Typ	Apple Apple II/+	Commodore Pet	Atari Atari 800	Tandy TRS-80 Color Computer	Sinclair ZX 81	Commodore VC20
Jahr	1977, 1979	1977	1979	1980	1981	1981
CPU						
Typ	6502	6502	6502A	MC 6809E	Z80A	6502
Takt	1	1	1,79	0,9	3,5	1
Speicher (in Byte)						
ROM	12 K	14 K	10 K	8 K	16 K	20 K
RAM	4 K bis 48 K	4 bis 32 K	32 K	4 K	1 K	3,5 K
erweiterbar bis	64 K	32 K	64 K	64 K	16 K	16 K
Grafik						
Coprozessor	–	–	GTIA/Antic	–	–	VIC-1
minimale Auflösung/Farben	280x192/6	40x25(x8x8)	80x192/16	128x128/4	24x32	88x184/4
mittlere Auflösung/Farben	–	–	160x192/4	–	–	–
maximale Auflösung	560x192	–	320x192	256x192	–	176x184/2
Farbpalette	8	0	128, 256	9	0	16
Sprites	nein	nein	8 [2]	nein	nein	nein
Sound						
Chip	–	–	Pokey	–	–	VIC-1
Kanäle	1	0	4	1	0	3 + noise
Ausstattung						
Tastatur	solide, 62	73 Mini-Tasten ohne Versatz	solide, 61	solide, 53	Folie, 40	solide, 66
große Space-Taste	ja	ja [3]	ja	ja	nein	ja
numerisches Keypad	nein	ja	nein	nein	nein	nein
abgesetzte Cursor-Tasten	nein	nein	nein	nein	nein	nein
abgesetzte Funktionstasten	nein	nein	nein	ja	nein	4
Joystick-Ports	1	nein	4	2	nein	1
eingebautes Laufwerk	nein	Datasette [10]	nein	nein	nein	nein
Modulschacht	nein	nein	2	nein	nein	ja

1) VIC-2
2) „players & missiles"
3) ab 3001-Serie
4) nur Spectrum 128
5) SVI-318: eingebauter Mini-Joystick
6) auf Joypad
7) zwei Joystick-Ports und Modulschacht über Interface II
8) je nach Modell unterschiedliche Ausstattung, teilweise mit integrierter Datasette
9) sowie 16K VRAM
10) nur erstes Modell (Pet 2001)
11) Disk-Laufwerk an CPC 664 u.a.
12) kleine „Mickey Mouse"-Tastatur beim PC jr.
13) Texas Instruments SN76496N im PC Jr.

IBM PC, PC jr.	Sinclair ZX Spectrum	Commodore[4] C 64	Acorn BBC B	diverse[8] MSX	Spectravideo SVI-318, 328	Coleco Adam	Amstrad CPC 464
1981, 1983	1982	1982	1982	1982	1983, 1984	1983	1984
8088	Z80A	6510	6502A	Z80A	Z80A	Z80A	Z80A
4,77	3,58	1	2	3,58	3,58	3,58	4
64 K	8 K,16 K	20 K	32 K	32 K	32K, 48 K	32 K	32 K
64 K	16 K oder 48 K	64 K	32 K	8 bis 64 K [9]	16K, 64 K [9]	64 K [9]	64 K
128 K	128 K	16 K	64 K	64 K	256 K	144 K	80 K
(CGA)	–	MOS 6569 [1]	6845 CRTC	TMS-9918	TMS-9918A	TMS-9918A	–
320x200/4	256x192/8	160x200	160x256/16	256x192/16	256x192/16	256x192/16	200x160/16
–	–	320x256/4	–	–	n.b	–	–
640x200/2	–	320x200/16	640x256/2	255x211/256	n.b.	320x200/4	640x200/2
16	8	16	8 + 8	16	16	16	16
nein	nein	8	nein	32	32	32	nein
– [13]	–	MOS 6581(SID)	SN 76489	AY-3-8910	AY-3-8910	SN 76489	AY3-8912
1	1	3	3 + noise	3 + noise	3 + noise	3 + noise	3 + noise
solide, 82[12]	Gummi, 40	solide, 66	solide, 74	solide oder Gummi, 60+	Gummi 71, solide 87	solide, 76	solide, 74
ja	nein	ja	ja	ja	ja	ja	ja
ja	nein [4]	nein	nein	nein	nur SV 328 [5]	ja [6]	ja
ja	nein	nein	nein	ja	nur SV 328 [5]	ja	ja
10	nein	4	10	ja	5, 6	6	nein
1	nein [7]	2	1	1 oder 2	2	2	2
Disk	nein	nein	nein	nein [8]	nein	Magnetband	Datasette [11]
nein[3]	nein [7]	ja	nein	1 bis 2	nein	nein	nein

8- und 16-Bit-Konsolen

Hersteller	Atari	Interton	Philips	Mattel	GCE	CBS	Hanimex
Typ	**VCS 2600**	**VC 4000**	**G7000**	**Intellivision**	**Vectrex**	**Colecovision**	**HMG 2650**
Jahr	1977	1978	1978	1979	1982	1982	1982
CPU							
Typ	6507	Signetics2650	8048H	GI CP 1610 [1]	MC 68A09	Z80A	Signetics2650
Takt	1,2 MHz	n.b.	1,79 MHz	0,9 MHz	1,6 MHz	3,58 MHz	3,58 MHz
Speicher							
RAM (in Byte)	128	43	64	2 K [3]	512	1 K	1 K
Video RAM	–	–	256	512, 256	–	16 K	n.b.
erweiterbar	ja [4]	nein	nein	ja [5]	nein	nein	nein
Modulgröße	bis 16 K	bis 8 K	bis 8 K	bis 16 K	bis 8 K	bis 8 K	bis 8 K
weitere Medien	Kassette [4]	nein	nein	nein	nein	nein	nein
Grafik							
Chip	TIA	Signetics2636	Intel P8245	GI AY-3-8915	–	TI TMS9928A	Signetics2637N
Auflösung	160x200	208x128	144x96	160x96	–	256x192	262x192
Farben	16	8	8	16	–	16	9
Palette	128	8	12	16	–	16	9
Sprites	4 [11]	4	4	8 [12]	–	32	4
Auflösung	n.b.	8x8	8x8	8x8, 8x16	–	8x8, 16x16	–
Sound							
Chip	TIA	n.b.	Intel P8245	GI AY-3-8914	GI AY-3-8912	TI SN76489	Signetics2637N
Kanäle	2	1	1	3 + 1 noise	3	3 + 1 noise	1
erweiterbar	nein	nein	nein	ja [16]	nein	nein	nein
Offizielles Zubehör							
Tastatur	ja	nein	eingebaut	ja	nein	ja	nein
Trackball	ja	nein	nein	nein	nein	ja	nein
Musik-Keyboard	nein	nein	nein	ja	nein	nein	nein
grafische Eingabe	nein	nein	nein	nein	Light Pen	nein	nein
Wechselmedium	nein	nein	nein	nein	nein	nein	nein
3D-Brille	nein	nein	nein	nein	ja	nein	nein
Joypad-Ports	2	2	– [19]	– [19]	2	2	– [19]

1) 16-Bit
2) sowie 8-Bit-Coprozessor Z80A mit 4 MHz
3) Auch erstklassige Quellen (IEEE, Blue Sky Rangers) definieren das Intellivision-RAM nicht exakt. „Zwischen 2 und 3 K“ ist korrekt; dazu 7K ROM
4) durch Supercharger
5) durch ECS und Keyboard Component
6) auf maximal 2 MBit durch Arcade Cards
7) durch 32X und Mega CD
8) durch Famicom Disk System

Atari	Nintendo	Atari	Sega	NEC	Sega	Nintendo	SNK
5200	NES	7800	Master System	PC-Engine	Mega Drive	Super NES	Neo Geo
1982	1983	1984	1987	1987	1988	1989	1990
6502	Ricoh 6502	6502	Z80A	HuC6280	MC 68000 [2]	65C816	MC 68000 [2]
1,79 MHz	1,79 MHz	1,79 MHz	3,58 MHz	7,16 Mhz	7,6 MHz	3,58 MHz	12 MHz
2 K	2 K	4 K	8 K	8 K	64 K	128 K	8 K
n.b.	2,25 K	n.b.	16 K	64 K	64 K	64 K	8 K
nein	nein	nein	nein	ja [6]	ja [7]	nein	nein
bis 32 K	bis 256 K	bis 128 K	bis 256 K	bis 1 M	bis 4 M	bis 6 M	bis 100 M
nein	Diskette [8]	nein	MyCard	CD-ROM [9]	CD-ROM [9]	Flash	CD-ROM [10]
Antic, GTIA	PPU	Maria	–	HuC6270	–	PPU2 (16-Bit)	–
320x200	256x240	160, 320x242	256x192	320x224, 512x256	256x244, 320x244	256x224, 512x448	320x224
8, 16	16	16	16	32	64	256	4.096
256	52	256	64	512	512	32.786	65.536
4 + 4 [13]	64	n.b.	64	64	80	128	380
8xX	8x8, 8x16	n.b.	8x8	16x16~32x64	32x32	8x8~64x64	16x512~1x16
Pokey	nein [14]	TIA	TI SN76489 [20]	PSG [15]	YM2612	Sony SPC700	Z80A
4	4 +1 digital	2	3 + 1 noise, FM	6	10	8 digitale	7+1 noise, 7 digitale
nein	nein [18]	nein [18]	nein	nein	ja [17]	nein [18]	nein
nein	ja	nein	nein	nein	nein	nein	nein
ja	nein	nein	nein	nein	Maus	Maus	nein
nein	ja	nein	nein	nein	nein	nein	nein
nein	nein	nein	Grafik-Tablett	Grafik-Tablett	nein	nein	nein
nein	ja [8]	nein	nein	nein	nein	nein	Memory Card
nein	ja	nein	ja	nein	nein	nein	nein
4 oder 2	2	2	2	1	2	2	2

[9] bestimmte Gerätevariante oder mit externem Laufwerk
[10] Gerätevarianten Neo Geo CD, Neo Geo CD-Z
[11] „balls“ & „players“
[12] „moving objects“
[13] 4 „players“, 4 „missiles“
[14] NES-CPU ist eine um einen Soundgenerator erweiterte 6502-Variante
[15] Hu6280-Custom-Chip enthält programmierbaren Sound Generator (PSG)
[16] durch IntelliVoice-Modul
[17] durch Mega CD
[18] aber Spezial-Chips auf Modul
[19] zwei Controller mit der Konsole verdrahtet
[20] zusätzlich enthält das Master System den FM-Chip YM2413 – im Gegensatz zu allen Vorgänger-Konsolen

16-Bit-Computer

Hersteller Typ	Apple Mac	Sinclair QL	IBM PC-AT	Atari ST
Jahr	1984	1984	1984	1985
CPU				
Typ	MC 68000	MC 68008	Intel 80286	MC 68000
Takt	8 MHz	7,5 MHz	8 bis 12 MHz	7,9 MHz
Betriebsystem	MacOS	QDOS	DOS	TOS
grafische Oberfläche	ja	nein	nein	GEM
Speicher (in Byte)				
ROM	64 K	32 K	n.b.	16 K
RAM	128 K, 512 K	128 K	640 K	256 K bis 1 M [4]
max.	512 K	640 K	16 M [6]	4 M
Speichermedien				
primäres Medium	3,5"-Diskette	2 Microdrives	5,25"-, 3,5"-Diskette	3,5"-Diskette
Kapazität	400 K	je 100 K	360 K, 1,2 M	720 K
CD-ROM	nein	nein	nein	nein
interne Festplatte	nein	nein	ja	nein
Festplatte ab	Macintosh SE	–	1984	MegaST (1989)
Grafik				
Coprozessor	–	–	– [8]	– [9]
min. Auflösung/Farben	512x342	256x256/8	320x200/16	320x200/16
max. Auflösung	–	512x256/4	640x200(350)/16	640x400/2
Farbpaletten	–	8	64	512
Sprites	nein	nein	nein	nein
Sound	–	Intel 8049 [13]	Adlib [13]	AY-3-8910
Kanäle	1	1	3	3 + noise
Stereo	nein	nein	nein	nein [14]
Controller-Anschlüsse				
Joystick	nein	ja	ja	ja
Maus	ja	nein	ja	ja

1) ab 1991 16 MHz (VI-Serie), ab 1993 CPU 68EC030 mit 25 MHz
2) ab 1989
3) Kickstart auf Diskette, später im ROM
4) 1, 2 oder 4 MB bei Atari Mega-ST (ab 1989)
5) sowie weiteren RAM-Speicher für Grafik, Sprites etc.
6) 1 MB direkt adressierbar
7) die meisten Modelle besitzen zwei interne Laufwerke
8) Grafik-Hardware auf Grafik-Karte z.B. monochrome Hercules; Angaben beziehen sich auf EGA
9) Blitter und Shifter im Atari Mega-ST (ab 1989)

Commodore Amiga	Apple II gs	NEC X68000	Fujitsu FM Towns
1985	1986	1987	1990
MC 68000	65C816	MC 68000	Intel 80386DX
7,2 MHz	2,5 MHz	10 MHz [1]	16 MHz
AmigaDOS	ProDOS	Human68K	TownsOS
Workbench	GS/DOS	SXWindow [2]	ja
– [3]	128 K	n.b.	n.b.
256 K bis 1 M	256 K	1 M [5]	1 M, 2 M [5]
1 M	8 M	2 M	8 M
3,5"-Diskette	5,25"-, 3,5"-Diskette	5,25"-Diskette [7]	3,5"-Diskette [7]
720 K	143 K, 800 K	360 K	1,44 M
nein	nein	nein	serienmäßig
nein	nein	ja	ja
A2000 (1987)	1986	ACE (1988)	1990
Agnus & Denise	VGC (6847)	n.b.	n.b.
320x256/32 [10]	320x200/16	256x256	320x240/32.768
640x512/16 [11]	640x200/4	768x512/16	640x480/256
4.096	4.096	65.536	16.770.000
8	nein	128	1.024
Paula	Ensoniq	Yamaha	n.b.
4	15	8 PCM, 6 FM	8 PCM, 6 FM, CD-DA
ja	ja	ja	ja
2	ja	2	ja
ja	ja	ja	ja

[10] Interlace: 320x512
[11] Interlace-Auflösung
[12] Coprozessor der neben Sound- auch I/O-Funktionen übernimmt
[13] ab 1988 auch Soundblaster-Karten mit programmierbarem FM-Synthesizer und Digi-Kanal
[14] Stereo ab Atari 1040 STE (1989)

32-Bit- und CD-Konsolen

Hersteller Typ	Philips CDi	NEC PC-Engine Duo	Commodore CD 32	Atari Jaguar
Jahr	**1991**	**1991**	**1993**	**1994**
CPU				
Typ	MC 68070	HuC6280	MC 68EC020	MC 68000
Architektur	16-Bit CISC	8-Bit CISC	32-Bit CISC	16-Bit CISC
Takt	15 MHz	3,6 MHz, 7,16 MHz	14,3 MHz 3,5 MIPS	13,3 MHz
Grafik-Chip	MCD 212	VDC (HuC6270)	AGA [1]	Tom [2]
Sound-Chip	MCD221	–	Paula	Jerry [6]
weitere Prozessoren	–	–	–	64-Bit-RISC-Blitter
Speicher (in Byte)				
Arbeits-RAM	1 M	8 K	2 M	2 M
Video RAM	–	64 K	–	–
Sound RAM	–	64 K	–	–
CD-Buffer	–	256 K	n.b.	–
Back-Up	8 K	2 K [12]	1 K	auf Modul
ROM	512 K	256 K	1 M	–
RAM-Erweiterung	1,5 M [13]	2 M [14]	nein	nein
Grafik				
Auflösung	384x280	256x224	320x200	variabel
Auflösung	768x560	512x262	1280x400 [16]	680x450
Farbtiefe	bis 24-Bit	8-Bit	bis 24-Bit	bis 24-Bit
Farbpaletten	16,7 Millionen	512 Farben	16,7 Millionen	16,7 Millionen
Sprites	nein	64 (16x16)	ja	ja
Sound				
Kanäle	n.b.	6 PCM, ADPCM	4	variabel
CD				
Geschwindigkeit	Singlespeed	Singlespeed	Doublespeed	Doublespeed [17]
weitere Formate				
CD-Audio	ja	ja	ja	ja [17]
Photo-CD	ja	nein	nein	nein
CD+G	ja	ja	ja	ja [17]
Video-CD (MPEG1)	ja [19]	nein	ja [19]	nein
weitere Medien	nein	HuCards	CDTV	Modul
Controller-Ports	1	1	2	2
Hardware-Link	nein	nein	nein	nein [20]

[1] „Advanced Graphics Architecture" enthält u.a. Alice-Chip mit Blitter und Copper
[2] enthält 32-Bit-GPU (26,6 MHz, 26,6 MIPs), 64-Bit-„Object Processor" und DRAM-Controller
[3] zwei 32-Bit-Video-Prozessoren, je 25 MHz Takt
[4] „Video Display Processors", beide 32-Bit
[5] Benchmark der „Geometry Transfer Engine": 66 MIPS
[6] 32-Bit DSP mit 26,6 MIPS, 26,6 MHz
[7] 25 MHz Takt
[8] Yamaha FH1: DSP-Chip mit 22 MHz; 68EC000: 11,3 MHz, 1,5MIPS

Panasonic 3DO 1994	NEC FX 1994	Sega Saturn 1994	Sony Playstation 1994	Nintendo Virtual Boy 1994
ARM 60	NEC V810	zwei Hitachi SH2	LSI/MIPS R3000A	NEC V810
32-Bit RISC	32-Bit RISC	32-Bit RISC	32-Bit RISC	32-Bit RISC
12,5 MHz	21,5 MHz	je 28,6 MHz	33,8 MHz	20 MHz
	15,5 MIPS	je 25 MIPS	33 MIPS	18 MIPS
zwei „Cel Engines“ [3]	n.b.	VDP1, VDP2 [4]	GPU, GTE [5]	n.b.
16-Bit-DSP [7]	n.b.	SCSP [8], 68EC000	GPU, DSP	n.b.
Mathe-Coprozessor	MJPEG-Decoder	Hitachi SH1 [10]	MJPEG-Decoder [11]	–
2 M	2 M	2 M	2 M	1 M
1 M	1,25 M	1,5 M	1 M	512 K
–	–	512 K	512 K	–
–	256 K	512 K	32 K	–
32 K	32 K	42 K [12]	nur extern	auf Modul
256 K	n.b.	512 K	512 K	n.b.
nein	nein	4 M [15]	nein	nein
320x240	n.b.	320x224	256x240	384x224
640x480	640x480	704x480	640x480 [16]	384x224
16- oder 24-Bit	bis 24-Bit	bis 24-Bit	4- bis 24-Bit	–
16,7 Millionen	16,7 Millionen	16,7 Millionen	16,7 Millionen	4 Rottöne
„Cels“	n.b.	nahezu unbegrenzt	nahezu unbegrenzt	n.b.
12 PCM	2 ADPCM, 6 digitale	32 PCM und FM	24 ADPCM	5 + 1 Digi-Kanal
Doublespeed	Doublespeed	Doublespeed	Doublespeed	–
ja	ja	ja	ja	nein
ja	ja	ja [18]	nein	nein
ja	ja	ja	nein	nein
nein	nein	ja [19]	nein	nein
nein	nein	Electronic Book [18]	nein	Modul
1	2	2	2	1
nein	nein	ja	ja	nein [20]

[9] integriert im „Tom“-Coprozessor
[10] 20 MHz, 20 MIPS
[11] MDEC („Data Decompression Engine“) mit 80 MIPS
[12] extern erweiterbar
[13] via DV Cart
[14] via Arcade Card
[15] via Ram Cart
[16] Interlaced
[17] mit CD-ROM-Laufwerk als optionalem Zubehör
[18] nur mit optionaler Software
[19] nur mit optionaler DV oder Movie Card
[20] theoretisch möglich, aber Zubehör oder Kabel unveröffentlicht bzw. nicht unterstützt

64-Bit- und DVD-Konsolen

Hersteller **Typ**	**Nintendo** **Nintendo 64**	**Sega** **Dreamcast**	**Sony** **Playstation2**
Jahr	1996	1998	2000
CPU	NEC, SGI	Hitachi	Toshiba, Sony
Typ	MIPS R4300i	SH-4	Emotion Engine
Takt	93,75 MHz	200 MHz	295 MHz
Level1-Cache [1]	16 K (i), 8 K (d)	8 K (i), 16 K (d)	16 K (i), 8 K (d), 16K scratch pad
Level2-Cache	nein	nein	nein
Benchmarks	über 100 MIPS	340 MIPS, 1,4 GFLOPS	450 MIPS, 6 GFLOPS
Grafik-Prozessor			
Hersteller	SGI/Nintendo	NEC Videologic	Sony
Bezeichnung	RCP (SPDP)	PowerVR2	Graphics Synthesizer
Takt	62,5 MHz	100 MHz	147 MHz
Speicher (in Byte)			
Gesamt	4,5 M [7]	26 M	36 M
Hauptspeicher	4,5 M	16 M	32 M
Typ	RambusDRAM	SD-RAM	RambusDRAM
Speichertakt	62,5 MHz	100 MHz	400 MHz
Bandbreite	562,5 MB/s	800 MB/s	3,2 GB/s [8]
Videospeicher	– [10]	8 M	4 M [8]
Texture-Kompression	nein	nein	nein
Sound-Speicher	– [10]	2 M	2 M
Grafik			
Auflösung	320x240 bis 640x480 [6]	640x480 [11]	640x480 bis 1280x1024
Pixel	32-Bit	32-Bit	64-Bit
Pixel/Sec	0,02 GPixel/s	0,2 GPixel/s	1,2G/s (1 texture)
Sound			
Kanäle	ADPCM [12]	64 ADPCM	48+ ADPCM
Raumklang-Formate	Dolby Surround	Dolby Surround	Dolby Surround, Dolby Digital [13], DTS
Prozessor	in SPDP	Yamaha AICA [4]	SPU [5]
Speichermedium	ROM-Modul	12x GD-ROM	2x DVD-ROM
Kapazität	bis 64 M	1,2 G	4,7 G
Transfer	über 10 MB/s	1,8 MB/s	2 MB/s
Ausstattung			
Controller-Ports	4	4	2
Memory Card-Ports	– [16]	– [15]	2
Netz-Schnittstelle	–	serieller Link	iLink (Firewire)
Video out (optimal)	RGB [18]	RGB [17], VGA [18]	RGB, YUV [18]
Digital Audio out	nein	nein	optischer Lichtleiter
Modem	nein	serienmäßig	optional
DVD-Film	nein	nein	serienmäßig
weitere Schnittstellen	Erweiterungsschacht	–	USB x2
Gewicht	880 g	1,5 kg	2,4 kg

Der GBA-Player wird Ende 2002 vorgestellt und macht den Gamecube mit allen Game-Boy-Modulen kompatibel. Er wird über den parallelen „Highspeed Port“ an der Unterseite des Gamecube angeschlossen.

Microsoft Xbox	Nintendo Gamecube
2001	2001
Intel	IBM
PentiumIII/Celeron	Gekko [2]
733 MHz	485 MHz
16 K (d), 16 K (i)	32 K (d), 32 K (i)
128 K (L2)	256 K (L2)
2 GFLOPS	1.125 MIPS, 13 GFLOPS
nVidia	NEC/ATI
XGPU [3]	Flipper
233 MHz	162 Mhz
64 M	40 M
64 M	24 M
DDR-SDRAM	Mosys 1T-SRAM
200 MHz	81 MHz
6,4 GB/s	2,6 GB/s
– [10]	3,12 M [9]
6 zu 1	6 zu 1
– [10]	A-Memory: 16 MB DRAM
720x560 bis 1920x1080	640x480
32-Bit	24-Bits + 24-Bit Z-Buffer
3,7 G/s (2 textures)	n.b.
256 [12]	64 ADPCM
Dolby Digital 5.1 (AC 3), DTS	Dolby Pro Logic II
APU (nVidia MCP)	in Flipper [6]
4x DVD-ROM	Mini-DVD (CAV)
9,4 G	1,5 G
2,5 bis 6,25 MB/s	2 bis 3,2 MB/s [14]
4	4
– [16]	2
10/100 Ethernet	–
RGB, YUV [19]	RGB, YUV [20]
ja (18)	nein
nein	optional
optional	nein
–	2x seriell, 1x parallel
3,86 kg	1,4 kg [21]

1) (i) = instruction cache, (d) = data cache
2) basiert auf PowerPC 750CXe
3) basiert auf GeForce3
4) DSP auf ARM7-RISC-Core
5) im Zusammenspiel mit Emotion Engine über 48 ADPCM-Kanäle
6) Macronix 16-Bit DSP
7) Speicher auf 8 M erweiterbar, dann hohe Grafikauflösung möglich
8) Graphics Synthesizer greift mit 48 GB/s auf embedded DRAM zu
9) embedded in Flipper: Zugriff auf Frame Buffer 7,8 GB/s, auf Texture-Cache 10,4 GB/s
10) Unified Memory Architectur (UMA): keine eigenen Speicher für Grafik, Sound & Co.
11) Interlace; Hardware reduziert das Flimmern
12) jeder Kanal schluckt 1% Coprozessor-Rechenzeit, durchschnittlich 16 bis 24 Kanäle, mehr möglich
12) inklusive 64 3D-Kanäle
13) 5.1-Raumklang teilweise in Vor- und Zwischensequenzen, nicht im Spiel
14) aber schnellerer Zugriff als auf DVD-ROMs normaler Größe
15) Memory Cards werden ins Joypad gesteckt
16) Memory Cards aufgrund Festplatte nicht benötigt; werden ins Joypad gesteckt
17) liegt am Multi-AV-Ausgang an; spezielles Kabel nötig
18) über optionale VGA-Box
19) liegt am Multi-AV-Ausgang an; Progressiv-Scan von vielen Spielen, aber nicht von PAL-Xbox unterstützt
20) eigener digitaler Video-Ausgang; Progressiv-Scan möglich, bislang nicht in PAL-Spielen
21) zzgl. externes Netzteil: 320 g

Handhelds

Hersteller Typ	Atari Lynx	Nintendo Game Boy	Sega Game Gear	Nintendo Game Boy Color	Tiger Game.Com
Jahr	1989	1989	1990	1996	1997
CPU					
Typ	65c02 [1]	Sharp Z80	Z80A	Sharp Z80	Sharp
Architektur	8-Bit	8-Bit	8-Bit	8-Bit	8-Bit
Takt	3,6 MHz	4,2 MHz	3,6 MHz	4,2 MHz, 8,4 Mhz	n.b.
Coprozessor	„Suzy“ [2]				
Speicher					
RAM (in Byte)	64 K	8 K	8 K	8 K	n.b.
sowie	8 K VRAM	8 K	16 K VRAM	16 K VRAM	–
Grafik					
Auflösung	102x160	160x144	146x160	144x160	160x200
Farben (Palette)	16 (4.096)	4 Graustufen	32 (4.096)	56 (32.000)	4 Graustufen
Sprites	keine Begrenzung	40	64	40	n.b.
Effekte	Skalierung, Distortion, Scrolling	Scrolling	Scrolling	Scrolling	n.b
Sound-Kanäle	4 PSG	4 FM	3 PSG + 1 noise	4 FM	1 FM, 1 PCM
Vernetzung					
Link	Kabel [4]	Kabel, Infrarot	Kabel	Kabel, Infrarot	Kabel
zu anderer Hardware	–	SuperNES, N64	–	SNES, N64, Handy	–
Bedienung					
Steuerung	Steuerkreuz	Steuerkreuz	Steuerkreuz	Steuerkreuz	Steuerkreuz
Feuerknöpfe	2 x 2	2	2	2	4
weitere Knöpfe	Option1 + Option2 Restart + Flip [8]	Start + Select	Start	Start + Select	Menü + Pause + Sound
Helligkeit/	ja	nein [9]	ja	nein	ja
Kontrastregler					
Kopfhörer-Ausgang	ja	ja	ja	ja	ja
Gehäuse					
BxLxH	203x134x50	148x89x32	210x113x38	78x133,5x27,4	190x110x25
Gewicht (mit Batterien)	440g (540g)	220g (300g)	380g (500g)	138g (188g)	300g (380g)
Bildschirm					
Diagonale	3,4 Inch	2,5 Inch	3,2 Inch		3,5 Inch
Größe (BxL)	3,25"x1,88"		6,6x4,9 cm		6,5 x 5,5 cm
Besonderheit	Flip-Screen				Touch-Screen
Spiele-Größe (Mbit)	1 bis 4	0,25 bis 4	1 bis 8	0,25 bis 8	bis 16
besonderes Zubehör		Drucker, Kamera	TV-Tuner Pack		Modem

[1] integriert in 16-Bit, 16-MHz-„Mickey“
[2] 16-Bit, 16 MHz, Blitter, GE, integrierter Mathe-Coprozessor
[3] erster Neo Geo Pocket: 8 Graustufen

SNK Neo Geo Pocket, Color	Bandai Wonderswan	Bandai Wonderswan Color	Nintendo Game Boy Advance	Gamepark GP32
1998, 1999	1999	2000	2001	2002
TLCS-900H	n.b.	V30MZ	ARM7-Variante	ARM9-Variante
16-Bit	16-Bit	16-Bit	32-Bit	32-Bit RISC
6,144 MHz	3,072 MHz	3,072 MHz	16,7 MHz	bis 133 MHz
Z80, 3,072 MHz			Grafik	
12 K	16 K	64 K	32 K	8 M
4 K (in Z80), 16 K Display	1 Kbit Eeprom	16 Kbit Eeprom	96 KByte VRAM, 256K WRAM, 16 K sound	
152x160	144x224	144x224	240x160	320x240
146 (4.096) [3]	8 Graustufen (16)	241 (4.049)	512 (32.768)	65.536
64	128	128	4.096	n.b.
Scrolling	Transparenz, Scrolling	Transparenz, Scrolling	Alpha-Blending, Scrolling, Distortation, Rotation	Alpha-Blending, Scrolling
3 PSG + 1 noise	3 + 1 noise	3 + 1 noise	32 + 4 PCM	9 FM
Kabel [5]	Kabel [6]	Kabel [7]	Kabel	2,4 GHz RF
Dreamcast	PC, Playstation, Handy		Gamecube	Handy, PC
360°-Stick	2 x 4 Knöpfe	2 x 4 Knöpfe	Steuerkreuz	Steuerkreuz
2	2	2	2	2
Start + Option	Start + Sound	Start + Sound	Start + Select + 2 seitliche Taster	Start + Select + 2 seitliche Taster
nein	nein	nein	nein	nein
ja	ja	ja	ja	ja
122x74x24, 130x80x30,5	121x74,3x24,3	128x74,3x17,5x24,3	144,5x82x24,5	147x88x34
130g, 125g (145g)	93g (110g)	95g (110g)	140g (180g)	163g (200g)
2,6 Inch	2,49 Inch	2,8 Inch	2,9 Inch	3,5 Inch
4,5x4,8 cm	5,4x3,8 cm	6x3,8 cm	4,08x6,12 cm	7,2x5,3 cm
	Flip-Screen	Flip-Screen		
bis 16	bis 8	bis 32	bis 256	bis 256
	Wonderborg, Wonderwitch u.a.			

[4] 62.500 baud
[5] 19.200 baud
[6] 9.600 baud
[7] 38.400 baud
[8] Lichtschalter am Lynx II
[9] Lichtschalter am Game Boy Light

Index Hardware

[1] A = Addon/Accessoire: Gerät nur in Verbindung mit Grundgerät funktionsfähig.
C = Computer: Gerät mit serienmäßiger Tastatur und (Schnittstellen zu) beschreibbaren Medien.
K = Konsole: Reines Spielgerät ohne serienmäßige Tastatur.
M = Multimedia: Konsole ist serienmäßig mit anderen AV-Medien (z.B. VideoCD, PhotoCD) kompatibel.
T = Tabletop: stationäres Spielgerät mit eingebautem Monitor.
H = Handheld: tragbares Spiel- oder Multimedia-Gerät mit eingebautem Monitor.
etc = andere Hardware: z.B. Video- oder Audio-Geräte mit eingebauter Spielkonsole.

[2] Angemessener ca.-Preis für ein funktionsfähiges, gut erhaltenes Gerät. Mit OVP liegt der Preis je nach Gerät 10 bis 50% höher.

NEC PC-Engine Shuttle	1989	K	50	67
NEC PC-Engine Super CD-ROM2	1991	K	75	67
NEC PC-Engine SuperGrafx	1989	K	120	67
NEC Turbo Grafx 16	1989	K	75	**66**f
Nintendo 64	1996	K	35	**98**f
Nintendo Famicom	1983	K	75	**2**, **48**ff
Nintendo Game&Watch-Serie	ab 1980	H		49, 106
Nintendo Game Boy	1989	H	25	**72**ff, 79f, 97, 110
Nintendo Game Boy Advance	2001	H	75	74, **110**ff
Nintendo Game Boy Color	1998	H	25	73-**74**f
Nintendo Game Boy Light	1998	H	75	74
Nintendo Game Boy Pocket	1996	H	25	**74**
Nintendo Gamecube	2001	K	140	102, 104, 112, **114**f
Nintendo Entertainment System	1985	K	15	**50**ff, 55, 64, 80
Nintendo (New) Famicom AV	1993	K	25	50
Nintendo Pokemon Mini	2001	H	20	125
Nintendo Super Famicom	1990	K	50	**80**ff
Nintendo Super Famicom Jr.	1998	K	25	83
Nintendo Super NES	1991	K	20	69, 80, 83, 111
Nintendo Virtual Boy	1995	K	70	**97**
NTT Captain Multi-Station	n.b.	C		44
Palm m505	2001	H	170	**101**
Panasonic CF-2700	1985	C	25	44
Panasonic FS-A1 FX, WX, WSX	1988	C	60	44
Panasonic FS-A1 GT, ST	1990	C	100	44
Panasonic FS-A1-Serie	1985	C	50	44
Panasonic FZ-1 3DO Interactive Multiplayer	1993	K	50	**90**-93
Panasonic FZ-10 3DO Interactive Multiplayer	1994	K	25	91
Panasonic Q	2001	M	300	115
Philips 21TCD-i30/CD-i 130	1995	etc		87
Philips CD-i 210	1993	M	30	**86**f
Philips CD-i 220	1992	M	60	87
Philips CD-i 310	1993	M	60	87
Philips CD-i 350, 360	1993	H	90	87
Philips CD-i 370	1996	H	50	87
Philips CD-i 450	1994	M	40	87
Philips CD-i 470	1995	M	40	87
Philips CD-i 660	1995	H	60	87
Philips CD-i 740	1995	M	60	87
Philips CD-i 910	1992	M		87
Philips FW380i	n.b.	etc		87
Philips G7000	1978	K	25	**18**f
Philips G7400	1984	K	50	18, **19**
Philips NMS-8280	1985	C	100	44
Philips VG-8010, 8020	1984	C	25	**44**f
Pioneer PX-Serie	1984	C	60	44
Saba Videoplay	1979	H	30	**123**
Sanyo Laser 2001	1984	C	50	119
Sanyo MPC-FD2	1988	C		45
Sanyo PHC-Serie	ab 1983	C	40	30
Sanyo Try 3DO Interactive Multiplayer	1994	K	75	91
Sanyo Wavy -23, -77	1985	C		45
Sanyo Wavy/MPC-Serie	1983	C	50	45
Schmidt HMG 2650	1982	K	25	41
Sega 32X	1994	A	25	70, 92
Sega CX-1	2000	T	150	104
Sega DC R7	2001	K	75	104
Sega Dreamcast	1998	K	50	92, **102**ff, 114
Sega Game Gear	1990	H	25	**79**
Sega Game Gear Coca Cola	1994	H	50	79
Sega Game Gear White	1991	H	50	79
Sega Kids Gear	1996	H	50	79
Sega Mark III	1985	K	150	46f
Sega Master System	1987	K	20	68, **46**f
Sega Master System II	1993	K	10	46
Sega Mega CD	1991	A	50	69ff, 92
Sega Mega CD 2	1993	A	25	71
Sega Mega Drive	1988	K	20	**68**ff, 80f, 88, 90
Sega Mega Drive 2	1993	K	15	71
Sega Mega Jet	1994	K	150	71
Sega Multimega	1994	K	125	**70**f
Sega Nomad	1995	H	150	71
Sega Saturn Derbysta	1999	K	50	93
Sega SC 3000	1983	C	90	46
Sega Sega Saturn	1994	K	40	70, 90, **93**f
Sega SG-1000	1983	K	150	46f
Sega SG-1000 II	1984	K	100	46, **47**
Sega Skeleton Saturn	1998	K	75	93
Sega Terradrive	1991	C	250	71
Sega Virtual Memory Unit	1998	H/A	10	103, **104**
Sega/Majesco Genesis 3	1998	K	25	71
Sharp Famicom Televi C-1	1983	etc	200	50
Sharp Famicom Televi SF-1	1990	etc	200	83
Sharp Twin Famicom	1986	K	150	49
Sharp X68000-Serie	1987	C	75	120
Sinclair QL	1984	C	60	120
Sinclair Spectrum	1982	C	40	**34**f, 52
Sinclair Spectrum +	ab 1984	C	30	35
Sinclair Spectrum 128	1985	C	50	35
Sinclair ZX-80	1980	C	200	26
Sinclair ZX-81	1981	C	40	**26**
SNK Hyper Neo Geo 64	1997	etc	200	78
SNK Neo Geo	1990	K	200	**76**ff, 95
SNK Neo Geo CD	1994	K	100	77, **78**
SNK Neo Geo CDZ	1995	K	120	78
SNK Neo Geo Pocket	1998	H	35	**105**
SNK Neo Geo Pocket Color	1999	H	50	105
Sony HB-101, 201, 500, 501, A114700	ab 1985	C	40	45
Sony HB-F1XV	1988	C	50	45
Sony HB-F-Serie	ab 1985	C		45
Sony HB-G900	n.b.	C		45
Sony HB-T	n.b.	C		45
Sony Hitbit HB-Serie	1983	C	25	**42**, 45
Sony IVO-V10	1992	M	100	87
Sony Net Yaroze	1997	K	100	**95**, 97
Sony Playstation	1994	K	50	92-**94**ff, 98, 102, 107ff
Sony Playstation (5000er)	1996	K	25	**94**-96
Sony Playstation (7000er)	1998	K	25	96
Sony Playstation (9000er)	1999	K	25	96
Sony Playstation 2	2000	M	170	96, 102-104, **108**f, 112, 114
Sony Playstation, weiße	1997	K	75	96
Sony Pocket Station	1999	H/A	60	**95**f
Sony PSOne	2000	K	70	96
Sord M5	1982	C	50	120
Spectravideo SVI-318, 328	1984	C	50	120
Spectravideo SVI-728, 738	1984	C	60	45
Supervision	1991	H	25	125
Takara Game PC	1982	C	100	120
Tandy TRS-80-Serie	1977	C	50	121
Texas Instruments TI99/4a	1981	C	25	**121**
Tiger Game.Com	1997	H	50	125
Timex Sinclair TMS 2068	1983	C	50	35
Timex Sinclair TMS-1000	1982	C	30	26
Timex Sinclair TMS-1500	1983	C	40	26
Tomy Pyu-Ta	1982	C	150	121
Tomy Pyu-Ta jr. (Tutor)	1983	K	100	121
Toshiba HX-10, -20, -30-Serie	1984	C	25	45
Toshiba HX-23, -33, -34	1985	C	30	45
VT Creativision	1982	K/C	150	124
Yamaha CX5-Serie	1984	C	50	45
Yamaha YIS-503	1983	C	40	45

Index Spiele

Index Spiele

Anmerkung zu den Indizes:
Eine **fett**gedruckte Seitenzahl verweist auf ein Bild des Spieles bzw. der Hardware.

Quellenangaben

Literatur

USA: **Zap!** Scott Cohen, McGraw-Hill, 1984, **Hackers**, Steven Levy, Penguin, 1984, **Software People**, Douglas Carlston, Simon & Schuster, 1985, **Virtual Reality**, Howard Rheingold, Summit Books/Simon & Schuster, 1991 (erste dt. Auflage liegt vor, Rowohlt, 1992), **Digital Press Guide**, Joe Santulli et. al, Digital Press, 1998, **Electronic Games**, W. Buchsbaum & R. Mauro, McGraw-Hill, 1979, **Game Over**, David Sheff, Vintage Books, 1994 (erste dt. Auflage liegt vor, Goldmann, 1993)

Japan: **Video Game Perfect Catalog**, Tokumashoten, 1991, **Computer Game**, Koji Ichikawa, Nikkei Infotech, 1993, **Yokoi Gumpei's Game Pavilion**, Makino Takefumi, Aspect, 1997, **TV Game Game 1)** und **2)**, H.Mizusaki, 1997, **100 Computer**, S. Saito und T. Funada, Ascii, 1998, **The Emulators**, Shuwa System, 1998, **Revolutionaries at Sony**, Reiji Asakura, 2000 (US-Ausgabe von McGraw-Hill), **Sega Consumer History** und **Sega Arcade History**, Famitsu DC/Enterbrain, 2002, **All About SNK**, Studio Bent Stuff, 2000

Deutschland: **Electronic Plastic**, Jaro Gielens, Die Gestalten, 2000

Periodika

(in Klammer die herangezogenen Jahrgänge)

USA: Electronic Games (1981 bis 1984), Computer Gaming World (1982 bis 1990), Journal of Computer Game Design (1987 bis 1993), Mondo 2000 (1991 bis 1993), Wired (1993 bis 1996), Next Generation (1995 bis 1997)

England: Your Computer (1982 bis 1985), Popular Computing Weekly (1983 bis 1987), Computer & Video Games (1984 bis 1986), Crash (1984 bis 1988), The One (1988 bis 1991)

Deutschland: Tele Match (1983 bis 1984), Happy Computer (1986), Power Play (1988 bis 1992), Man!ac (1994 bis 1999)

Japan: Login und eLogin (1991 bis 1996), Famicom Tsushin und Famitsu-Sonderpublikationen (ab 1990), Mega Drive Fan (1993), Game Labor (ab 2000)

Fachartikel, Dokumente, Supplements

Tekla Perry, Paul Wallich: **Design case history: Atari Video Computer System** in IEEE Spectrum, März 1983
Jack Connick: **...And Then There Was Apple** in Call-A.P.P.L.E., Oct 1986
Jason Brooks et.al.: **Playstation**: An exclusive supplement with Edge 58, 1997
Steven Collins: **Game Graphics during the 8-bit Computer Era** in ACM SIGGRAPH CG Quarterly, 2/1998
Anon: **Playstation** in Level 100, September 1999
Anon: **Nintendo Entertainment System Documentation** von Y0SHi auf http://nesdev.parodius.com, undatiert
Wataru Suzuki: **Unofficial PCEngine FAQ,** 2002
John Decuir: **Atari 2600 Program Development**, undatiert

Internet-Seiten

www.icdia.org (Jorg Kennis),
www.icwhen.com (Donald A. Thomas),
www.homecomputer.de (Kerstin und Stefan Walgenbach),
www.groener-online.de (Johannes Gröner),
www.machine-room.org (Alexios Chouchoulas),
www.heise.de
www.anandtech.com

Nachweise für weitere Bilder

Apple Computer Deutschland: 12, 13, 58
Computer Spiele Museum (VUD e.V., fjs e.V.): 7, 56, 59,117
Cybermedia GmbH: 63, 86
IBM Deutschland GmbH: 55
Microsoft Corp.: 113
Nintendo of Europe GmbH: 72, 81
Sony CE Deutschland GmbH: 95, 96
Uwe Just: 44, 124
Stefan Walgenbach: 23, 25, 38, 52, 63, 116

Der Urheber der DEC-Motive auf Seite 6 konnte nicht ermittelt werden. Der Verfasser bittet um Hinweis.

Impressum

Layout, Art Direction, Produktion: Andrea Forster
Fachlektorat & Schlussredaktion: Andreas von Lepel, Stephan Freundorfer
Fotografie: Joe Schloz für gameplan, sowie Verfasser

Druck: Grafische Kunstanstalt & Verlag Joseph Huber, Diessen am Ammersee

Verfasser und Herausgeber:
Gameplan, Winnie Forster
Diessenerstr. 30, 86919 Utting
www.gameplan.de

ISBN: 3-00-010658-8